Kohlhammer

Soziale Arbeit in der Gesellschaft

Die Reihe »Soziale Arbeit in der Gesellschaft« macht es sich zur Aufgabe, die gesellschaftlichen Themen aufzubereiten, die eine besondere Bedeutung für die Soziale Arbeit haben – vom Recht auf Unterstützung über Teilhabe bis hin zu sozialen Problemlagen wie Armut. Die einzelnen Bände liefern das Grund- und Orientierungswissen, das Studierende und Sozialarbeiter*innen benötigen, um eine professionelle Haltung zu entwickeln und ihren Adressat*innen auf Augenhöhe zu begegnen.

Eine Übersicht aller lieferbaren und im Buchhandel angekündigten Bände der Reihe finden Sie unter:

https://shop.kohlhammer.de/soziale-arbeit-in-der-gesellschaft.html

Die Autorin

Dr. Tanja Grendel lehrt und forscht als Professorin für Soziale Arbeit in Bildungs- und Sozialisationsprozessen an der Hochschule RheinMain in Wiesbaden. Die promovierte Soziologin arbeitet intensiv zu Fragestellungen im Kontext von Bildung und sozialen Ungleichheiten mit der Perspektive auf den Abbau von Bildungsbarrieren und die Ermöglichung einer subjektorientierten Bildung im Kindes- und Jugendalter. Neben ihrer Erfahrung als Hochschullehrerin verfügt sie über eine langjährige berufliche Praxis in der Projektleitung und Evaluation von Bildungsangeboten sowie in der wissenschaftlichen Begleitung von Modellprojekten zum Übergangsmanagement. Sie ist Leiterin des »Forschungsinstituts Rhein-Main für Soziale Arbeit« und Mitglied des hochschulübergreifenden Promotionszentrums Soziale Arbeit in Hessen.

Tanja Grendel

Bildungsgerechtigkeit im Ganztag

Handlungsansätze für die Soziale Arbeit

Verlag W. Kohlhammer

Dieses Werk einschließlich aller seiner Teile ist urheberrechtlich geschützt. Jede Verwendung außerhalb der engen Grenzen des Urheberrechts ist ohne Zustimmung des Verlags unzulässig und strafbar. Das gilt insbesondere für Vervielfältigungen, Übersetzungen, Mikroverfilmungen und für die Einspeicherung und Verarbeitung in elektronischen Systemen.

Die Wiedergabe von Warenbezeichnungen, Handelsnamen und sonstigen Kennzeichen in diesem Buch berechtigt nicht zu der Annahme, dass diese von jedermann frei benutzt werden dürfen. Vielmehr kann es sich auch dann um eingetragene Warenzeichen oder sonstige geschützte Kennzeichen handeln, wenn sie nicht eigens als solche gekennzeichnet sind.

Es konnten nicht alle Rechtsinhaber von Abbildungen ermittelt werden. Sollte dem Verlag gegenüber der Nachweis der Rechtsinhaberschaft geführt werden, wird das branchenübliche Honorar nachträglich gezahlt.

Dieses Werk enthält Hinweise/Links zu externen Websites Dritter, auf deren Inhalt der Verlag keinen Einfluss hat und die der Haftung der jeweiligen Seitenanbieter oder -betreiber unterliegen. Zum Zeitpunkt der Verlinkung wurden die externen Websites auf mögliche Rechtsverstöße überprüft und dabei keine Rechtsverletzung festgestellt. Ohne konkrete Hinweise auf eine solche Rechtsverletzung ist eine permanente inhaltliche Kontrolle der verlinkten Seiten nicht zumutbar. Sollten jedoch Rechtsverletzungen bekannt werden, werden die betroffenen externen Links soweit möglich unverzüglich entfernt.

1. Auflage 2023

Alle Rechte vorbehalten
© W. Kohlhammer GmbH, Stuttgart
Gesamtherstellung: W. Kohlhammer GmbH, Stuttgart

Print:
ISBN 978-3-17-040460-1

E-Book-Formate:
pdf: ISBN 978-3-17-040461-8
epub: ISBN 978-3-17-040462-5

Zur Reihe »Soziale Arbeit in der Gesellschaft«

Unsere Gesellschaft wird immer mehr von inneren Spannungen geprägt: Armut, eingeschränkte Teilhabe, soziale Ungleichheit oder auch Rassismus und Gewalt sind nur einige Themen, die immer wieder hitzig diskutiert werden. In diesem Debattenklima ist es schwierig, zu einer faktenbasierten Bewertung dieser Problemlagen zu kommen, die einer sorgfältigen und nachprüfbaren theoretischen Begründung nicht entbehren. Gerade Sozialarbeiter*innen sind auf solche wissenschaftliche Analysen angewiesen – schließlich sind sie es, die täglich in ihrer Arbeitspraxis mit diesen Problemen und Debatten konfrontiert werden.

Solche Analysen bietet die Reihe »Soziale Arbeit in der Gesellschaft«. In klarer, verständlicher Sprache beantworten die einzelnen Bände für die Soziale Arbeit grundlegende Fragen: Welche Bedeutung haben die Problemlagen für die Gesellschaft und welche Herausforderungen sind damit für die Soziale Arbeit verbunden? In welchen Arbeitsfeldern der Sozialen Arbeit spielen sie eine Rolle? Welche Kompetenzen benötigen Sozialarbeiter*innen und wie können sie diese entwickeln? Und: Wie kann die Soziale Arbeit unterstützen, welche gesellschaftlichen Ziele verfolgt sie dabei und welche Handlungsansätze haben sich dafür bewährt oder müssen noch erarbeitet werden?

Die einzelnen Bände basieren auf einem breiten sozialwissenschaftlichen Fundament. Sie wollen dazu beitragen, Studierende und Fachkräfte der Sozialen Arbeit zu einer kritischen Auseinandersetzung mit einschlägigen Handlungsfeldern und Arbeitsansätzen einschließlich ihrer professionellen Haltung anzuregen.

Inhalt

Zur Reihe »Soziale Arbeit in der Gesellschaft« **5**

Einleitung **9**

1 **Bildung und soziale Ungleichheiten: Theorie, Empirie und aktuelle Entwicklungen** **18**
   1.1 Theoretische Erklärungskonzepte 19
      1.1.1 Boudon: Primäre und sekundäre Herkunftseffekte 20
      1.1.2 Bourdieu: Kapital, Habitus und Feld 21
      1.1.3 Bronfenbrenner: Sozialökologische Entwicklung 31
   1.2 Empirie zu aktuellen Entwicklungen und Herausforderungen 34
      1.2.1 Formale Bildung 36
      1.2.2 Non-formale und informelle Bildung 43
      1.2.3 Regionale und bildungspolitische Rahmenbedingungen 46
   1.3 Zusammenfassung 49

2 **Der Ganztag: Ungleiche Bildungschancen im Kontext eines erweiterten Bildungsverständnisses** **53**
   2.1 »Bildung ist mehr als Schule« 55
   2.2 Funktionen und Verhältnisbestimmungen von Schule und Sozialer Arbeit 62
   2.3 Zwischenbilanz der Ganztagsbildung 67
   2.4 Zusammenfassung 73

3 Soziale Arbeit an bzw. ergänzend zu Schule: Benachteiligungen abbauen und vermeiden 76
3.1 Schulsozialarbeit 78
3.2 Kinder- und Jugendarbeit 84
3.3 Übergreifende Bildungsorientierungen 88
3.4 Übergreifende Arbeitsprinzipien 92
3.5 Zusammenfassung 97

4 Bildungsgerechtigkeit statt Chancengleichheit: Normative Vergewisserungen über ein gemeinsames Ziel 101
4.1 Verteilungsgerechtigkeit 103
4.2 Teilhabegerechtigkeit 109
4.3 Anerkennungsgerechtigkeit (und Teilhabegerechtigkeit) 115
4.4 Zusammenfassung 124

5 Handlungsfelder und -ansätze der Förderung von Bildungsgerechtigkeit im Ganztag: Soziale Arbeit und die Gestaltung von Bildungsprozessen 128
5.1 Potenziale Sozialer Arbeit im Kontext von Bildungsgerechtigkeit 131
5.2 Ungleichheits- bzw. habitussensible (sozial-)pädagogische Interaktionen 138
5.3 Ungleichheitskritische und gerechtigkeitsorientierte Schulentwicklung 142
5.4 Kooperation und Vernetzung im Sozialraum 148
5.5 (Bildungs-)Politik für Bildungsgerechtigkeit 152

Schlussbemerkung **161**

Literatur **163**

Einleitung

»Einzig eine immer wieder erneuerte theoretische Analyse der Herrschaftsmechanismen mit ihren unzähligen Funktionen, Registern und Dimensionen in Verbindung mit dem unverwüstlichen Willen, die Welt im Sinne einer größeren sozialen Gerechtigkeit zu verändern, [versetzt, TG] uns in die Lage [...], den vielgestaltigen Kräften der Unterdrückung zu widerstehen. Nur so werden wir eine Politik schaffen können, die das Prädikat ›demokratisch‹ tatsächlich verdient.« (Eribon 2017, S. 264f.)

Längst gilt das bereits seit den 1960er Jahren intensiv beforschte Thema der Bildungsungleichheiten als »Dauerbrenner der deutschen Bildungssoziologie« (Georg 2006, S. 7)[1]. Doch auch, wenn wir heute einiges über die Ursachen und Mechanismen des Phänomens wissen und manches durch politische Initiativen und Programme erreicht wurde, besteht »der enge Zusammenhang zwischen sozialer Herkunft und Bildungserfolg [...] fort«, wie der aktuelle Bildungsbericht für Deutschland bestätigt (Autor:innengruppe Bildungsberichtsberichterstattung 2022, S. 162). Fehlt es uns also am Willen für Veränderungen im Sinne der Gerechtigkeit, wie das Eingangszitat nahelegt? Oder ist eher zu fragen, wie ernsthaft wir uns dem Thema widmen und ob wir an den richtigen Stellschrauben ansetzen?

Der Blick zurück zeigt, dass die Intensität, mit der über Maßnahmen zum Abbau von Bildungsungleichheiten diskutiert wird, im Zeitverlauf

---

1 Auch ich forsche zu Fragen von Bildung und sozialen Ungleichheiten bereits seit einigen Jahren. Wichtige Anregungen und Impulse zu diesem Buch verdanke ich daher dem Austausch in unterschiedlichen beruflichen wie privaten Kontexten. Besonders bedanken möchte ich mich an der Stelle bei Prof. Dr. Kathrin Witek für ihre guten Fragen sowie das gemeinsame, kollegiale und kreative Denken in der Sache. Lina Thillosen danke ich für ihre zuverlässige redaktionelle Unterstützung.

variiert. Ein erster Peak ist in den 1960er Jahren zu verzeichnen, als Georg Picht (1964) eine »deutsche Bildungskatastrophe« diagnostizierte und Ralf Dahrendorf (1965) unter dem Schlagwort »Bildung ist Bürgerrecht« eine Grundbildung forderte, um demokratische Teilhabe zu ermöglichen. In der jüngeren Zeit hat insbesondere der sogenannte »PISA-Schock«[2] – ausgelöst durch empirische Belege der Ungerechtigkeit des deutschen Bildungssystems im Rahmen der PISA-Studien von 2000 – zu neuer Aufmerksamkeit geführt und schließlich die Debatte um eine Ganztagsbildung initiiert. Diese dauert an und wird letzthin durch die stufenweise Einführung des Anspruchs auf Ganztagsbetreuung von Grundschulkindern ab 2026 neu belebt. Auch die Zunahme sozialer Disparitäten in Folge der zeitweisen Schulschließungen im Rahmen der COVID-19-Pandemie (siehe hierzu u.a. Zierer 2021, zit. nach Autor:innengruppe Bildungsberichterstattung 2022, S. 157) steigert aktuell das öffentliche Interesse.[3]

Dass Bildungsungleichheiten inzwischen in der Wahrnehmung der Bevölkerung angekommen sind, zeigt das ifo Barometer[4] (Wößmann et al. 2019, S. 15). Die Umfrage stellt »eine hohe Zustimmung zu Bildungsreformen fest, die die Chancengleichheit im deutschen Bildungssystem positiv beeinflussen könnten« (ebd., S. 9). Aus den Daten geht jedoch ebenfalls hervor, dass 85% der Befragten annehmen, dass hauptsächlich (41%) oder eher (44%) *eigene Anstrengungen* über das Erreichen eines hohen Bildungsabschlusses entscheiden (ebd., S. 12). Selbst nach Ergänzung der Information, dass der Anteil an Gymnasiast*innen aus sozial und finanziell schlechter gestellten Familien um 30% niedriger liegt als der bessergestellter Familien (19% vs. 49%), wird die eigene Anstrengung nach wie vor als ausschlaggebend bewertet (31% sehen diese hautsächlich, 41% eher als Grund an). Aufschlussreich ist der Exkurs zur Alltagswahrnehmung an der Stelle insofern, als der Verweis auf den Stellenwert der ei-

---

2 Siehe hierzu: https://www.oecd.org/ueber-uns/erfolge/deutschlands-pisa-schock.html, Zugriff am 28.07.2022.
3 Als Reaktion auf mögliche Lernrückstände und psychosoziale Folgen der Corona-Pandemie wurde 2021 das »Aktionsprogramm Aufholen nach Corona für Kinder und Jugendliche« initiiert, dessen Effekte abzuwarten bleiben.
4 Grundlage des ifo Bildungsbarometers ist eine jährlich durchgeführte, repräsentative Meinungsumfrage unter ca. 4000 Erwachsenen in Form eines Onlinefragebogens.

genen Anstrengungen[5] in gewisser Weise typisch für die Thematisierung von Bildungsbenachteiligungen ist: Häufig werden diese individualisiert und deren strukturelle Ursachen ausgeblendet. Dabei zeigten die Soziologen Pierre Bourdieu und Jean-Claude Passeron mit ihren Forschungen bereits in den 1970er Jahren, dass die Institution Schule in hohem Maße zur Reproduktion sozialer Ungleichheiten beiträgt, indem diese unterschiedliche Voraussetzungen und Lebenswelten junger Menschen ausblendet und Bildungsorientierungen, die nicht der Norm der gesellschaftlich privilegierte(re)n Gruppen entsprechen, systematisch *abwertet*. Dies geschieht gewissermaßen »verborgen« (Bourdieu/Passeron 1971) unter dem Label der »objektiven« Leistungsbewertung. Es lässt sich also festhalten, dass die Perspektive auf Individuen – und ihre erbrachten oder verwehrten Anstrengungen – sowie deren Familie zu kurz greift. Oftmals folgen auch politische und pädagogische Initiativen dieser Logik und zielen vorrangig auf die ›Kompensation‹ einer als defizitär bezeichneten familialen Sozialisation, ohne gesellschaftliche Machtverhältnisse und Interessen mitzudenken.

> Wenn eine Veränderung hin zu mehr sozialer Gerechtigkeit mehr als nur ein politisches Lippenbekenntnis sein soll, braucht es dagegen eine (selbst-)kritische Auseinandersetzung mit dem Phänomen der Bildungsbenachteiligung, die gesellschaftliche Hierarchisierungen berücksichtigt. In dem Zusammenhang ist es wichtig, die soziale Herkunft explizit als Differenzmerkmal zu berücksichtigen und *Klassismus* als Diskriminierungsform zu benennen.

Klassismus bezeichnet eine »Diskriminierung aufgrund von Klassenherkunft oder Klassenzugehörigkeit«, die »der Abwertung, Ausgrenzung und Ausbeutung von Menschen und der Aufrechterhaltung und Legitimierung von sozialer Ungleichheit in der Gesellschaft [dient]« (Seeck 2022, S. 12). Hiervon betroffen sind demnach Menschen, denen eine *niedrige* soziale

---

5 Ungeachtet der notwendigen Überprüfungen der Validität des Konzepts »eigene Anstrengung«, auf die die Autor*innen selbst verweisen (Wößmann et al. 2019, S. 12).

Position zugeschrieben wird und die häufig mit abwertenden Stereotypen – in Bezug auf Schule etwa: faul, verhaltensauffällig, lernschwach und/oder bildungsfern – in Verbindung gebracht werden. Klassismus beschreibt folglich nicht allein armutsbedingte Einschränkungen, sondern eine fehlende soziale *Anerkennung* und daraus resultierende »emotionale Verletzungen« (Wellgraf 2015, S. 56). Anerkennung bezeichnet Bourdieu (2001, S. 309 f.) als »das seltenste Gut überhaupt: Anerkennung, Ansehen, das heißt ganz einfach Daseinsberechtigung.« Verwehrte Anerkennung prägt die Wahrnehmung des Selbst- und Weltbildes und beeinflusst – neben den vermeintlich ›objektiven‹ Leistungsbewertungen an Schule – die Möglichkeiten gesellschaftlicher Teilhabe, da sie zu einer Art Selbsteliminierung führen kann; wie oben bereits angesprochen, bleiben die Mechanismen der Macht als Ursache der Abwertung i.d.R. ›verborgen‹ und strukturelle Ungleichheiten werden in Form von Schuld- und Defizitzuschreibungen individualisiert. Obwohl insbesondere soziale Herkunft und Bildungschancen häufig in einem Atemzug genannt werden, steckt das Konzept des Klassismus in Deutschland noch »in den Kinderschuhen« (Baron 2014, S. 225)[6] und wird im Allgemeinen Gleichbehandlungsgesetz (AGG) nicht als Diskriminierungsform ausgewiesen.[7] Dies hat Folgen für die Praxis und begünstigt z.B. in der Kinder- und Jugendarbeit, dass »soziale Problemlagen wie Armut […] eher aus[ge]blendet und […] Armutslagen individualisiert« (Beck/Plößer 2021, S. 281) werden.

Interessanterweise erobert das Thema der sozialen Herkunft in jüngerer Zeit die Feuilletons. Häufiger sind es biografische Erzählungen, die aus der Perspektive von Aufsteiger*innen die ›feinen Unterschiede‹ sowie empfundene Unsicherheit und Scham illustrieren. Zu nennen ist in dem Zusammenhang »Rückkehr nach Reims« von Didier Eribon, einem französischen Soziologen und Schüler Bourdieus, der sein eigenes Gewordensein theoretisch sensibilisiert reflektiert; von ihm stammt das Eingangszitat

---

6 Insbesondere durch Winker/Degele (2009) und Kemper/Weinbach (2009) wurde Klassismus auch verstärkt in Deutschland thematisiert.

7 Kemper (2016, S. 6 f.) interpretiert die Vernachlässigung als Diskriminierungsform als Folge des Klassismus selbst, Eilers (2018, S. 95) verweist auf eine charakteristische »Top-Down-Praxis, die wesentlich auf strukturell bedingten Privilegien beruht.«

dieses Buches. Oder Jeremias Thiels eindrückliche Schilderungen in »KEIN Pausenbrot, KEINE Kindheit, KEINE Chance«, für den sein »labbriges Toastbrot« mit fast zentimeterdicker Butter und Lyoner im Plastikbeutel im Vergleich zu Vollkornbrot, Obst und Gemüse aus der Brotdose seiner Mitschüler*innen zum Symbol seiner Herkunft wird, für die er sich so schämt, dass er es trotz Hungers – »zu Hause gab es ja kein Frühstück« (S. 89) – wegwirft.[8] Nehmen wir für uns als Gesellschaft den politischen Willen für Veränderungen in Anspruch, ist es unerlässlich, den Blick für die vielfältigen Erscheinungsformen des Klassismus zu schärfen und diesen als Diskriminierungsform neben anderen zu benennen und konzeptionell mitzudenken.

Bildungsungleichheiten manifestieren sich im Laufe der Zeit in unterschiedlichen Figuren: War es in den 1960er Jahren die »katholische Arbeitertochter vom Land« (Peisert 1967), richtet sich der Blick heute vornehmlich auf den »Migrantensohn aus bildungsschwachen Familien« (Geißler 2013, S. 95) im städtischen Brennpunktbezirk (ebd., S. 89).[9] Neben der sozialen Herkunft geraten – zusätzlich zu regionalen Gegebenheiten – also mitunter weitere Differenzmerkmale in den Blick, darunter insbesondere das Geschlecht und der Migrationshintergrund, wobei letzterer häufiger mit der sozialen Herkunft korreliert[10] (Autorengruppe[11] Bildungsberichtsberichterstattung in Deutschland 2020, S. 45). Das vor-

---

8 Auch im Bereich der Belletristik finden sich zahlreiche Beispiele, darunter z. B. »Ein Mann seiner Klasse« von Christian Baron oder »Streulicht« von Deniz Ohde.
9 Die Bezeichnungen »bildungsschwach« und »Brennpunktbezirk« entsprechen der oben angesprochenen defizitären Perspektive.
10 Per se ist kritisch anzumerken, dass der pauschalisierende und stigmatisierende Begriff »Migrationshintergrund« nichts über die Lebensrealität von Menschen aussagt. Dennoch ist dieser in der Statistik – nach wie vor – verbreitet. I. R. des vorliegenden Buches wird die Kategorie verwendet, wenn auf vorliegende Daten rekurriert wird. Jüngst ausgelöst durch die Kritik der Fachkommission der Bundesregierung zu den Rahmenbedingungen der Integrationsfähigkeit findet aktuell eine Debatte über alternative Konzepte und deren Operationalisierung statt.
11 Die gendergerechte Formulierung »Autor:innengruppe« wird erst ab dem Bildungsbericht von 2022 verwendet.

liegende Buch denkt diese intersektionale, die Verwobenheit unterschiedlicher Differenzmerkmale berücksichtigende Perspektive mit.

Aktuell lädt die Entwicklung von Schule zum Ganztag dazu ein, das Phänomen der Bildungsbenachteiligung unter veränderten Rahmenbedingungen neu, mit der gebotenen Priorisierung und handlungsorientiert zu diskutieren. Die Debatte hat zu einer Öffnung der Perspektive geführt und nimmt neben Bereichen schulischer bzw. formaler Bildung zunehmend Bereiche non-formaler und informeller Bildung in den Blick, deren Potenziale im Hinblick auf ein erweitertes Bildungsverständnis ausgelotet werden. Ist von Ganztag die Rede, wird – neben Schule – insbesondere das Arbeitsfeld der Kinder- und Jugendhilfe angesprochen und der Abbau von Bildungsbenachteiligungen mitgedacht. Viele der im Kontext des Ganztags diskutierten Ideen – etwa ein erweitertes Bildungsverständnis, Schule als Lernort und eine zeitliche Flexibilisierung – sind nicht neu und finden sich beispielsweise bereits in der Vision des »Haus des Lernens« (Bildungskommission NRW 1995). Umso wichtiger ist es, die aktuellen Bewegungen des Bildungssystems zu nutzen, um das Thema stärker zu gewichten und ausgehend von wissenschaftlichen Erkenntnissen die Handlungsmöglichkeiten der Sozialen Arbeit im Kontext von Bildungsbenachteiligung neu zu sondieren.

Soziale Arbeit ist als Profession und Disziplin in besonderer Weise mit sozialen Ungleichheiten befasst und fördert

> »gesellschaftliche Veränderungen, soziale Entwicklungen und den sozialen Zusammenhalt sowie die Stärkung der Autonomie und Selbstbestimmung von Menschen. [... Sie, TG] befähigt und ermutigt Menschen so, dass sie die Herausforderungen des Lebens bewältigen und das Wohlergehen verbessern, dabei bindet sie Strukturen ein« (DBSH 2016).

Orientiert an der Norm sozialer Gerechtigkeit arbeitet sie demnach emanzipatorisch *mit* ihren Adressat*innen und politisch *an* ausgrenzenden Strukturen. Für den Abbau von Bildungsbenachteiligungen erwächst hieraus ein besonderes Potenzial, wie die vorliegende Monografie zeigt. Diese führt systematisch Perspektiven der Soziologie – etwa zu theoretischen Erklärungsansätzen sozialer Ungleichheit und der Wirkmächtigkeit gesellschaftlicher Machtverhältnisse –, empirischer Bildungsforschung, (Bildungs-)Politik und Sozialer Arbeit zusammen. Ziel ist es, orientiert an der Idee sozialer Gerechtigkeit bzw. *Bildungsgerechtigkeit* konkrete Handlungsansätze und -maßnahmen Sozialer Arbeit aufzuzeigen. Hierbei handelt es sich zweifelsohne um ein komplexes Vorhaben, das nicht ohne Schwerpunktsetzungen (und den damit verbundenen Auslassungen) auskommt. In diesem Fall werden die Lebensphasen Kindheit und Jugend sowie die Institutionen bzw. Arbeitsfelder Schule und Kinder- und Jugendhilfe, respektive Schulsozialarbeit und Kinder- und Jugendarbeit, fokussiert. Die Auswahl begründet sich mit Blick auf die aktuelle Entwicklung von Schulen zum Ganztag und soll mitnichten die Bedeutung weitere Angebote der Jugendhilfe im Kontext von Teilhabe – insbesondere des stark expandierenden Bereichs der frühen Bildung – negieren.

Kapitel 1 definiert zunächst das Konstrukt der sozialen Herkunft und stellt gängige theoretische Erklärungsmodelle zum Zusammenhang von sozialer Herkunft und Bildungschancen vor (▶ Kap. 1). Da dieses Buch in erster Linie Studierende und Praxisvertreter*innen adressiert, werden hier grundlegende Modelle ausgeführt, auf die auch häufig in anderen Publikationen rekurriert wird; diese Modelle werden vornehmlich als unterschiedliche und sich ergänzende Perspektiven verstanden und strukturieren anschließend die datengestützte Darstellung aktueller Entwicklungen und Herausforderungen des Bildungssystems. Das einführende Kapitel 1 dient insbesondere auch als Bezugspunkt der im weiteren Verlauf beschriebenen politischen und (sozial-)pädagogischen Maßnahmen des Abbaus von Bildungsbenachteiligungen. Es sensibilisiert für die unterschiedlichen Merkmale familialer Sozialisation, die durch die Bewertungen an Schule – und ebenso Erfahrungen von Anerkennung und Abwertung in anderen Alltagssituationen – zu *ungleichen* Voraussetzungen gesellschaftlicher Teilhabe werden, auch über das Bildungssystem hinaus. Solche über das Bildungssystem hinausgehenden Erfahrungen werden entlang eines Ebenenmodells betrachtet, das insbesondere auch Wechselwirkungen zwischen unterschiedlichen Erfahrungsbereichen – etwa Familie, Schule und Peers – fokussiert und sich damit der Vielschichtigkeit von Bildungsbiografien zu nähern versucht.

Kapitel 2 betrachtet den »Ganztag« als (projektierte) Reform des Bildungssystems, die politisch eng mit dem Abbau von Bildungsbenachteiligung verknüpft ist (▶ Kap. 2). Dargelegt wird die sowohl unter formalen als auch inhaltlichen Gesichtspunkten erweiterte Perspektive auf eine

Ganztagsbildung, die Soziale Arbeit als gleichwertige Bildungspartnerin neben Schule berücksichtigt und Aspekte der Subjektbildung und Emanzipation mitdenkt. Thematisiert werden in dem Zusammenhang ebenfalls die Herausforderungen einer Kooperation von Schule und Sozialer Arbeit, die sich u. a. aus deren unterschiedlichen Funktionslogiken und institutionellen Verortungen ergeben. Aus aktuellen Studien zum Ganztag und dessen Effekten auf die Bildungsprozesse von Kindern und Jugendlichen werden schließlich Handlungsbedarfe mit Blick auf den Abbau von Bildungsbenachteiligungen abgeleitet.

Kapitel 3 konkretisiert die Arbeitsfelder Schulsozialarbeit und Kinder- und Jugendarbeit und deren Potenziale im Ganztag (▶ Kap. 3). Systematisch herausgearbeitet werden neben den Spezifika der Arbeitsbereiche übergreifende Bildungsorientierungen und Arbeitsmethoden und damit die jeweilige methodische Expertise der Vermeidung und des Abbaus von Benachteiligungen.

Zur Einordnung und Reflexion bisheriger Maßnahmen stellt *Kapitel 4* unterschiedliche Konzepte der Bildungsgerechtigkeit vor und arbeitet deren politische und pädagogische Implikationen heraus (▶ Kap. 4). Als anschlussfähig an die Soziale Arbeit erweisen sich insbesondere die Bestimmungen einer Teilhabe- und Anerkennungsgerechtigkeit, die strukturelle Veränderungen des Bildungssystems mitdenken und Impulse für die abschließenden Überlegungen geben. Die Konzepte stützen die Bildungsorientierungen und Arbeitsprinzipien Sozialer Arbeit an bzw. in Kooperation mit Schule und bieten Impulse für eine Neujustierung professioneller Praxen im Ganztag.

Kapitel 5 führt schließlich die Ergebnisse der einzelnen Abschnitte des Buches zusammen und schlägt konkret Maßnahmen zur Förderung von Bildungsgerechtigkeit vor, die auf unterschiedlichen Ebenen ansetzen (▶ Kap. 5) – darunter die Ebene des Subjekts, der pädagogischen Interaktion, der Institution Schule, des Sozialraums und der (Bildungs-)Politik.

Das ›Immer-Wieder‹ in Bezug auf wissenschaftliche Analysen sozialer Ungleichheiten, wie im Eingangszitat angedeutet, ebenso wie das ›Schon-Wieder‹, wenn man die Historie einiger gegenwärtig diskutierter Maßnahmen bedenkt, machen eine neue Herangehensweise und das Aufzeigen konkreter Ansatzmöglichkeiten für die Praxis notwendig. Das bedeutet nicht, dass bisherige Initiativen nicht sinnvoll sind – diese zu würdigen und sichtbar zu machen ist ebenfalls Anspruch dieses Buches. Vielmehr geht es darum, sie vor dem Hintergrund gerechtigkeitstheoretischer Überlegungen zu reflektieren und ggf. zu modifizieren bzw. zu erweitern. Das gilt insbesondere in Bezug auf die Expertise Sozialer Arbeit und die Möglichkeit, diese stärker in Schule und Ganztag einzubringen.

Die aktuellen Entwicklungen zum Ganztag bieten – wieder einmal – die Chance, das Bildungssystem unter der Prämisse der Bildungsgerechtigkeit zu verändern. Dieses Buch versteht sich als Plädoyer, diese Gelegenheit zu ergreifen. Dabei unterstreicht das dieser Einleitung vorangestellte Zitat zugleich den politischen Anspruch und die Notwendigkeit des Vorhabens: Bildung ist ein wertvolles Gut in unserer Gesellschaft und hat weitreichende Folgen für gesellschaftliche und demokratische Teilhabe. Eines macht die Textstelle darüber hinaus deutlich: Wollen wir die Grenzen, auf die bisherige Initiativen und Maßnahmen gestoßen sind, verschieben, fängt das bei uns selbst an. Es geht um nichts weniger als die Reflexion und Veränderung gesellschaftlicher Machtverhältnisse. Ein Gedanke, der an unterschiedlichen Stellen des Buches aufgegriffen und vertieft wird.

1 Bildung und soziale Ungleichheiten: Theorie, Empirie und aktuelle Entwicklungen

Bildung, darauf weist bereits die Einleitung hin, ist in unserer Gesellschaft ein *wertvolles Gut* (Hradil 2001, S. 31). Bezogen auf formale Bildung eröffnen oder verwehren Abschlüsse und Zertifikate z. B. Zugänge zu bestimmten beruflichen Positionen, sind mit Einkommen, Prestige und Möglichkeiten der politischen Partizipation verknüpft. Immer dann, wenn »Menschen aufgrund ihrer Stellung in sozialen Beziehungsgefügen von den ›wertvollen Gütern‹ einer Gesellschaft regelmäßig mehr als andere erhalten« (ebd., S. 30), spricht man von *sozialer* Ungleichheit.

> **Bildungsungleichheit**
>
> »Bildungsungleichheit« liegt also vor, wenn bestimmte Gruppen *systematisch* bessere oder schlechtere Zugangs- bzw. Teilhabechancen zu bzw. an Bildung haben.

Häufig sind ungleiche Bildungschancen eine Frage der »sozialen Herkunft«, die anhand unterschiedlicher Modelle bestimmt werden kann, darunter Klassen, Schichten oder Milieus. Allen Modellen liegt die Vorstellung einer hierarchisch strukturierten Gesellschaft zugrunde, die Zuordnung erfolgt jedoch auf der Grundlage unterschiedlicher Merkmale. Mit dem Konzept der *Klasse* werden die Mitglieder einer Gesellschaft – je nachdem, ob sie Produktionsmittel besitzen oder nicht – in Herrschende und Beherrschte unterschieden; die soziale *Schicht* kategorisiert Menschen anhand von objektiven Merkmalen wie Bildungsabschlüssen, Einkommen und Berufsprestige; soziale *Milieus* beziehen in die Analyse neben objektiven auch subjektive Merkmale wie Werteorientierungen – etwa zwischen

Tradition, Modernisierung und Neuorientierung – in die Gruppenbildung mit ein.

> **Soziale Herkunft**
>
> Wenn von der sozialen Herkunft die Rede ist, geht es also – im weiteren Sinne – um sozialstrukturell geprägte *Bedingungen* des Aufwachsens bzw. der Ressourcen in der Familie, die Einfluss auf Bildungsverläufe nehmen (können).

Ausbuchstabiert wird der Zusammenhang zwischen sozialer Herkunft und Bildungschancen inzwischen durch eine ganze Reihe elaborierter Erklärungskonzepte. Nachfolgend werden zentrale Ansätze vorgestellt (▶ Kap. 1.1), bevor diese theoretischen Perspektiven mit aktuellen empirischen Daten und Befunden verknüpft werden (▶ Kap. 2.2).

1.1 Theoretische Erklärungskonzepte

Geht es um theoretische Erklärungen sozial ungleicher Bildungschancen, wird in der Wissenschaft zumeist auf das Konzept primärer und sekundärer Herkunftseffekte nach Raymond Boudon sowie die Arbeiten Pierre Bourdieus rekurriert. Auch hier sollen diese Theorien in ihren Grundzügen skizziert werden, ergänzt durch Verweise auf Weiterentwicklungen dieser Ansätze und die Berücksichtigung des Modells der sozialökologischen Entwicklung nach Urie Bronfenbrenner.

1.1.1 Boudon: Primäre und sekundäre Herkunftseffekte

Boudon (1974) interpretiert sozialstrukturelle Unterschiede im Bildungssystem als Ergebnis primärer und sekundärer Herkunftseffekte.

> **Primäre und sekundäre Herkunftseffekte**
>
> *Primäre* Effekte äußern sich in Form von Kompetenzunterschieden, die auf sozialstrukturell variierende Sozialisationsbedingungen – etwa in den Bereichen Erziehung, kulturelle Anregung und Förderung – zurückgeführt werden, wohingegen sich *sekundäre* Effekte im Kontext von sozialstrukturell variierenden Bildungsentscheidungen zeigen und relativ unabhängig von Schulleistungen bzw. den primären Herkunftseffekten wirken (Watermann/Maaz 2006, S. 220).

Konkret heißt das, dass auch bei guten und sehr guten Schulleistungen die Übergangsentscheidung bei bildungsbenachteiligten Kindern seltener für das Gymnasium oder die Hochschule ausfällt als im Fall von privilegierten Kindern. Akteur*innen der Übergangsentscheidungen sind für Boudon in erster Linie die Eltern, was sich mit den in Deutschland geltenden Regelungen deckt, denn außer in den Ländern Bayern, Brandenburg und Thüringen gibt der Elternwille und nicht die Empfehlung der Lehrer*innen den Ausschlag für die weiterführende Schule.

Zurückgeführt werden sozialstrukturelle Muster des elterlichen Entscheidungsverhaltens auf Unterschiede in der »Abwägung von Vorzügen (Nutzen) und Nachteilen (Kosten) von höherer Bildung« (Becker/Lauterbach 2004, S. 15). Es wird also angenommen, dass Entscheidungen *für* oder *gegen* das Gymnasium oder ein Studium *rational* getroffen werden. Die Bewertung von Kosten und Nutzen formaler Bildungsabschlüsse bemisst sich dabei an der jeweiligen Bedeutung, der ihnen für den Statuserhalt innerhalb der Gesellschaft beigemessen wird: Während für höhere Positionsgruppen auch formal höhere Bildungsabschlüsse *Voraussetzung* des Statuserhalts sind, trifft dies bei unteren Positionsgruppen nicht zu. Hinzu kommt, dass es sich bei Bildungsentscheidungen um »Entscheidungen unter Unsicherheit« handelt, die »sich hinsichtlich der Bildungserträge, der Kosten verschiedener Bildungswege und der Realisierungswahrscheinlichkeiten unterschiedlicher Bildungsabschlüsse ergeben« (Kristen 1999, S. 17). Die Entscheidung für das Gymnasium oder eine akademische Ausbildung bedeutet nach dieser Lesart für untere Herkunftsgruppen zunächst einen Verzicht auf Einkommen bei unsicheren Erfolgsaussichten, auch weil Vorbilder im Nahumfeld häufig fehlen (Grendel 2012, S. 28).

In neueren Arbeiten ergänzen Maaz/Nagy (2009) zwei weitere Unterformen der sekundären Herkunftseffekte auf Bildungsentscheidungen: darunter zum einen sekundäre Effekte der Leistungsbeurteilung, zum anderen sekundäre Effekte der Schullaufbahnempfehlung. Sie tragen damit wissenschaftlichen Befunden Rechnung, die zeigen, dass Schüler*innen aus bildungsbenachteiligten Familien trotz *gleicher* Leistungen häufig *schlechtere* Noten erhalten und für sie trotz *gleicher* Leistungen *seltener* eine Gymnasialempfehlung ausgesprochen wird (Maaz/Dumont 2019, S. 310). Dieser Aspekt wird nachfolgend im Zusammenhang mit den Arbeiten Bourdieus aufgegriffen, welche diesbezüglich tiefergehende Einblicke in die Ursachen und Mechanismen der Bildungsungleichheit geben.

Alles in allem, so lässt sich an der Stelle festhalten, zeigt Boudon also Bereiche auf, in denen Herkunftseffekte *sichtbar* werden. Mit Blick auf Kompetenzen (primäre Herkunftseffekte) und Entscheidungen für die Beteiligung an konkreten Bildungsgeboten (sekundäre Herkunftseffekte) entwirft er eine Struktur, die Bildungsforschung und Bildungsberichterstattung nach wie vor prägt (▶ Kap. 1.2).

1.1.2 Bourdieu: Kapital, Habitus und Feld

Bourdieu geht – ähnlich wie das Konzept primärer und sekundärer Herkunftseffekte – ebenfalls auf unterschiedliche Voraussetzungen bzw. Kompetenzen für den schulischen Erfolg und auf unterschiedliche Perspektiven und Werteorientierungen in Bezug auf Bildung(stitel) ein. Dabei berücksichtigt er jedoch stärker die unbewussten, d. h. nicht per se rationalen Anteile an Bildungsentscheidungen und legt zudem die Verantwortung des Bildungssystems an der Reproduktion ungleicher Bildungschancen offen.

Zur Beschreibung der Sozialstruktur greift Bourdieu auf das Modell des Sozialen Raums zurück, das Klassen – auf die sich sein Konzept der sozialen Herkunft stützt – *vertikal* nach der Quantität und *horizontal* nach der Qualität ihrer Kapitalausstattung differenziert. Unterschieden werden, neben dem ökonomischen Kapital (u. a. Geld und Besitz), das soziale und das kulturelle Kapital. Unter sozialem Kapital werden die umgangssprachlich als ›Vitamin B‹ bezeichneten Ressourcen verstanden, die durch Beziehungen entstehen (z. B. Zugänge zu Freizeitangeboten). Das kulturelle Kapital wiederum gliedert sich in die objektivierte Form (z. B. der Besitz von Kulturgütern wie Büchern), die institutionalisierte Form (z. B. Bildungszertifikate) und die inkorporierte Form (z. B. verinnerlichte Kompetenzen des Zugangs zu und des Verständnisses von Bildungs- und Kulturgütern; siehe ausführlich Bourdieu 1983; Bourdieu 1987, S. 19).

Der Form des inkorporierten Kapitals wird in der Bildungsforschung besondere Aufmerksamkeit zuteil, etwa mit Blick auf das elterliche Vorlesen in der Kindheit, das neben der Förderung sprachlicher Kompetenzen u. a. mit der Vermittlung eines selbstverständlichen und positiv besetzten Zugangs zu Büchern in Verbindung gebracht wird und damit als gute Vorbereitung auf schulisches Lernen gilt (▶ Kap. 1.2.2).

Insgesamt eignet sich der Kapitalansatz folglich als Heuristik, um herkunftsspezifische *Voraussetzungen* des Bildungserfolgs zu beschreiben: Je nach Vorliegen können diese Zugänge eröffnen oder verwehren, etwa zu kulturellen Aktivitäten und Nachhilfe (ökonomisches Kapital), karrierefördernden Praktika (soziales Kapital) oder Unterstützung bei Hausaufgaben (kulturelles Kapital). Für die Erklärung von Bildungsungleichheiten sind neben den unterschiedlichen familialen Ressourcen, wie sie sich anhand des Kapitalansatzes beschreiben lassen, insbesondere auch die im Sozialisationsprozess verinnerlichten *habituellen* Orientierungen[12] und die konkreten Erfahrungen ausschlaggebend, die Individuen in den unterschiedlichen Teilbereichen der Gesellschaft machen.

---

12 Nach Bourdieu wird die inkorporierte Form des kulturellen Kapitals schließlich zum »›festen Bestandteil‹ der Person, zum Habitus« (Bourdieu 1983, S. 187).

Bourdieu bietet mit dem Habitus eine Erklärung dafür an, warum sich die Lebensstile und damit auch die Bildungsverläufe von Menschen einer Klasse häufig ähneln und über Generationen hinweg reproduziert werden. Es geht ihm also um die Frage, warum Kinder aus den unteren Klassen zumeist formal niedrige Bildungsabschlüsse erwerben, während Kinder aus den oberen Klassen das Bildungssystem überproportional häufig mit einem Hochschulabschluss verlassen – eine Tendenz, die auch im Zuge der Bildungsexpansion fortbesteht (▶ Kap. 1.2.1).

Habitus

Bourdieu definiert den Habitus als »eine allgemeine Grundhaltung, eine Disposition gegenüber der Welt, die zu systematischen Stellungnahmen führt« (Bourdieu 1992a, S. 31). Diese Grundhaltung lässt sich in Form von internalisierten Denk-, Wahrnehmungs- und Bewertungsmustern beschreiben, die zum einen als »Erzeugungsprinzip« und zum anderen als »Klassifikationssystem« kultureller Praxisformen wirksam werden (Bourdieu 1987, S. 277). Der Habitus *erzeugt* im Sinne eines Konstruktionsprinzips Praxisformen, und da er durch die *typischen* Sozialisationsbedingungen seiner Klasse geprägt ist, bringt er vornehmlich *klassenspezifische* Zugangsweisen zu Bildung u. ä. hervor, etwa in Form von grundlegenden Orientierungen in Bezug auf Noten und Bildungsabschlüsse. In Anbetracht der bestehenden Ressourcenknappheit bildet sich in den unteren Klassen häufig ein »Habitus der Notwendigkeit«[13] (El-Mafaalani 2014, S. 19), der dazu führt, dass für die Betreffenden – auch in Bezug auf Bildung – Aspekte der Funktionalität, der Anwendbarkeit und/oder der Notwendigkeit im Vordergrund stehen. Die Frage »Was bringt mir das?«, versinnbildlicht diese Orientierung, beantwortet wird sie zumeist aus einer kurzfristigen, nicht langfristigen Perspektive heraus.

---

13 Bourdieu (1987, S. 587) selbst verwendet die Formulierung »Geschmack am Notwendigen«.

Dies hat u. a. Einfluss auf Bildungsentscheidungen. Bourdieu nimmt hier Bezug auf das Motiv des Statuserhalts bzw. der -verbesserung der Klassen im sozialen Raum und argumentiert somit in Teilen ähnlich wie Boudon. Anders als dieser geht er jedoch nicht per se von *rationalen* Entscheidungen aus, sondern berücksichtigt, dass habituelle Muster vorreflexiv und *unbewusst* wirksam werden (können). Ausschlaggebend ist in dem Zusammenhang das *Gefühl* für die eigene Position bzw. das Zutrauen in die eigenen Möglichkeiten, wie es durch Erfahrungen entsteht. An der Stelle kommt der Habitus als »Klassifikationssystem« kultureller Praxisformen ins Spiel (Bourdieu 1987, S. 277). Hierunter ist zu verstehen, dass mit dem Habitus spezifische – anerkennende oder ablehnende – Bewertungen von Praxisformen einhergehen. Über die Struktur der Bewertung entscheidet zum einen die Vertrautheit der Lebensstile – gemessen an den eigenen Erfahrungen –, zum anderen spielen auch in dem Zusammenhang die Strategien der sozialen Klassen für Statuserhalt bzw. -verbesserung eine Rolle. Begegnen sich Menschen, so begegnen sich per se Akteur*innen, »die Unterschiede verkörpern und repräsentieren, welche sie aus ihrem ursprünglichen sozialen Milieu ›gerbt‹ haben und die sie in Bezugnahme auf und gegenüber anderen Akteuren in Gesten, Worten, Attitüden usw. symbolisieren« (Papilloud 2003, S. 29). Kennzeichnend für die oberen Klassen ist z. B. das Bestreben, die eigene soziale Position nach »unten« durch Abwertungen aufsteigender Gruppen zu sichern (Baumgart 2008, S. 200). Bourdieu nennt diese Abgrenzungen *Distinktionen*, worunter er Unterschiede setzende Verhaltensweisen versteht. Beispiele stellen in dem Zusammenhang Höherwertungen von »klassischer« im Vergleich zu »populärer« Musik oder »analytischer Kompetenzen« im Vergleich zu »praktischen Fähigkeiten« dar. Zum Tragen kommt an der Stelle die Definitionsmacht darüber, »was in einer Gesellschaft überhaupt als Bildung gilt, wer als gebildet oder als ungebildet« (Seeck 2022, S. 41); diese Definitionsmacht ist Merkmal von Klassismus (▶ Einleitung).

In Form von Distinktionen werden Positionskämpfe um Macht und Einfluss in den unterschiedlichen gesellschaftlichen Teilbereichen ausgetragen. Bourdieu bezeichnet diese Teilbereiche der Gesellschaft als *soziale Felder*, worunter er »ein nach einer eigenen Logik funktionierendes ›Spiel‹ um Macht und Einfluss« versteht (Krais/Gebauer 2002, S. 56). Akteur*innen konkurrieren also innerhalb sozialer Felder um den Erhalt oder die

Verbesserung ihrer sozialen Position und versuchen die Spielregeln so zu verändern, dass ihre Stärken zum Tragen kommen. Dabei verfügen die oberen Klassen i.d.R. über größere Einflussmöglichkeiten und haben die Macht, Maßstäbe für Teilhabe und Erfolg zu definieren und ihre Vormachtstellung zu sichern. – Letztlich ein unfaires Spiel, da die Erfolgschancen von vornherein *ungleich* sind.

Im Rahmen seiner wissenschaftlichen Analysen widmet sich Bourdieu intensiv dem *Bildungssystem*. In der Studie »Die Illusion der Chancengleichheit« macht er mit Jean-Claude Passeron (1971) darauf aufmerksam, dass die dort geltenden Bewertungsmaßstäbe vornehmlich an den mittleren Klassen orientiert sind. Alle Schüler*innen werden an ihnen gemessen, bringen jedoch qua Sozialisation Ressourcen mit, die diesen mehr – im Fall der mittleren Klassen und auch der über diese hinausgehenden oberen Klassen – oder weniger – im Fall der unteren Klassen – entsprechen. Verwiesen werden kann an dieser Stelle auf das oben genannte Beispiel des Vorlesens, das auf schulisches Lernen vorbereitet, oder auch die grundlegende Orientierung des Habitus der Notwendigkeit an der unmittelbaren Verwertbarkeit von Bildungsinhalten, die von Lehrer*innen möglicherweise als mangelnde Begabung und unzureichende Motivation interpretiert werden. Ebenfalls können habituelle Muster in den Bereichen Sozialverhalten, Sprache bzw. Dialekt u.ä. schulische Bewertungen beeinflussen. Als Determinante des Bildungserfolgs führt Bourdieu demnach das *Passungsverhältnis* zwischen Ressourcen (Kapital, Habitus) und Anforderungen (Soziales Feld) ein.

Gleichbehandlung von Ungleichem

Die vermeintlich objektive und leistungsorientierte Bewertung in Schule erweist sich vor diesem Hintergrund letztlich als eine Form der *Gleich*behandlung von *Un*gleichem, die dazu führt, dass habituelle Muster höherer Positionsgruppen institutionell – durch gute Noten – anerkannt werden, während die der unteren Klassen – durch schlechte Noten – abgewertet werden (Bourdieu 1983, S. 190). Unterschiedliche Ressourcen – darunter Sprachduktus, Allgemeinwissen und Bildungsverständnis – werden somit in vermeintlich objektive Noten transfor-

> miert und in der Folge zu ungleichen Voraussetzungen für gesellschaftliche Teilhabe.

Bourdieu übt mit seinen Arbeiten demnach deutliche Kritik am Bildungssystem und lenkt den Blick von individualisierenden Begründungen des Bildungserfolgs – wie Motivation, Fleiß, Begabung – und defizitären Perspektiven auf familiale Bildung und Erziehung hin zu *strukturellen* Benachteiligungen. Für das Bildungssystem diagnostiziert er eine »Illusion der Chancengleichheit« (Bourdieu/Passeron 1971) und entlarvt die »verborgenen Mechanismen der Macht« (Bourdieu 1992b) als Ursache der Chancenungleichheit. Ausschlaggebend ist, dass Kinder aus benachteiligten Familien kulturelle Passungsunterschiede häufig auf *individuelle* Defizite zurückführen und nicht als *strukturelles* Problem erkennen. Passt der Habitus nicht mit seiner Umgebung überein, kann sich ein Fremdheitsgefühl in Form von Scham oder Schüchternheit einstellen (Bourdieu 2001, S. 217). Eribon (2017, S. 48), ein Schüler Bourdieus, führt aus, dass sich dieses »Schamgefühl [...] allen Angehörigen abweichender oder minoritärer Gruppen als eine fundamentale Dimension ihres Bezugs zur Welt und zu den anderen geradezu körperlich einschreibt«. Da wir uns bevorzugt in Kontexten bewegen, in denen wir uns sicher und anerkannt fühlen, tragen wir schließlich häufig – unbewusst – zur Reproduktion ungleicher Bildungschancen bei. Dem Gefühl gegenüber (Hoch-)Schule und intellektuellen Gesprächen (»Das ist nichts für mich«) folgen handlungspraktische Konsequenzen. Teilhabe ist also im Wesentlichen geprägt von »Gefühlen der Inkompetenz und der Unwürdigkeit sowie [dem, TG] Erwerb eines ›Sinns für die eigene Stellung im sozialen Raum‹« (Scherr 2014, S. 176). Dieses Gefühl wirkt über das Bildungssystem hinaus und zeigt sich z. B. auch im Bereich des politischen Engagements und damit im Bereich der Möglichkeiten, auf das eigene Leben gestaltend Einfluss nehmen:

> »Um den Zusammenhang von Bildungskapital und Geneigtheit, auf politische Fragen zu antworten, angemessen zu erklären, genügt nicht der Rückgriff auf die durch den Bildungstitel garantierte Fähigkeit zum Verstehen, zur Widergabe oder selbst noch zur Hervorbringung des politischen Diskurses; hinzu kommen muß vielmehr noch das – gesellschaftlich gebilligte oder geförderte – Gefühl, be-

rechtigt zu sein, sich überhaupt mit Politik zu beschäftigen, ermächtigt zu sein, politisch zu argumentieren« (Bourdieu 1987, S. 639).

Erfahrungen nicht gegebener Passung, des ›Ungenügens‹, wie sie bildungsbenachteiligte Kinder häufiger im Bildungssystem machen, üben damit im doppelten Sinne einen Einfluss auf gesellschaftliche Teilhabe aus: durch Noten und Übergangsempfehlungen, aber eben auch durch das – vermittelte – Gefühl, weniger zu können und weniger berechtigt zu sein als andere.

> Der Abbau von Bildungsbenachteiligung erfordert folglich sowohl strukturelle Veränderungen (z. B. mit Blick auf Bewertungsmaßstäbe, Themen- und Methodenvielfalt) als auch emanzipatorische Bildung mit den Betreffenden, die strukturelle Probleme zum Gegenstand von Bildung machen, um Prozessen der Selbstselektion vorzubeugen. (▶ Kap. 2.1; ▶ Kap. 3.3)

Bourdieu selbst beschreibt den Habitus als relativ stabil, was ihm mitunter den Vorwurf einer deterministischen Betrachtungsweise eingebracht hat. Zwar ist es seiner Auffassung nach »nicht auszuschließen, daß unter gewissen Umständen – insbesondere in Krisensituationen, in denen die unmittelbare Angepasstheit von Habitus und Feld auseinanderbricht – andere Prinzipien, so das bewusste und rationale Kalkül, an seine Stelle [gemeint ist der Habitus, TG] treten« (Bourdieu 1989, S. 397), systematisch ausgearbeitet hat er den Aspekt der Veränderbarkeit jedoch nicht.

Nach wie vor wird kaum eine theoretische Perspektive so stark im Kontext von Fragen der Bildungsungleichheit rezipiert wie die Bourdieus. Da sich seine Analysen vornehmlich auf das französische Bildungssystem in den 1970er bis 1980er Jahren beziehen, lohnt sich jedoch der Blick auf aktuelle Weiterentwicklungen. Nachfolgend sei auf drei Punkte verwiesen, die für die Analyse ungleicher Bildungschancen neue bzw. erweiterte Perspektiven eröffnen:

Die Veränderung bzw. Transformation des Habitus

Die von Bourdieu vernachlässigte *Veränderbarkeit* des Habitus wird insbesondere in Studien zu Bildungsaufstiegen[14] analysiert, die bildungsbiografisch die Transformation habitueller Muster nachzeichnen (siehe z. B. Grendel 2012; El-Mafaalani 2012). Im Ergebnis weisen diese u. a. darauf hin, dass sowohl kulturelle Passung als auch Nicht-Passung individuell höchst unterschiedlich wahrgenommen und bewertet werden, insbesondere auch in Abhängigkeit von Anerkennungserfahrungen. Dabei können u. a. Bezugspersonen aus höheren Milieus – etwa Lehrende, die ›etwas in einem sehen‹, oder auch Peers – einen Bildungsaufstieg begünstigen.

U. a. auch Helsper et al. (2018) beziehen neben den elterlichen Bildungsorientierungen stärker die konkreten Erfahrungen der Schüler*innen selbst in ihre Analysen mit ein und verstehen den Habitus entsprechend »nicht als deterministisch-reproduktives Konzept, sondern als einen zwar limitierten, aber zugleich transformatorischen Möglichkeitsraum« (ebd., S. 38). Transformationen bzw. Veränderungen führen die Autor*innen insbesondere auf *Krisenerfahrungen* zurück, die etwa durch Ambivalenzen in familialen Praxen oder Differenzerfahrungen zwischen vertrauten und unvertrauten Praxisformen in neuen Feldern ausgelöst werden können (ebd., S. 35 f.). Mangelnde Passung muss daher nicht per se ein Scheitern bedeuten, sondern birgt möglicherweise (auch) Potenziale für Bildungsprozesse und Neuorientierung. Diese Überlegungen erweisen sich als anschlussfähig an Konzepte einer transformatorischen bzw. emanzipatorischen Bildung (▶ Kap. 2.1; ▶ Kap. 3.3).

---

14 Bildungsaufstiege werden anhand realisierter Bildungsabschlüsse gemessen, die formal (deutlich) über dem Bildungsstatus der Eltern liegen und unter Annahme der sozialen Reproduktion von Bildungsstatus nicht erwartbar waren.

Die Ausdifferenzierung eines feldspezifischen Habitus

Helsper et al. (2018) betrachten den Habitus nicht in seiner Gesamtheit, sondern mit einem feldspezifischen Bezug[15] und arbeiten die Typologie eines »Schüler*innenhabitus« heraus. Dabei rekonstruieren sie Orientierungen in Bezug auf Schule: etwa entlang der Kontrastierungsdimensionen

- Schulnähe vs. Schulfremdheit,
- Anpassung bzw. Unterwerfung vs. Distanz zur schulischen Ordnung,
- Orientierungen mit Blick auf die individuelle Leistung (z. B. Leistungsaffinität vs. Ablehnung von Leistung) sowie
- Zugangsweisen zu Lernen und Bildung (z. B. intrinsische vs. extrinsische Motivation) und
- den Stellenwert von Leistung in Schule im Vergleich zu anderen Lebensbereichen (ebd., S. 400 ff.).

In Bezug auf schulische Passungsverhältnisse legen die Autor*innen darüber hinaus eine erweiterte Perspektive nahe: Zum einen verweisen sie auf die Bedeutung der jeweiligen schulkulturellen Anerkennungsordnung (ebd., S. 40) und des pädagogischen Umgangs der Institution mit schulischer Distanz und Fremdheit, zum anderen des schüler*innenbiografischen Verlaufs und der jeweils unterschiedlichen Ausprägung und subjektiven Relevanz von Passungsverhältnissen (ebd., S. 41 f.). Neben der Einnahme einer längsschnittlichen Perspektive auf Bildungsverläufe wird an der Stelle insbesondere auch das explizite Aufgreifen ungleicher Bildungschancen in pädagogischen Konzepten mitgedacht (▶ Kap. 5.3).

---

15 Auch Bourdieu (1987, S. 175) geht davon aus, dass sich der Habitus je nach Feld konkretisiert, was er mit der Formel »[(Habitus) (Kapital)] + Feld = Praxis« zum Ausdruck bringt.

Die Berücksichtigung weiterer Ungleichheitsdimensionen

Bourdieu, das haben die Ausführungen gezeigt, fokussiert als Dimension sozialer Ungleichheit die soziale Herkunft bzw. die Klassenzugehörigkeit. Darüber hinaus hat er in seinem Werk »Die männliche Herrschaft« (Bourdieu 2005) analysiert, wie geschlechterspezifische Konstruktionen von Leistung und Begabung mit geschlechterspezifischen Erfolgschancen in der Wissenschaft korrelieren. Auch in diesem Fall beschreibt er, wie ›überlegene‹ gesellschaftliche Gruppen (hier: Männer) ihre Definitionsmacht nutzen, Bewertungsmaßstäbe kultivieren und andere Gruppen (hier: Frauen) abwerten, um die eigene Position zu sichern. Macht versteht er in dem Zusammenhang als »symbolische Macht […], Dinge mit Wörtern zu schaffen« (Bourdieu 1992b, S. 153).

Letztlich werden durch die Benennung und pauschale Charakterisierung von Gruppen Unterschiede symbolisch *hergestellt*, indem Frauen beispielsweise als emotional und schwach, Männer hingegen als rational und stark konstruiert oder indem Kinder aus unteren Klassen als praktisch veranlagt und Kinder aus oberen Klassen als intelligent beschrieben werden. – In beiden Fällen ist klar, welche Zuschreibungen gesellschaftlich auf- und welche abwerten.

Versteht man den Habitus als *Ergebnis* von Sozialisation, also im Sinne der Verinnerlichung sozial ungleicher Strukturen (siehe hierzu Grendel 2019a), so ist davon auszugehen, dass er potenziell durch jegliche Ungleichwertigkeitsvorstellungen in einer Gesellschaft geprägt wird. Exemplarisch sei an dieser Stelle auf Übertragungen des Konzepts auf die Differenzmerkmale ethnische Herkunft bzw. Staatsbürgerschaft (Grendel/Scherschel 2019) und Adultismus (Alanen 2005; Grendel/Schulze 2021) verwiesen. Fortführen lässt sich diese Übertragung u. a. auf Religion, sexuelle Orientierung und Behinderungen – eben auf alle Merkmale, die mit bestimmten Vorstellungen und Lebensweisen sowie einer niedrigeren oder höheren Wertigkeit bzw. ›Normalität‹ in Verbindung gebracht werden. Über Distinktionen begegnen Individuen diesen Vorstellungen in ihren täglichen Interaktionen. Bleiben die dahinterliegenden Machtstrukturen ›verborgen‹ bzw. unreflektiert, tragen sie zur Stabilisierung der gesellschaftlichen Ordnungen bei (s. o.). Auch die Vorstellungen in Schule sind hiervon geprägt, wie das Beispiel der Monolingualität zeigt, dass die

Mehrsprachigkeit von Kindern mit Migrationshintergrund entwertet (Mecheril 2016, S. 17f.; Dean 2020, S. 80f.).

> Insgesamt lässt sich die Stärke des Habituskonzepts in der Verknüpfung von Milieu, Individuum und Feld ausmachen, mit der es Bildungsungleichheiten erklärt (siehe hierzu auch Helsper et al. 2018, S. 27f.). Neben der Familie geraten insbesondere das Bildungssystem bzw. die konkrete Schule sowie die an ihr beteiligten Akteur*innen in den Blick. Ein Charakteristikum stellt in dem Zusammenhang die machttheoretische Perspektive auf milieuspezifische Interessen und Einflussmöglichkeiten dar, die für bildungsbenachteiligte Kinder häufig mit Abwertung und Marginalisierung einhergehen.

Mit Verweis auf Passungsverhältnisse geraten schließlich insbesondere Wechselwirkungen zwischen Familie und Schule in den Blick. Das sozialökologische Entwicklungsmodell nach Urie Bronfenbrenner betrachtet dezidiert Wechselwirkungen zwischen diesen und weiteren Lebensbereichen, ebenso Merkmale regionaler und politischer Rahmenbedingungen und deren Einfluss auf Entwicklungsprozesse. Es wird deshalb, die theoretischen Perspektiven auf Bildungsungleichheiten abschließend, ebenfalls in seinen Grundzügen skizziert.

1.1.3 Bronfenbrenner: Sozialökologische Entwicklung

Bronfenbrenners (1981; 2012 [1976]) Modell der sozialökologischen Entwicklung erhebt den Anspruch, der Komplexität der »alltägliche[n] Umwelt als soziale Ökologie menschlicher Entwicklung« (Bronfenbrenner 2012, S. 170) gerecht(er) zu werden. Diese Komplexität umfasst seiner Auffassung nach neben *vertikalen* – also den sozioökonomischen – auch *horizontale* Disparitäten, darunter die unmittelbare Umgebung (z.B. physische Merkmale von Wohnung und Plätzen, beteiligte Personen und Handlungen), Soziale Netzwerke und Institutionen (z.B. die Erreichbarkeit von Angeboten) sowie das ideologische System der Gesellschaft (Werte und Normen) (Bronfenbrenner 2012, S. 170). Sein Modell unterscheidet Einflüsse des Mikro-, Meso-, Exo-, Makro- und Chronosystems auf die individuelle Entwicklung, woraus sich für die Betrachtung ungleicher Bildungschancen ableitet, dass diese nicht allein individuell und auf der Mikroebene – also etwa mit Blick auf die Beziehungen im unmittelbaren Umfeld (z. B. der Familie) – zu erklären sind. Wichtig sind darüber hinaus Wechselwirkungen des Mesosystems – also zwischen Mikrosystemen, an denen das Kind selbst beteiligt ist (z. B. Familie und Schule oder Familie und Peers) – oder auch des Exosystems – das Einflüsse von Mikrosystemen berücksichtigt, an denen das Kind selbst nicht beteiligt ist – etwa Medien oder die Arbeitswelt der Eltern – die jedoch über deren Einfluss auf die Familie für das Kind entwicklungsrelevant werden können (Ditton 2006, S. 273). Unter dem Makrosystem werden schließlich formale Ähnlichkeiten der genannten Systeme verstanden, die innerhalb einer Kultur gegeben sind (z. B. typische Beziehungsformen zwischen Familie und Schule). Das Chronosystem wiederum eröffnet eine zeitliche Perspektive auf Entwicklungsprozesse und berücksichtigt neben Veränderungen des Individuums im Lebenslauf – insbesondere an den Übergängen zwischen Systemen und Rollen – auch Veränderungen der Umwelt (Bronfenbrenner 1990, S. 77).

Wechselwirkungen zwischen Systemen bzw. Lebensbereichen

Wenngleich sich der Ansatz aufgrund seiner Komplexität empirisch nur eingeschränkt umsetzen lässt (siehe hierzu Bertram 1981), liefert er wichtige Hinweise für die Analyse von Entwicklungs- und Sozialisationsprozessen: Er betont die Wechselseitigkeit der Beeinflussung von Individuum und Umwelt, die Bedeutung von Wechselwirkungen zwischen Systemen bzw. Lebensbereichen, richtet den Blick auf Anforderungen bei Übergängen zwischen Mikrosystemen – etwa Familie bzw. Kindertagesstätte und Schule – und auf die Vereinbarkeit von Systemen (Hummrich/Kramer 2017, S. 76).

In Bezug auf die Erklärung schulischer Sozialisationsprozesse laden die Überlegungen beispielsweise dazu ein, die pädagogische Beziehung zwischen Schüler*in und Lehrer*in im Zusammenspiel mit Beziehungen zu

Peers und der Familie zu betrachten und auch Effekte der Arbeitsplatzerfahrungen der Eltern und deren Einfluss auf familiale Beziehungen und gesellschaftliche Ungleichheitsstrukturen in die Analyse einzubeziehen (ebd., S. 77).

Bronfenbrenner selbst begründet seinen differenzierten Blick mit dem sozialpolitischen Anspruch, die *Bedingungen* für Entwicklungsprozesse optimieren zu wollen. Entsprechende Veränderungen setzen seiner Auffassung nach ein differenziertes Wissen über Einflussfaktoren voraus (Bronfenbrenner 2012, S. 170; Ditton 2006, S. 273), weshalb er eine experimentelle Logik[16] und das praktische Erproben in den Mittelpunkt seiner Arbeiten stellt.

Die vorgestellten theoretischen Erklärungsmodelle sehr knapp zusammengefasst, kann an der Stelle festgehalten werden, dass sich Bildungsungleichheiten insbesondere im Bereich von Kompetenzen und Leistungsbewertungen sowie Bildungsentscheidungen und Übergangsempfehlungen äußern. Ursächlich sind sozialstrukturell divergierende Zugangsvoraussetzungen, die im Bildungssystem ungleich bewertet werden. Zum Tragen kommen in dem Zusammenhang gesellschaftliche Machtverhältnisse und damit verbundene Interessen und Einflussmöglichkeiten. Wird Kindern aus bildungsbenachteiligten Familien im Bildungssystem Anerkennung verwehrt, prägt dies deren Habitus und hat Folgen für das Selbst- und Weltbild sowie die subjektive Wahrnehmung von Ansprüchen und Möglichkeiten gesellschaftlicher Teilhabe. Die in neueren Arbeiten berücksichtigte denkbare Transformation habitueller Muster kann u. a. durch den subjektiven Umgang mit Ablehnungserfahrungen oder auch Erfahrungsalternativen ausgelöst werden. Stehen bei ungleichheitstheoretischen Betrachtungen häufig Wechselwirkungen zwischen Familie und Schule im Blickpunkt, scheint insgesamt eine Ausweitung der Analyse auf weitere Lebensbereiche sowie eine längsschnittliche Perspektive unter Berücksichtigung regionaler und politischer Rahmenbedingungen sinnvoll. Als Prämisse kann in dem Zusammenhang das oben geforderte differenzierte Wissen über Einflussfaktoren auf Bil-

---

16 Vor diesem Hintergrund erklärt sich der Begriff der Wechsel*wirkungen*, der forschungsmethodisch Ursache-Wirkungs-Aussagen intendiert; für die Überlegungen im Kontext der Bildungsforschung ist dieser kritisch zu reflektieren.

dungsprozesse bzw. -verläufe dienen, das Grundlage für Veränderungen und den Abbau von Bildungsungleichheiten ist. Das folgende Kapitel setzt an dieser Stelle an und stellt aktuelle Entwicklungen und Herausforderungen vor.

1.2 Empirie zu aktuellen Entwicklungen und Herausforderungen

Die Fülle an empirischen Studien[17] zu den Determinanten und Mechanismen ungleicher Bildungschancen lässt inzwischen jedes Vorhaben eines Überblicks unweigerlich an Grenzen stoßen (Miethe et al. 2021, S. 9). Es braucht Fokussierungen, die sich im Fall des vorliegenden Kapitels aus den vorgestellten theoretischen Erklärungskonzepten ableiten. Aufgegriffen wird u. a. die – sehr verbreitete – Betrachtung von »Bildung« im Sinne von Bildungsbeteiligung bzw. Zertifikatserwerb sowie Kompetenzentwicklung (Boudon). Des Weiteren wird eingegangen auf soziale Benachteiligung an bzw. durch Schule, sowohl institutionell als auch interaktionell (Bourdieu), Erfahrungen in unterschiedlichen Lebensbereichen und deren Wechselwirkungen sowie regionale Gegebenheiten und politische bzw. zeitgeschichtliche Rahmenbedingungen (Bronfenbrenner). Die Ausführungen erheben keinen Anspruch auf Vollständigkeit, sondern folgen der Intention, einzelne übergreifende Befunde herauszustellen – wie sie insbesondere in aktuellen bildungspolitischen Debatten und Förder- wie Forschungsprogrammen aufgegriffen werden. Neben Bildungsinstitutionen (= formale Bildung) werden auch das Lernen in außerunterrichtlichen und außerschulischen Angeboten (= non-formale Bildung) sowie in der Familie und in Peerkontexten (= informelle Bildung) berücksichtigt

---

17 Zusätzlich hat sich – auf nationaler, teilweise auch Länder- und kommunaler Ebene – eine kontinuierliche Bildungsberichterstattung etabliert, die regelmäßig vorliegende Daten und Erkenntnisse zusammenführt und systematisiert Entwicklungen und Herausforderungen aufzeigt.

(▶ Kap. 2.1). Eine weitere Fokussierung erfolgt mit Blick auf die Lebensphasen Kindheit und Jugend und der in ihnen relevanten Bildungsinstitution Schule; Kindertagesstätten werden mit Blick auf die Vorbereitung auf Schule, non-formale und informelle Bildung in Ergänzung zu Schule betrachtet.

> **Unterschiedliche Operationalisierungen sozialer Herkunft**
>
> Vorweg ist anzumerken, dass in der Forschung das Konstrukt der sozialen Herkunft bisweilen unterschiedlich operationalisiert wird: teilweise anhand *eines* objektiven Merkmals wie dem Bildungsstatus der Eltern bzw. des höher qualifizierten Elternteils[18], teilweise anhand von Merkmals*kombinationen* – etwa Einkommen und beruflicher Position[19], mitunter ergänzt durch die Ausstattung des Haushalts mit Kulturgütern[20]. Der nationale Bildungsbericht[21] wählt insofern ein nochmals anderes Vorgehen, als er drei Merkmale fokussiert – Bildungs- und Erwerbsstatus sowie Haushaltseinkommen – und drei Risikolagen der sozioökonomischen Situation von Familien identifiziert: das bildungsbezogene Risiko (= Eltern verfügen über keine Hochschulreife und/oder abgeschlossene Berufsausbildung), das soziale Risiko (= kein Elternteil ist erwerbstätig) und das finanzielle Risiko (= Haushaltseinkommen liegt unterhalb der Armutsgefährdungsgrenze) (Autor:innengruppe Bildungsberichterstattung 2022, S. 46f.).

Dahingehend zeigt sich, dass 2020 fast jedes dritte Kind (29%) von mindestens einer dieser Risikolagen betroffen ist (ebd.), bestimmte Gruppen sogar häufiger: Dies gilt insbesondere für Kinder Alleinerziehender im Vergleich zu Kindern in Paarfamilien (56% vs. 24%), wobei die Gefähr-

---

18 Z.B. International Standard Classification of Education (ISCED).
19 Z.B. Internationaler Sozioökonomischer Index des beruflichen Status (ISEI).
20 Z.B. der im Rahmen der PISA-Studien entwickelte »index of economic, social and cultural status« (ESCS).
21 Der Bericht führt Daten aus unterschiedlichen Erhebungen zusammen und nimmt alle zwei Jahre eine Gesamtanalyse des deutschen Bildungssystems vor. Die Berichte sind frei zugänglich unter: https://www.bildungsbericht.de/de.

dung durch eine finanzielle Risikolage besonders ausgeprägt ist (40 % vs. 17 %) (ebd.). Auch Kinder aus Familien mit Migrationshintergrund[22] sind im Vergleich zu Kindern ohne Migrationshintergrund öfter von mindestens einer Risikolage betroffen (48 % vs. 16 %), ein sehr deutlicher Unterschied besteht hinsichtlich einer bildungsbezogenen Risikolage (24 % vs. 4 %) (ebd.). Die Befunde bestätigen, dass Merkmale sozialer Herkunft nach wie vor das Leben von Kindern und Jugendlichen beeinflussen. Nachfolgend werden aktuelle Befunde beschrieben, wobei markante Ergebnisse mit Blick auf Geschlecht und Migrationshintergrund ebenfalls berichtet werden. Zunächst wird auf den Bereich der formalen Bildung eingegangen.

1.2.1 Formale Bildung

In Bezug auf Bildungsinstitutionen ist zunächst der Blick auf die *Bildungsbeteiligung* aufschlussreich, da er es ermöglicht, die Beteiligungsquoten unterschiedlicher Gruppen miteinander zu *vergleichen* (▶ Kap. 4).

In der bildungspolitischen Diskussion erfahren gegenwärtig insbesondere frühpädagogische Bildungsinstitutionen eine hohe Aufmerksamkeit. Dies begründet sich mit den Potenzialen, die einem qualitativ hochwertigen Angebot in Bezug auf die Kompensation sozialstruktureller Disparitäten im Bereich sogenannter »Vorläuferkompetenzen« für den späteren Kompetenzerwerb in der Schule (z. B. rezeptiver Wortschatz, Anwendung von Grammatik) zugeschrieben werden (Maaz/Dumont 2019, S. 305). Studien bestätigen, dass Kinder bei einem frühen Einstiegsalter über einen signifikant höheren Wortschatz im Alter von sieben Jahren verfügen (Autor:innengruppe Bildungsberichterstattung 2022, S. 111). Dies betrifft nicht allein Kinder mit Migrationshintergrund, wenngleich gut jedes fünfte Kind erst in der Kindertagesstätte regelmäßig Kontakt mit der deutschen Sprache hat (Autorengruppe Bildungsberichterstattung 2020, S. 97). Auch bei Kindern, die zu Hause überwiegend Deutsch sprechen,

---

22 Von einem Migrationshintergrund wird an der Stelle gesprochen, wenn eine Person selbst oder mindestens ein Elternteil die deutsche Staatsangehörigkeit nicht durch Geburt besitzt (Autorengruppe Bildungsberichterstattung 2020, VIII).

liegt der Anteil mit einer verzögerten Sprachentwicklung bei etwa 20% (ebd., S. 99). Kritisch betrachtet werden daher Unterschiede im Annahmeverhalten von Krippen und Kindertagesstätten, die sich vor allem im Vergleich niedriger und hoher Bildungsabschlüsse der Eltern zeigen, bei den unter 3-Jährigen (18% vs. 38%), wie den 3- bis unter 6-Jährigen (74% vs. 90%), aber auch zwischen Kindern mit und ohne Migrationshintergrund: 25% vs. 37% bei den unter 3-Jährigen sowie 80% vs. 91% bei den 3- bis unter 6-Jährigen (Autor:innengruppe Bildungsberichterstattung 2022, S. 105). Untersuchungen belegen, dass Informations- und Unterstützungsangebote die sozialen Unterschiede des Annahmeverhaltens verringern können (Hermes et al. 2021, zit. nach Autor:innengruppe Bildungsberichterstattung 2022, S. 106). Bildungspolitisch ist an der Stelle jedoch mitzudenken, dass der Rechtsanspruch auf ein Bildungsangebot für alle Kinder unter drei Jahren bis 2025 nach aktuellen Prognosen nicht erfüllt sein wird (ebd., S. 104).

Betrachtet man den weiteren Bildungsverlauf, so starten Kinder aus benachteiligten Familien – insbesondere ohne vorangegangenen Kita-Besuch – häufig nach wie vor mit geringeren Kompetenzen (die institutionell anerkannt werden) in die Schule. Und auch wenn diese überdurchschnittliche Kompetenzfortschritte machen und die Unterschiede in den Jahrgangsstufen 5 bis 9 abnehmen, bleiben diese im Grundsatz bestehen (ebd., S. 139; 150). Vielfach kritisiert wird in dem Zusammenhang auch die frühe Selektion, die im deutschen Bildungssystem i. d. R. nach der 4. Klasse erfolgt und damit die Zeit des ›Aufholens‹ deutlich begrenzt (Becker/Hecken 2009).

Die sozialstrukturellen Unterschiede setzen sich mit Blick auf die direkten Übergänge von der Grundschule auf das Gymnasium fort: Insgesamt liegt die Zahl bei 43%, wobei sich ein rückläufiger Trend abzeichnet, wenn Länder ein zweigliedriges oder ein zweigliedrig erweitertes Schulsystem[23] anbieten (Autor:innengruppe Bildungsberichterstattung 2022, S. 127). Mit 79% vollziehen jedoch fast dreimal so viele Schüler*innen mit einem hohen sozioökonomischen Status diesen Übergang als Kinder mit

---

23 In dem Fall besteht neben dem Gymnasium eine weitere Schulform, von einem zweigliedrig erweiterten Schulsystem ist bei zusätzlichem Angebot von Gesamtschulen die Rede.

einem niedrigen sozioökonomischen Status (27 %). Sieht man sich den Übergang an die Hauptschule an, so realisieren diesen 17 % der Kinder mit einem niedrigen sozioökonomischen Status und lediglich 1 % der Kinder mit einem hohen Status (ebd., S. 115 f.). Der Zusammenhang zwischen sozialer Herkunft und Bildungsbeteiligung ist entsprechend nach wie vor stark ausgeprägt.

Der Übergang in die Sekundarstufe I ist gleich aus mehreren Gründen prägend für den weiteren Bildungsverlauf: Zunächst stellen Schulformen jeweils differentielle Lernmilieus dar und ermöglichen unterschiedliche Lernfortschritte. Als vorteilhaft erweisen sich in dieser Hinsicht vor allem die Schulen auf einem formal höheren Bildungsniveau (ebd., S. 140 ff.). Relevant ist darüber hinaus die geringe Wechselquote zwischen den Schularten von aktuell 3 %[24], die zu einem hohen Anteil *weg* vom Gymnasium und *hin* zu Schulformen mit einem niedrigeren formalen Bildungsniveau erfolgen (46 %) (Autorengruppe Bildungsberichterstattung 2020, S. 111). Zwar zeigt sich im Längsschnitt, dass jede*r vierte Realschüler*in (27 %) ihre*seine Schulkarriere nach dem mittleren Bildungsabschluss am Gymnasium oder in einem Gymnasialbildungsgang fortsetzt, mit Blick auf die schließlich erreichten Schulabschlüsse im 20. Lebensjahr zeigen sich jedoch weiterhin sozialstrukturelle Unterschiede: Bei einem hohen sozioökonomischen Status erlangen 79 % die Hochschulreife im Vergleich zu 31 % der Kinder mit einem niedrigen Status (Autor:innengruppe Bildungsberichterstattung 2022, S. 161). Zu berücksichtigen ist in dem Zusammenhang ebenfalls, dass dieser Weg aufgrund des zusätzlichen Wechsels und den damit verbundenen Bewältigungsanforderungen vergleichsweise ›anstrengender‹ ist als der lineare Gang von der Grundschule zum Abitur. Häufiger erfolgt dieser im beruflichen Schulwesen: Ein Fünftel der Absolvent*innen und Abgänger*innen beruflicher Schulen erwirbt einen (zusätzlichen) Schulabschluss in vollqualifizierenden und berufsvorbereitenden Bildungsangeboten, darunter zu 44 % einen mittleren Schulabschluss, zu 31 % einen ersten Abschluss und zu 24 % die (Fach-)Hochschulreife (ebd., S. 188). Insgesamt erlangten im Jahr 2020 16 % aller

---

24 Nicht berücksichtigt werden hierbei Bildungsgangwechsel innerhalb von Gesamtschulen.

jungen Menschen die Fach- oder Allgemeine Hochschulreife im beruflichen Schulsystem (ebd., S. 159).

Mit Blick auf die Bildungsverläufe werden insbesondere auch Unterschiede zwischen den Geschlechtergruppen deutlich:

- bei der Einschulung (diese erfolgt bei Mädchen früher),
- der Wahl der Schulform (Mädchen besuchen häufiger das Gymnasium und seltener die Haupt- und Förderschulen),
- Klassenwiederholungen (auch hier Mädchen seltener als Jungen) sowie
- der Wahl von Leistungskursen (Deutsch und Französisch bei Mädchen, Mathematik und Physik bei Jungen) (Maaz/Dumont 2019, S. 321).

Hurrelmann und Schultz (2012) sprechen in dem Zusammenhang gar von »Jungen als Bildungsverlierer«[25]. Auch in diesem Bereich sind (hier: geschlechterspezifische) Passungsverhältnisse eine der möglichen Erklärungen für Selektionseffekte (Budde/Rieske 2022). Aktuelle Daten zeigen in dem Zusammenhang, dass insbesondere geschlechterstereotype Erwartungen einen Einfluss auf Schulleistungen ausüben. Solchen Erwartungen sind Jungen stärker ausgesetzt, sie wirken sich negativ auf die Kompetenzentwicklung im Bereich des Lesens aus. Mädchen profitieren hingegen von einer egalitären Geschlechterrollenorientierung durch stärkere Kompetenzzuwächse sowohl im Bereich des Lesens als auch der Mathematik (Leibniz-Institut für Bildungsverläufe 2019).

Seit einigen Jahren liegt ein Schwerpunkt der Bildungsforschung im Bereich von *Kompetenzmessungen*, was insbesondere auf die Einführung von Schulleistungsstudien zurückzuführen ist. Gleich mehrere Studien nehmen entsprechende Tests regelmäßig für unterschiedliche Altersgruppen und Kompetenzbereiche vor:

- PISA[26] fokussiert 15-jährige Schüler*innen und schulfachnahe Kompetenzen in den Bereichen Lesen, Mathematik und Naturwissenschaften.

---

25 Intersektional verknüpft sind häufiger Geschlecht und Migrationshintergrund – siehe als Kristallisationsfigur den »Migrantensohn aus bildungsschwachen Familien« (Geißler 2013, S. 95), wie in der Einleitung angesprochen.
26 Programme for International Student Assessment.

- TIMSS[27] untersucht Grundschüler*innen der 4. Klasse und misst deren mathematische und naturwissenschaftliche Kompetenzen.
- IGLU[28] erfasst in derselben Jahrgangsstufe die Lesekompetenzen.
- VERA[29] führt Vergleichsarbeiten in der 3. und 8. Jahrgangsstufe in den Fächern Deutsch und/oder Mathematik bzw. in der höheren Jahrgangsstufe auch Englisch und Französisch durch.

Die Frage nach sozialstrukturellen Unterschieden wird dabei berücksichtigt. Bekannt geworden sind in dem Zusammenhang insbesondere die PISA-Studien, deren Erstveröffentlichung im Jahr 2000 auf den starken Zusammenhang zwischen sozialer Herkunft und Kompetenzen aufmerksam gemacht hat. Aus der jüngsten PISA-Studie geht erneut hervor, dass soziale Herkunft und Lesekompetenzen in Deutschland stärker korrelieren als im OECD-Mittel. Auffällig sind darüber hinaus die Unterschiede zwischen Jugendlichen mit und ohne Migrationshintergrund, wobei dieser in Deutschland vergleichsweise stark mit dem sozioökonomischen Status der Eltern zusammenhängt (Reiss et al. 2019, S. 129).

Die PISA-Ergebnisse von 2018 zeigen in Bezug auf die Lesekompetenz zudem ein insgesamt geteiltes Bild: Zum einen fällt der Anteil an Jugendlichen auf den beiden oberen Kompetenzstufen signifikant höher aus als im OECD-Mittel (11% vs. 9%), zum anderen liegt der Anteil von Jugendlichen auf den unteren Kompetenzstufen (21% vs. 23%) leicht (nicht signifikant) unter dem Mittelwert der OECD. Obschon die Lesekompetenz in Deutschland im Mittel über dem OECD-Durchschnitt rangiert, ist also ein verhältnismäßig hoher Anteil an Schüler*innen mit niedriger Lesekompetenz festzustellen (ebd., S. 57 ff.).

Aktuell verlassen 5,9% der Jugendlichen die Schule ohne Abschluss (Autor:innengruppe Bildungsberichterstattung 2022, S. 159), dabei ist der Anteil erstmals seit 2013 rückläufig. Noch im Bildungsbericht für 2020 wurde entsprechend konstatiert, dass es »für einen wachsenden Teil der Schülerschaft […] offensichtlich nicht überall [gelingt, TG], ein Mindestniveau im Erwerb von Basiskompetenzen und Abschlusszertifikaten si-

---

27 Trends in International Mathematics and Science Study.
28 Internationale Grundschul-Lese-Untersuchung.
29 VERgleichsArbeiten.

cherzustellen« (ebd., S. 148). Wichtig ist perspektivisch, besonders diesen Teil der Jugendlichen im Blick zu behalten. Für sie geht es nicht allein um die ungleiche Beteiligung oder den ungleichen Erwerb von Kompetenzen und Zertifikaten, sondern insgesamt um die Beeinträchtigung von Möglichkeiten der gesellschaftlichen Teilhabe. Die Ausführungen zu den theoretischen Erklärungskonzepten von Bourdieu (▶ Kap. 1.1.2) haben die Hintergründe institutioneller und interaktioneller Effekte der sozialen Herkunft an Schule verdeutlicht. Empirische Studien belegen, dass die sozialstrukturelle und leistungsbezogene Zusammensetzung der konkreten Schule bzw. Schulklasse einen Einfluss auf die Kompetenzentwicklung und das schulische Selbstkonzept ausübt (Baumert et al. 2006). In diesem Zusammenhang sind insbesondere die Beziehungen zwischen Schüler*innen und Lehrer*innen sowie anderen im schulischen Kontext tätigen Akteur*innen (z. B. Sozialarbeiter*innen, Schulpsycholog*innen) und den Schüler*innen untereinander relevant. Studien für den Bereich der Grundschule zeigen, dass sich Kinder in sozial heterogen zusammengesetzten Klassen »stärker zum Klassenverbund zugehörig fühlen und auch mehr gegenseitige Unterstützung wahrnehmen« (Autor:innengruppe Bildungsberichterstattung 2022, S. 144). Anknüpfend an die theoretischen Vorüberlegungen ist davon auszugehen, dass insbesondere habituell bedingte Erfahrungen von (Nicht-)Passung bzw. (verwehrter) Anerkennung ausschlaggebend sind, die in heterogenen Settings möglicherweise weniger zum Tragen kommen. Häufig ist Schule der Ort, an dem junge Menschen Abwertung und Diskriminierung erfahren (▶ Kap. 5.3).

Soziale Disparitäten durch Pädagog*innen

Nach wie vor bestätigen sich Effekte habitueller Divergenzen im Bereich von Noten und Übergangsempfehlungen. Als bedenkenswert erweist sich in dem Zusammenhang, dass die Kultusministerkonferenz (2006, S. 4) vorschreibt, bei Übergangsempfehlungen neben Noten auch »Neigung und Wille des Kindes zu geistiger Arbeit« zu berücksichtigen. Letztlich werden Lehrer*innen auf diese Weise also geradezu aufgefordert, habituelle Orientierungen in Bezug auf Schule zu inter-

> pretieren: Studien bestätigen, dass – sozialstrukturell variierende – Prognosen über die elterliche Unterstützung sowohl das Benotungsverhalten (Helbig/Morar 2017, S. 23) als auch die Übergangsempfehlungen beeinflussen (können) (Schneider 2011, S. 373). Für gelingende Lernprozesse sind hohe Leistungserwartungen und Zutrauen der Lehrer*innen wichtig (Bremm/Racherbäumer 2020, S. 208). Effekte zeigen sich ebenfalls in der Bewertung von Testleistungen in Abhängigkeit des einen Migrationshintergrund andeutenden Namens (Bonefeld/Dickhäuser 2018). Soziale Disparitäten werden somit (auch) durch Pädagog*innen hergestellt, woraus sich der Bedarf einer Sensibilisierung von Lehrer*innen für habituelle Effekte im Kontext von Schule ableitet (▶ Kap. 5.2).

Im Zusammenhang mit der elterlichen Wahl der Schulform bestätigen sich Effekte der Selbstselektion: Verfügen Eltern maximal über einen Hauptschulabschluss, verzichten sie – trotz entsprechender Lehrer*innenempfehlung – etwa zu 30 % auf eine Anmeldung am Gymnasium. Eltern aus den oberen Schichten hingegen entscheiden sich häufiger für eine höhere Schulform als die für ihr Kind empfohlene (Ditton 2019, S. 170 f.). Interessant ist, dass sich Eltern aus unteren Schichten häufiger *für* ein gegliedertes Schulsystem (= Gymnasien plus eine Mischform aus Haupt- und Realschule) und damit *gegen* eine Gemeinschaftsschule aussprechen (56 % vs. 47 %; Petersen 2013, S. 27). Entkräftet wird damit die Auffassung, dass Menschen aus den oberen Schichten vornehmlich die Beibehaltung des Gymnasiums forcierten, um eine privilegierte Form der Bildung für ihre Kindern zu sichern (ebd.). Auch an dieser Stelle lassen sich jedoch Effekte der Selbstselektion unterer Schichten vermuten, wenn ein Umfeld unter ›Gleichen‹ mehr Sicherheit vermittelt.

Mit Blick auf die elterlichen Übergangsentscheidungen im Bildungssystem wird darüber hinaus die Tendenz deutlich, dass diese »nicht einfach die ›beste Bildung für ihr Kind‹, sondern die soziale Zusammensetzung der Schule« wählen. Dies begünstigt letztlich eine »Segregation, von der Vorteile für das eigene Kind erwartet werden« (Oelkers 2020, S. 1659), und hat mitunter die Entstehung sogenannter »Brennpunkt-Schulen« zur Folge; diese werden häufig abgewertet, ebenso wie die Schüler*innen, die diese besuchen (siehe vergleichbar die Befunde zur Hauptschule von Wellgraf 2015, S. 53).

1.2.2 Non-formale und informelle Bildung

Neben den Erfahrungen an Schule rücken mit dem Verständnis »Bildung ist mehr als Schule« (BKJ et al. 2002) und der damit verbundenen Perspektive einer erweiterten bzw. *ganzheitlichen* Bildung (▶ Kap. 2.1) auch die Bereiche non-formaler und informeller Bildung in den Fokus. In dem Zusammenhang ist insbesondere auch die Frage nach möglichen Wechselwirkungen in Bezug auf schulische Bildung relevant, deren Bedeutung sich bereits aus dem Modell der sozialökologischen Entwicklung ableitet (▶ Kap. 1.1.3).

Spezifische Bildungsgelegenheiten werden in dem Zusammenhang etwa dem ehrenamtlichen Engagement in Vereinen und Jugendfreiwilligendiensten, der kulturellen Bildung und der Kinder- und Jugendarbeit zugeschrieben. Beispielsweise wird das Ehrenamt mit der Möglichkeit der Verantwortungsübernahme in Verbindung gebracht und als förderlich für die Entwicklung von (sozialen) Kompetenzen und eigenen Interessen angesehen. Im Jahr 2019 waren 46 % der Jugendlichen von 14 bis unter 20 Jahren zivilgesellschaftlich engagiert (Autor:innengruppe Bildungsberichterstattung 2022, S. 149). Auch in diesem Bereich zeigen sich jedoch Unterschiede nach der familialen Herkunft und dem Bildungsstand der Eltern, was im aktuellen Bildungsbericht dahingehend interpretiert wird, »dass ein Teil junger Menschen, der ebenfalls von den Lerngelegenheiten im freiwilligen Engagement profitieren könnte, keinen Zugang zu diesen Angeboten findet« (ebd.).

Etwa zwei Drittel der 12- bis unter 20-Jährigen sind aktive Mitglieder in einem Verein, vornehmlich in Sportvereinen, etwas seltener in religiösen oder kirchlichen Gruppen, Gesangsvereinen oder Theatergruppen (Autorengruppe Bildungsberichterstattung 2020, S. 130). Ehrenamtlich engagiert in Vereinen und Verbänden sind etwa 20 % der Jugendlichen, wobei der Anteil junger Menschen mit formal niedrig qualifizierten Eltern deutlich geringer ist als der Anteil mit hoch qualifizierten Eltern (16 % vs. 26 %) (ebd., S. 130 f.). In Abhängigkeit von ihrem Bildungsniveau – das, wie oben gezeigt, von der sozialen Herkunft beeinflusst wird – werden u. a. auch Disparitäten im Bereich des politischen Engagements deutlich: Allein das politische Interesse von Jugendlichen mit (angestrebtem oder erreichtem) Abitur divergiert deutlich im Vergleich zu Jugendlichen mit (angestrebtem oder erreichtem) Hauptschulabschluss (50 % vs. 25 %) (Albert et al. 2019, S. 14).

Ein häufiges Forschungsthema im Bereich der non-formalen Bildung ist zudem die Teilhabe an kultureller Bildung.

Kulturelle Bildung

Kulturelle Bildung wird dabei – im Sinne des kulturellen Kapitals (▶ Kap. 1.1.2) – als bedeutsam für den Zusammenhang zwischen sozialer Herkunft und schulischen Leistungen verstanden und darüber hinaus mit der Entdeckung und Entfaltung der eigenen Bedürfnisse und der Ermöglichung eines selbstbestimmten Lebens in Verbindung gebracht (Autorengruppe Bildungsberichterstattung 2012, S. 157 f.[30]; ▶ Kap. 1.2.3; ▶ Kap. 5.4).

Soziale Disparitäten zeigen sich vor allem im musischen Bereich. Dies beginnt bereits mit der frühkindlichen Musikerziehung der 2- bis unter 6-Jährigen, die eher Mädchen als Jungen (30 % vs. 24 %) und eher Kinder von Eltern mit einem hohen als einem niedrigen Bildungsstand zuteilwird (33 % vs. 9 %; ebd., S. 165), und setzt sich im weiteren Verlauf fort. Besonders groß sind die Unterschiede zwischen einem hohem und einem niedrigem sozioökonomischen Status der Familie im Hinblick auf das Spielen eines Instruments (52,4 % vs. 26,7 %) (ebd., S. 165).

Auch die Inanspruchnahme von Angeboten der Kinder- und Jugendhilfe divergiert nach der sozialen Herkunft. So werden freiwillige und offene Angebote stärker von Kindern und Jugendlichen aus privilegierten Familien in Anspruch genommen, davon ausgenommen sind lediglich Jugendtreffs und Jugendzentren (Züchner 2018, S. 878). Insgesamt lässt

---

30 In diesem Abschnitt wird teilweise auf den Bildungsbericht aus dem Jahr 2012 Bezug genommen, da dieser die kulturelle Bildung als Schwerpunktthema hatte.

sich also feststellen, dass auch im Bereich non-formaler Bildung sozialstrukturelle Unterschiede des Nutzungsverhaltens bestehen. Vergleichsweise weniger Daten als für den formalen Bereich liegen zur konkreten Kompetenzentwicklung im Bereich non-formaler Bildung vor.[31] Dies begründet sich u. a. mit dem Anspruch, eine Engführung von Bildung auf Kompetenzerwerb und Employability zu vermeiden, wie er dem Bereich der Jugendarbeit immanent ist (Sauerwein/Graßhoff 2022, S. 216). Vernachlässigt wird bisweilen ebenfalls, dass auch im non-formalen Bereich eine mögliche (Nicht-)Passung zwischen Angebot und Aneignung sowie unterschiedliche Bildungsvoraussetzungen mitzudenken sind (Schmidt 2021, S. 1115).[32]

Im Zusammenhang mit ungleichen Bildungschancen wird häufiger auf Bildungserfahrungen im Kontext von Familie und Peers eingegangen, die als informelle Bildung bezeichnet werden. In Bezug auf die Familie wird die Aufmerksamkeit nach wie vor insbesondere auf das innerfamiliale Vorlesen gerichtet: Unterschiede zeigen sich vornehmlich während der für die Sprachentwicklung sensiblen Lebensjahre zwei und drei. Auch wenn die sozialstrukturellen Unterschiede eher gering sind, wird davon ausgegangen, dass sich diese kumulieren und zu Kompetenzunterschieden beitragen können (Linberg/Maly-Motta 2021, S. 49). Ein weiteres Thema stellt die elterliche Unterstützung bei Hausaufgaben dar, wobei die Überprüfung, ob und wie Hausaufgaben erledigt werden, und die konkrete Unterstützung voneinander unterschieden werden. Interessanterweise zeigt sich im Ergebnis u. a., dass insbesondere Eltern mit einem *niedrigem* Bildungsstand Unterstützung leisten (Autorengruppe Bildungsberichterstattung 2020, S. 128), wobei hier Klassenstufen und Qualität der Unterstützung in die Analyse einzubeziehen sind.

Auch Peers wird eine entscheidende Bedeutung bei der Bewältigung schulischer Anforderungen zugeschrieben, sowohl mit einer negativen Konnotation – als hemmend oder belastend – wie einer positiven – als

---

31 Siehe für einen Überblick Liebig/Schröder/Klapinski 2020.
32 Siehe hierzu das BMBF-geförderte Projekt »Abbau von Bildungsbarrieren im Spannungsfeld von Angebot und Aneignung (ABiSAn)«, Informationen unter: https://www.empirische-bildungsforschung-bmbf.de/de/3580.php (Laufzeit: 2021–2023).

unterstützend und anerkennend (Deppe 2013, S. 546 f.). In diesem Sinne dienen Peers als »soziale Stützsysteme«, in denen Jugendliche »ihre Misserfolgs- und Versagenserfahrungen in Abhängigkeit zu ihren bereits stattgefundenen Individuationsprozessen in je spezifische Modi der Anpassung an oder der Absetzung vom schulischen Imperativ überführen« (Hagedorn 2017, S. 22). Auch ermöglichen Peers »Körperlichkeit und Expressivität [,] jugendkulturelle Praktiken und Handlungen«, die in Schule häufig versagt werden (ebd., S. 24).

Vornehmlich sind die Wechselwirkungen zwischen Bildungserfahrungen in unterschiedlichen Kontexten Gegenstand bildungsbiografischer Studien. Diese zeigen u. a., dass außerschulische Anerkennungserfahrungen sich positiv auf die Entwicklung von Selbst-, Sozial- und Methodenkompetenzen auswirken und mitunter auch schulische Leistungen positiv beeinflussen können (Tully/Wahler 2008). Insgesamt besteht in diesem Bereich jedoch noch Forschungsbedarf, z. B. mit Blick auf die langfristigen Effekte non-formaler Bildung auf Bildungs- und Erwerbsverläufe.[33]

1.2.3 Regionale und bildungspolitische Rahmenbedingungen

Ausgehend vom Modell der sozialökologischen Entwicklung sind individuelle Entwicklungsprozesse in einem größeren Gesamtzusammenhang zu sehen. Unter den Rahmenbedingungen des Aufwachsens bzw. von Bildung erfahren gegenwärtig insbesondere regionale Gegebenheiten und bildungspolitische Maßnahmen Aufmerksamkeit.

So verweisen PISA und andere Studien in Bezug auf Bildungschancen immer auch auf das Thema regionaler Disparitäten. Auf den ersten Blick zeigt sich zunächst, dass das Bildungs- und Einkommensniveau in städtischen Räumen im Durchschnitt höher ausfällt als in ländlichen (Daniel et al. 2019, S. 37 ff.), was sich u. a. am höheren Anteil von Schüler*innen auf

---

33 Siehe hierzu das DJI-Projekt »Non-formale Bildung im Jugend- und jungen Erwachsenenalter«, Informationen unter: https://www.dji.de/ueber-uns/projekte/projekte/non-formale-bildung-im-jugend-und-jungen-erwachsenenalter.html (Laufzeit: 2021–2023).

dem Gymnasium sowie dem höheren Anteil von Schulabgänger*innen mit einer Hochschulzugangsberechtigung (41,7 % vs. 28,1 %) festmachen lässt. Doch auch zwischen Bundesländern, einzelnen Regionen und innerhalb von Städten bestehen mitunter erhebliche Unterschiede (ebd., S. 129), weshalb eine einfache Dichotomie von »Stadt« und »Land« zu kurz greift (ebd., S. 11). Nichtsdestotrotz zeigen sich Spezifika: Innerstädtisch variiert beispielsweise die Kompetenzentwicklung von Schüler*innen stärker – etwa im Bereich Lesen –, was sich u. a. mit Blick auf die heterogenere soziale Zusammensetzung von Schulen und Klassen erklären lässt (ebd., S. 36), im Fall des Lesens insbesondere hinsichtlich des Anteils an Kindern mit Migrationshintergrund (ebd., S. 143 f.). Auf dem Land ist vor allem die Angebotsknappheit ein Thema. Diese führt u. a. zu längeren Anfahrtswegen zur Schule, was mitunter einen negativen Effekt auf die Motivation des Schulbesuchs und das schulbezogene Engagement von Eltern hat (ebd., S. 136). Ggf. ist dies auch einer der Gründe dafür, dass im ländlichen Raum seltener als in Städten den Übergangsempfehlungen auf das Gymnasium nachgekommen wird (ebd., S. 132). Zumindest bei der Entscheidung *für* oder *gegen* ein Hochschulstudium hat sich die Entfernung zwischen Wohnort und Hochschule als ausschlaggebend erwiesen (ebd., S. 37).[34] Die längeren Anfahrtswege wirken sich ebenfalls nachteilig auf die Möglichkeiten von Kindern und Jugendlichen aus, Freizeitangebote neben der Schule zu nutzen (ebd., S. 136). Neben der Einzelschule ist folglich die konkrete »lokale und regionale Einbettung von Schulen« (Helsper et al. 2018, S. 20) zu berücksichtigen und als Thema der Bildungspolitik weiter im Blick zu behalten (aufgegriffen wird dieser Gedanke in ▶ Kap. 5.4).

Angesprochen wird damit auch die Bedeutung der gesellschaftlichen und zeitgeschichtlichen Rahmenbedingungen von Bildung, die sich u. a. in der Finanzierung sowie konkreten Programmen und Initiativen manifestieren. Ingrid Miethe (2011; Miethe et al. 2015) hat mit ihren Arbeiten darauf verwiesen, dass diese Rahmenbedingungen im Sinne von »politi-

---

34 Die im ländlichen Raum teilweise erfolgende jahrgangsübergreifende Zusammenmenlegung von Kita-Gruppen oder Schulklassen geht im Übrigen nicht mit negativen Effekten auf die Kompetenzentwicklung einher (Daniel et al. 2019, S. 111 f.).

schen Gelegenheitsstrukturen« stärker als bisher im Kontext von Bildungsungleichheit zu berücksichtigen sind. Beispielsweise lässt sich im Zuge der sogenannten Bildungsexpansion – also dem massiven Ausbau des sekundären und tertiären Bildungssektors – insgesamt eine Höherqualifizierung der Bevölkerung feststellen, so dass für junge Menschen aus benachteiligten Familien heute der Übergang auf das Gymnasium tendenziell etwas anderes bedeutet als noch in der Generation ihrer Eltern und Großeltern. Wird er vollzogen, gilt er möglicherweise als weniger besonders, wird er nicht realisiert, verbuchen Individuen dies möglicherweise (noch) stärker als eigenes Versagen.

Darüber hinaus hat es strukturelle Veränderungen des Bildungssystems gegeben, deren Folgen für Bildungsverläufe abzuwarten bleiben – darunter z. B. die zunehmende Zahl an Gesamtschulen mit zwei oder drei Bildungsgängen, für die erste Hinweise vermuten lassen, dass dieses Modell die Durchlässigkeit zwischen den Bildungsgängen im Sekundarbereich I erhöht (Autorengruppe Bildungsberichterstattung 2020, S. 8). Auch hat diese Entwicklung mit erleichterten Zugängen zu mittleren Bildungswegen zu einer veränderten Bedeutung der Hauptschule geführt (ebd., S. 107). Insgesamt, so erweckt es den Anschein, konzentrieren sich Bildungsentscheidungen im Anschluss an die Grundschule zunehmend auf die Wahl zwischen Gymnasium und Gesamtschule.

Grundlegende Veränderungen sind des Weiteren insbesondere durch den – bereits initiierten und fortdauernden – Ausbau der Schulen zum Ganztag zu erwarten. Diese – und die zuvor genannten Initiativen und Entwicklungen – haben den Abbau von Bildungsungleichheiten explizit zum Ziel. Der Ganztag ist somit zugleich Reaktion und Chance in Bezug auf bildungspolitische und pädagogische Initiativen im Kontext der Bildungsungleichheit (▶ Kap. 2).

1.3 Zusammenfassung

Dieses einführende Kapitel stellt in einem ersten Schritt zentrale theoretische Konzepte vor, die den Zusammenhang zwischen sozialer Herkunft und Bildungschancen erklären. In Anlehnung an Boudon lassen sich *ungleiche* Bildungschancen auf sozialstrukturell variierende Kompetenzen (primäre Herkunftseffekte) und Bildungsentscheidungen (sekundäre Herkunftseffekte) zurückführen. Als ursächlich gelten für primäre Effekte die familiale Erziehung, für sekundäre Effekte rationale Kosten-Nutzen-Erwägungen im Kontext des Statuserhalts.

Der Kapitalansatz von Bourdieu konkretisiert die Merkmale der familialen Sozialisation anhand der Unterscheidung in ökonomisches, soziales und kulturelles Kapital und ermöglicht auf diese Weise eine differenzierte Betrachtung der sozialstrukturell variierenden Voraussetzungen des Bildungserfolgs. Das Habituskonzept zeigt darüber hinaus, dass neben rationalen Überlegungen bei Bildungsentscheidungen – häufig unbewusst – auch verinnerlichte Denk-, Wahrnehmungs- und Bewertungsmuster (= Habitus) den Ausschlag geben. Dabei wirkt der Habitus zugleich als *Erzeugungsprinzip* und *Klassifikationssystem* von Praxis. Typisch für bildungsbenachteiligte Kinder sind häufig eine starke Orientierung an der Notwendigkeit und unmittelbaren Anwendbarkeit von Bildung sowie ein weniger abstrakter und klassifizierender Zugang, der entsprechende Praxisformen *erzeugt*. Darüber hinaus prägt der Habitus immer auch spezifische Muster der Klassifikation bzw. Bewertung von Praxis; Auf- und/oder Abwertung von Praxisformen erklären sich vor dem Hintergrund gesellschaftlicher Machtverhältnisse und dienen – im Interesse der Privilegierten – dem Erhalt des Status quo. Dies zeigt sich insbesondere auch im Bildungssystem; hier werden Kinder nach identischen Maßstäben bewertet – ungeachtet ihrer sozialstrukturell variierenden Voraussetzungen. Diese Maßstäbe richten sich vornehmlich nach den mittleren Klassen, deren Orientierungen und Zugangsweisen per se eine höhere Wertigkeit zugeschrieben wird. Eine geringe(re) Passung mit schulischen Anforderungen erleben bildungsbenachteiligte Kinder allerdings häufig als individuelles Versagen und nicht als strukturelle Benachteiligung. Diese Erfahrung prägt das eigene Selbst- und Weltbild nachhaltig und führt zu einer Art ›Selbsteliminierung‹, die Fragen gesellschaftlicher Teilhabe insgesamt berührt.

Für die Analyse von Bildungsungleichheiten sind die Arbeiten Bourdieus maßgebend, da sie individualisierende Begründungen des Bildungs-(Miss-)Erfolgs und Abwertungen familialer Bildung und Erziehung entlarven, indem sie gesellschaftliche Machtverhältnisse als Ursache sichtbar machen. Sie verdeutlichen zudem, dass auch durch Pädagog*innen Disparitäten reproduziert werden (können). Weiterentwicklungen der Konzepte berücksichtigen plurale(re) Umgangsweisen mit (Nicht-)Passungen und richten den Blick auf subjektive Erfahrungen und deren Verarbeitung, auch in Folge des konkreten Schulmilieus und des pädagogischen Umgangs mit mangelnder Passung. Anschlussfähig sind an dieser Stelle Konzepte und Methoden einer transformatorischen und emanzipatorischen Bildung (▶ Kap. 2.1; ▶ Kap. 3.3).

Mit Verweis auf Bronfenbrenner geraten schließlich – neben den Wechselwirkungen zwischen Familie und Schule – Wechselwirkungen zwischen weiteren Erfahrungswelten (unmittelbar z. B. Peers, mittelbar z. B. Medien, Arbeitsplatzerfahrungen der Eltern) in den Blick. Insbesondere auch die Bewältigung von Übergängen sowie Veränderungen im Zeitverlauf, politische Rahmenbedingungen und regionale Disparitäten werden als Determinanten von Bildungsverläufen benannt.

In einem zweiten Schritt skizziert das Kapitel aktuelle Befunde der empirischen Bildungsforschung mit Blick auf ausgewählte Entwicklungen und Herausforderungen. Zunächst belegen die Daten, dass Bildungsbeteiligung und Kompetenzentwicklung – nach wie vor – eine Frage der Sozialen Herkunft sind, und begründen entsprechenden Handlungsbedarf.

Relevant ist in dem Zusammenhang u. a. der frühpädagogische Bereich, dessen Inanspruchnahme mitunter sozialstrukturell variiert, was schulische ›Vorläuferkompetenzen‹ beeinflussen kann. Kinder starten häufig mit heterogenen Voraussetzungen ihre schulische Laufbahn, wobei Kompetenzunterschiede im Bildungsverlauf weitgehend bestehen bleiben. Kritisiert wird in dem Zusammenhang u. a. die frühe – und ein mögliches Aufholen erschwerende – Selektion nach Schularten im deutschen Bildungssystem. Nach wie vor ist der Anteil von Kindern aus benachteiligten

1.3 Zusammenfassung

Familien am Gymnasium proportional gesehen gering und Schulformwechsel bleiben vergleichsweise selten. Davon ausgehend, dass sich Schulen als differentielle Lernmilieus bestätigen, bleibt unter strukturellen Gesichtspunkten insbesondere die weitere Entwicklung im Bereich der Gesamtschulen abzuwarten. Besonders alarmierend ist, dass ein kleiner Teil der Jugendlichen nur über geringe Lesekompetenzen verfügt und/oder die Schule ohne Abschluss verlässt. Deren Perspektiven und Möglichkeiten der gesellschaftlichen Teilhabe gilt es in besonderer Weise im Blick zu behalten.

Ausgehend von wissenschaftlichen Erkenntnissen scheint es zielführend zu sein, zukünftig vermehrt die konkrete Einzelschule und deren lokale Einbindung zu berücksichtigen. Habituelle Effekte im Zusammenhang mit Noten und Übergangsempfehlungen verdeutlichen dabei die Notwendigkeit, im schulischen Kontext stärker für diese zu sensibilisieren (▶ Kap. 5.2). Aktuell zeichnet sich ab, dass die sozialstrukturelle Zusammensetzung der Schüler*innenschaft bei der Schulwahl der Eltern eine Rolle spielt. Die Folge sind mitunter segregierte Schulen, deren Schüler*innen stigmatisiert werden, was deren Selbst- und Weltbild zusätzlich in negativer Weise beeinträchtigen kann.

Sozialstrukturelle Unterschiede in der Bildungsbeteiligung zeigen sich ebenfalls im Bereich non-formaler Bildung (z. B. mit Blick auf das Ehrenamt, Interesse an politischem Engagement, kulturelle Bildung, Angebote der Kinder- und Jugendhilfe). Diese Angebote lassen im Verständnis einer ganzheitlichen Bildung Wechselwirkungen mit schulischen Erfahrungen erwarten und werden u. a. mit der Entdeckung und Entfaltung eigener Bedürfnisse sowie der Ermöglichung eines selbstbestimmten Lebens in Verbindung gebracht. Herkunftseffekte in diesem Bereich bergen folglich das Risiko einer *doppelten* Benachteiligung. Daneben ist in Bezug auf Schule auch informelle Bildung wichtig, worunter Erfahrungen im Kontext von Familie (Vorlesen, Unterstützung bei Hausaufgaben) und Peers (Stützsysteme, Anerkennung, Erfahrungsalternativen) fallen.

Im Hinblick auf die Rahmenbedingungen von Bildungsbiografien sind u. a. regionale und infrastrukturelle Merkmale zu berücksichtigen, wobei sich deutliche Unterschiede nach Stadt (heterogenere Zusammensetzung der Schüler*innenschaft) und Land (Erreichbarkeit bzw. Knappheit von Bildungsangeboten) zeigen, ebenso jedoch innerhalb von Städten. Als prägend erweisen sich darüber hinaus politische Rahmenbedingungen wie etwa die Bildungsexpansion und Veränderungen der Schulstruktur (z. B. der gestiegene Anteil an Gesamtschulen).

> Aktuell spielt insbesondere der Ausbau von Schulen zum Ganztag eine tragende Rolle, dem deshalb im Folgenden ein eigenes Kapitel gewidmet wird. Der Ganztag wird in dem Zusammenhang zum einen als bildungspolitische Reaktion auf ungleiche Bildungschancen verstanden, zum anderen als Chance, dem Thema zu der notwendigen Aufmerksamkeit im Zuge bildungspolitischer und pädagogischer Entwicklungen zu verhelfen.

2 Der Ganztag: Ungleiche Bildungschancen im Kontext eines erweiterten Bildungsverständnisses

Mit den Überlegungen zum Ganztag ist das Thema ungleicher Bildungschancen (wieder einmal) auf der politischen Agenda nach oben gerückt. Aufgegriffen wurden diese maßgeblich im Anschluss an die Erst-Veröffentlichung der PISA-Studien im Jahr 2000, die im Ergebnis gezeigt haben, dass die Kompetenzen von Schüler*innen in Deutschland in den Bereichen Lesen, Mathematik und Naturwissenschaften unterhalb des OECD-Durchschnitts lagen und darüber hinaus stark mit der sozialen Herkunft korrelierten. Seinerzeit haben u. a. das Bundesjugendkuratorium (BJK), die Sachverständigenkommission für den Elften Kinder- und Jugendbericht sowie die Arbeitsgemeinschaft für Jugendhilfe (AGJ) reagiert und in einer gemeinsamen Erklärung – den sogenannten »Leipziger Thesen« – Maßnahmen gefordert, um dem starken Zusammenhang zwischen sozialer Herkunft und Bildungserfolg zu begegnen. Unter dem Titel »Bildung ist mehr als Schule« plädieren die Akteur*innen für die Entwicklung eines integrierten Bildungssystems sowie eine stärkere Kopplung von Bildungs- und Sozialpolitik auf Basis eines *erweiterten* Bildungsverständnisses. Dabei sehen sie besondere Potenziale der Kinder- und Jugendhilfe »in der Differenz zu der Formalisierung schulischer Angebote« sowie den damit verbundenen Möglichkeiten, »junge Menschen zu erreichen und anzuregen« (BJK et al. 2002, S. 12), und verweisen auf die Chancen einer Vernetzung schulischer (im Sinne unterrichtlicher) und außerschulischer (u. a. im Sinne außerunterrichtlicher) Bildungsangebote. Als notwendige »Bildungsoffensive« (ebd., S. 13) wird der Ganztag vorgeschlagen, der u. a. mit »mehr Zeit zur Förderung individueller Begabungen und zur Anerkennung und Einbeziehung nicht durch Schule vermittelter Kompetenzen sowie erweiterte(n) Möglichkeiten zum Ausgleich fehlender Ressourcen im familiären Umfeld und zur Förderung politischer Bildung und sozialen Lernens«[35] einhergehen soll (ebd., S. 13).

> ### Soziale Arbeit im Ganztag: Erweitertes Bildungsverständnis
>
> Im Ganztag[36] wird folglich die Kooperation von Schule und Kinder- und Jugendhilfe bzw. Sozialer Arbeit sowie eine stärkere sozialräumliche Vernetzung von Schule von Beginn an mitgedacht. Bezüglich der Chancen einer individuelle(re)n Förderung und eines Ausgleichs sozialer Benachteiligungen wird im Sinne eines erweiterten Bildungsverständnisses argumentiert und auf die spezifische methodische Expertise Sozialer Arbeit verwiesen, wobei Potenziale – neben einer individuellen Förderung – vor allem in einer stärkeren Anschlussfähigkeit von Schule an die Lebenswelten von Schüler*innen gesehen werden (Wiezorek et al. 2020, S. 80).

Initiiert wurde der Ausbau zum Ganztag durch das Investitionsprogramm »Zukunft Bildung und Betreuung« (2003–2009) mit dem Ergebnis, dass heute 71 % aller allgemeinbildenden Schulen den Ganztag anbieten (Autor:innengruppe Bildungsberichterstattung 2022, S. 133). Längst ist die Entwicklung noch nicht abgeschlossen, zumal ab 2026 der Rechtsanspruch auf eine Ganztags*betreuung* (der Bildungsbegriff wird an der Stelle nicht verwendet) in der Grundschule schrittweise eingeführt werden soll. Aktuelle Prognosen gehen davon aus, dass in dem Zusammenhang bundesweit ca. 600.000 weitere Ganztagsplätze benötigt werden (ebd., S. 138), eine Entwicklung, die der aktuelle Bildungsbericht interpretiert als

---

35 Vergleichbar formuliert das Familienministerium heute, dass die zeitliche und inhaltliche Erweiterung von Schule zum Abbau herkunftsabhängiger Bildungsungleichheiten beitragen und eine individuellere Förderung, eine positive Entwicklung des sozialen und demokratischen Miteinanders sowie eine bessere Vereinbarkeit von Familie und Beruf ermöglichen soll (BMFSFJ 2017, S. 334).
36 Der Fokus auf den Ganztag begründet sich damit, dass dieser als grundlegende Reform des Bildungssystems verstanden wird; auf diese Weise soll keinesfalls die Wichtigkeit bestehender bildungspolitischer Förderprogramme und Forschungslinien negiert werden.

»Möglichkeit, ein neues Berufsfeld mit eigenen fachlichen Grundsätzen zu etablieren« (ebd.). Es bietet sich also an, Bilanz zu ziehen und etwaige Nachjustierungen zu diskutieren – insbesondere mit Blick auf das Ziel herkunftsabhängige Bildungsungleichheiten abzubauen. Zu berücksichtigen ist in dem Zusammenhang, dass Tätigkeitsfelder im außerunterrichtlichen Bereich des Ganztags nicht exklusiv der Sozialen Arbeit zuzuordnen sind. Die vorliegende Publikation fokussiert Schulsozialarbeit sowie Offene Kinder- und Jugendarbeit in Kooperation mit Schule. Weitere Aufgaben im Bereich der Nachmittagsbetreuung, der Unterrichtsbegleitung oder Inklusion werden dabei mitgedacht, zumal diese politisch wie konzeptionell noch wenig systematisiert sind (Grendel/Witek i. E.).

Das vorliegende Kapitel konkretisiert zunächst das Konzept eines erweiterten Bildungsverständnisses, wie es den Überlegungen zum Ganztag zugrunde liegt (▶ Kap. 2.1). Anschließend wird ausgehend von gesellschaftlichen Funktionsbestimmungen das Verhältnis zwischen Schule und Sozialer Arbeit näher beleuchtet (▶ Kap. 2.2). Kapitel 2.3 bilanziert auf der Grundlage empirischer Befunde den Ganztag und leitet hieraus Handlungsperspektiven für den Abbau von Bildungsungleichheiten ab, wobei die Chancen und Herausforderungen einer Kooperation zwischen Schule und Sozialer Arbeit berücksichtigt werden (▶ Kap. 2.3).

2.1 »Bildung ist mehr als Schule«

Mit dem Motto »Bildung ist mehr als Schule«, das die einleitend erwähnten »Leipziger Thesen« betitelt, deutet sich bereits an, dass es im Ganztag um mehr geht als das Erlernen von Lesen, Schreiben und den Grundrechenarten. Auf eine (sehr) allgemeine Formel gebracht, lässt sich hierunter fassen, »was einzelne Subjekte in Auseinandersetzung mit ihrer sozialen Umwelt aus sich selbst machen« (Sting 2018, S. 399). Bildung beinhaltet somit immer auch Fragen von Subjektivität und Sozialität, d. h., es geht um das Verhältnis von Individuum und Gesellschaft. In dem Punkt unterscheidet sich Bildung auch von dem bisweilen synonym verwendeten Begriff Lernen: Während Lernen »neutral« ist, »impliziert [Bildung, TG] immer ›Höher-Bildung‹ in einem moralischen Sinn« (Vogel 2020, S. 197) und beinhaltet die »›Selbstkonstruktion des Subjekts‹ im Kontext der gesellschaftlichen Bedingungen, unter denen das Subjekt aufwächst« (Tenorth 2011, S. 358 f., zit. nach Vogel 2020, S. 198).

Schaut man differenzierter hin, so findet sich eine Vielzahl an Bildungstheorien, die jeweils unterschiedliche Ziele und Modi von Bildung berücksichtigen (siehe für einen Überblick Baumgart 2007; Dörpinghaus/ Poenitsch/Wigger 2006).»Gegenwärtig«, so lässt sich bilanzieren, ist jedoch »keine eindeutige Begriffsbestimmung von Bildung in Sicht« (Bock 2008, S. 91). (Auch) in der Sozialen Arbeit hat sich die Auseinandersetzung mit dem Bildungsbegriff in den letzten Jahren intensiviert, was nicht zuletzt dem Ausbau zum Ganztag sowie den damit stärker in den Blick geratenen Kooperationsmöglichkeiten zwischen Schule und Sozialer Arbeit geschuldet ist. Mit dem Thema Bildung, so Baier (2021, S. 1734), hat sich in dem Zusammenhang »ein idealer Kooperationsanlass gefunden, da sich die verschiedenen Kooperationspartner*innen nun auch sprachlich in Bezug auf ein gemeinsames Vorhaben austauschen können«. Mit der Perspektive auf eine »Ganztagsbildung« (Coelen/Otto 2008, S. 17), so der Gedanke, lassen sich Gemeinsamkeiten wie Unterschiede der (potenziellen) Kooperationspartner*innen im Ganztag unter formalen wie inhaltlichen Gesichtspunkten diskutieren.

In aktuellen Gegenstandsbestimmungen von Bildung wird unter *formalen* Gesichtspunkten häufig auf die Unterscheidung in *formale, nonformale* und *informelle Bildung* Bezug genommen. Wenngleich allgemeingültige Definitionen für diese Begriffe fehlen (Baumbast et al. 2014, S. 21), erfüllen diese den Zweck, unterschiedliche Bildungsorte (= Rahmenbedingungen und Voraussetzungen von Bildung) sowie unterschiedliche Bildungsmodi (= subjektive Möglichkeiten und tatsächlich realisierte Kompetenzentwicklung) voneinander abzugrenzen (BMFSFJ 2005, S. 96). Häufig werden sie herangezogen, um die Notwendigkeit eines ganzheitlichen, nicht auf schulische Bildung reduzierten Bildungsverständnisses zu begründen und – neben Schule – weiteren Bildungsorten (u. a. Familie, Peerbeziehungen, Medien, Kinder- und Jugendhilfe) Geltung zu verleihen (ebd.).

2.1 »Bildung ist mehr als Schule«

Bildungsorte unterscheiden sich hinsichtlich des jeweils gegebenen Grads an Formalisierung, Regelgeleitetheit und der Explikation von Bildungszielen. Während die genannten Merkmale im Fall formaler Bildung (z. B. Schule) in hohem Maße gegeben sind, trifft dies bei non-formaler (z. B. Angeboten der Offenen Kinder- und Jugendarbeit) und schließlich informeller Bildung (z. B. Peerbeziehungen) zunehmend weniger zu. Der 12. Kinder- und Jugendbericht führt in dem Zusammenhang eine weitere Unterscheidung ein und differenziert in *Bildungsorte* und *Lernwelten*. Dabei werden Bildungsorte als »lokalisierbare, abgrenzbare und einigermaßen stabile Angebotsstrukturen mit einem expliziten oder zumindest impliziten Bildungsauftrag« (BMFSFJ 2005, S. 91 f.) verstanden, womit sowohl formale als auch non-formale Bildung angesprochen sind (s. o.). Lernwelten hingegen sind »nicht an einen geografischen Ort gebunden, sind zeiträumlich nicht eingrenzbar, weisen einen weitaus geringeren Grad an Standardisierung auf und haben auch keinen Bildungsauftrag« (ebd.), hier kann entsprechend auf non-formale und informelle Bildung verwiesen werden.[37]

Der Mehrwert der Einführung des Begriffs der Lernwelten im 12. Kinder- und Jugendbericht besteht u. a. in der Betonung, dass non-formale und informelle Bildung bzw. Lernen in *lebensweltliche* Strukturen eingebettet ist (Baumbast et al. 2014, S. 23). Verwiesen wird damit ebenfalls auf einen spezifischen Bildungsmodus, also die spezifische Art und Weise, *wie* sich junge Menschen bilden, wobei das Verständnis informellen Lernens an Lernbegriffe wie Erfahrungslernen, implizites Lernen, Alltagslernen und selbst gesteuertes Lernen angelehnt ist (ebd., S. 24 ff.). Es handelt sich um »ein (freiwilliges) Selbstlernen in unmittelbaren Zusammenhängen des Lebens und des Handelns« (BMFSFJ 2005, S. 96). Damit knüpft der Begriff an dem teilweise als fehlend monierten Lebensweltbezug von Schule an, wonach sich Schule von der Lebenswirklichkeit junger Menschen zu entfernen drohe. Anknüpfend an die Ausführungen zum Habitus der Notwendigkeit und einer stärker verwertungsorientierten Perspektive auf Bildung lässt sich vermuten, dass dies in besonderer Weise bildungsbenachteiligte Kinder und Jugendliche betrifft (▶ Kap. 1.1.2). Darüber

---

37 Familie wird in diesem Zusammenhang als eigener Typus verstanden, dem der Begriff der »Bildungswelt« zugewiesen wird (BMFSFJ 2005, S. 92).

hinaus birgt eine wahrgenommene Diskrepanz zur eigenen Lebenswelt das Risiko der Einnahme einer »instrumentell-strategische[n] Haltung zu weiterführenden Bildungswegen« (Hagedorn 2017, S. 13). In dem Fall erfolgt Lernen bzw. Bildung rein zweckorientiert und nach der Maßgabe der bestmöglichen Anpassung an externe Erwartungen.

Insgesamt ermöglicht die Unterscheidung in formale, non-formale und informelle Bildung die Differenzierung von Bildungsorten und -modi, wobei diese insbesondere das Lernen in lebensweltlichen Strukturen sichtbar macht. Eine Einordnung von Bildungsangeboten entlang der vorgestellten Trias ist jedoch alles andere als eindeutig: So existieren beispielsweise auch innerhalb der Kinder- und Jugendarbeit formalisierte Bildungsangebote (Baumbast et al. 2014, S. 31), ebenso findet an formalisierten Bildungsorten – etwa der Schule – informelle Bildung im Rahmen von Peerbeziehungen statt (Coelen et al. 2016, S. 325). Vernachlässigt werden darüber hinaus Wechselwirkungen unterschiedlicher Bildungs- und Lernerfahrungen (Baumbast et al. 2014, S. 24) und die Konkretisierung von Bildungszielen (Zipperle 2021, S. 1032) womit die *inhaltliche* Gegenstandsbestimmung von Bildung in den Blick gerät.

Exemplarisch kann an dieser Stelle auf das Bildungsverständnis des 12. Kinder- und Jugendberichts verwiesen werden. Der Bericht knüpft an das Verständnis von Lernwelten an und erweitert eine rein »institutionenbezogene« Perspektive (z.B. Bildung = Schule) auf eine »subjektbezogene« Perspektive auf Bildung im Kontext der alltäglichen Lebensführung. Diesem Verständnis nach realisieren sich Bildungsprozesse jederzeit und überall, kumulativ (z.B. im Sinne von Erfahrungsaufschichtungen) und sich ergänzend. Dabei wird berücksichtigt, dass Diversitäten – u.a. soziale Herkunft, Migrationshintergrund, Geschlecht – unterschiedliche *Voraussetzungen* und *Bedingungen* für Bildung bedeuten (können) (BMFSFJ 2005, S. 81). Bildung, hierauf weist insbesondere Sting (2018, S. 408) an anderer Stelle hin, »ist von soziokulturellen Voraussetzungen und Rahmenbedingungen abhängig; sie wird von sozialen Strukturen der Verteilung von Macht, Reichtum und Ressourcen beeinflusst und sie ist an konkrete lebensweltliche Situationen und Lebenslagen gebunden«. Dieses Verständnis von Bildung erweist sich folglich als anschlussfähig an die ungleichheitstheoretischen Überlegungen in Kapitel 1.1 und betrachtet Menschen in ihren jeweiligen – mitunter sozial ungleichen – Lebenswelten. Bildung

2.1 »Bildung ist mehr als Schule«

ist darüber hinaus ein *aktiver* Prozess, der sich in der Ko-Produktion von Subjekt und Umwelt realisiert; sie ist demnach »auf bildende Gelegenheiten, Anregungen und Begegnungen angewiesen« (BMFSFJ 2005, S. 102). Konkret vollzieht sie sich als »Prozess der Aneignung von Welt und der Entwicklung der Person in dieser Aneignung« (Thiersch 2008, S. 239), wobei Aneignung auswählen, gestalten, deuten und interpretieren – eben im Sinne einer aktiven Verarbeitung – beinhaltet (BMFSFJ 2005, S. 83).

Als Zielvorstellung liegt dem Bildungsverständnis die »Befähigung zu einer eigenständigen und eigenverantwortlichen Lebensführung in sozialer, politischer und kultureller Eingebundenheit und Verantwortung« zugrunde (ebd.); es geht also um eine »Art allgemeine Lebensführungs- und Lebensbewältigungskompetenz« (Rauschenbach/Otto 2008, S. 20). Bildung vollzieht sich »als Prozess des Aufwachsens«, d. h. Bildungsprozesse werden als »Bausteine [verstanden, TG], die den Menschen in die Lage versetzen, mit allen Sinnen Subjekt seines eigenen Handelns zu werden« (Coelen et al. 2018, S. 482). Konkretisiert wird das Bildungsverständnis des 12. Kinder- und Jugendberichts entlang von vier Bezügen zur Welt – kulturell, materiell-dinglich, sozial und subjektiv[38] – die durch die folgenden Kompetenzen beschrieben werden:

- kulturelle Kompetenzen als sprachlich-symbolische Fähigkeit zur Aneignung (deuten, verstehen, gestalten) des ›kulturellen Erbes‹,
- instrumentelle Kompetenzen als objektbezogene Fähigkeit, sich die Welt der Natur und stofflichen Dinge (u. a. Produkte, Werkzeuge) zu erklären und sich in dieser zu bewegen,
- soziale Kompetenzen als intersubjektiv-kommunikative Fähigkeit, der Wahrnehmung der sozialen Welt, der Auseinandersetzung mit anderen, der Teilhabe sowie Gestaltung des Gemeinwesens,
- personale Kompetenzen als ästhetisch-expressive Fähigkeit, eine Identität zu entwickeln und mit der eigenen Körperlichkeit, Emotionalität und Gedankenwelt umzugehen (BMFSFJ 2005, S. 85).

---

38 In allen vier Kompetenzbereichen sind jeweils die Dimensionen Wissen und Handlung mitzudenken (BMFSFJ 2005, S. 85). Die Heuristik lässt sich auch dafür nutzen, unterschiedliche Bildungsangebote und deren Verhältnis zueinander – etwa im Ganztag – zu bestimmen.

Aus diesem *erweiterten* Verständnis von Bildung leitet sich zusammenfassend mit Blick auf den Abbau von Bildungsbenachteiligungen ab, dass sowohl *bildende Gelegenheiten* (= Bildungsangebote und pädagogische Beziehungen) als auch deren *Aneignung* (= deuten, verstehen, gestalten) sowie *Diversitäten* (= unterschiedliche Voraussetzungen und Lebenswelten junger Menschen) ausschlaggebend sind. Auch vollzieht sich ein Wechsel hin zu einer »subjekt- statt institutionenbezogene[n] Perspektive auf Bildung« (Sauerwein/Graßhoff 2022, S. 213), in deren Folge sich »Bildungsarrangements [...] ausschließlich daran messen lassen [müssen, TG], welche subjektive Formen von Bildung sie ermöglichen« (ebd.). Die berücksichtigten vier Kompetenzbereiche beschreiben Bezüge zur Welt und sind *nicht* auf Leistung und schulischen Kompetenzerwerb reduziert. Als besonders wichtig erweisen sich für die Analyse ungleicher Bildungschancen der soziale und der personale bzw. subjektive Bezug zur Welt: Die ungleichheitstheoretischen Ausführungen (▶ Kap. 1.1) haben gezeigt, dass Benachteiligungen in Bezug auf Noten und Übergangsempfehlungen eine Folge der unterschiedlichen Passungsverhältnisse zwischen den schulischen – vorwiegend mittelschichtorientierten – Anforderungen und den Ressourcen (Kapital, Habitus) von Kindern sind, und mehr noch, den betroffenen Kindern das Gefühl vermitteln, weniger zu können und weniger berechtigt zu sein als andere. Verwehrte Anerkennung und Abwertung – die neben Schule potenziell auch in weiteren Lebensbereichen erfahren wird – beeinflussen auf diese Weise das Selbst- und Weltbild und die damit verbundene Wahrnehmung von Ansprüchen und Möglichkeiten der eigenen gesellschaftlichen Teilhabe. Die im Kontext des hier beschriebenen Bildungsverständnisses eingenommene »subjektbezogene« Perspektive verweist auf ein »selbstbestimmungsfähige[s] Subjekt [...] mit Potentialen individueller Autonomie gegenüber gesellschaftlichen Erwartungen und Zwängen« (Scherr 2020, S. 246). Erweitert wird damit die angesprochene Lebensführungs- und Lebensbewältigungskompetenz um die Dimension der »möglichst selbstbewussten und selbstbestimmten Gestaltung [..., der, TG] Lebenspraxis« (ebd.). Um diesen Aspekt näher ausleuchten zu können, bieten sich ergänzende Bezüge zu kritischen bzw. emanzipatorischen Bildungstheorien an.

Anschlussfähig sind u. a. die Arbeiten Paolo Freires (1973 [1971]). Dieser versteht Bildung als »politisches Projekt« [...], das auf die Transformation der Gesellschaft gerichtet ist« (Miethe 2014, S. 251). Seiner Auffassung nach trägt Bildung dazu bei, »ein kritisches Bewusstsein zu entwickeln und unterdrückende Verhältnisse zu erkennen und zu verändern« (ebd., S. 252). Zunächst geht es ihm also darum, Machtverhältnisse sichtbar zu machen. Darüber hinaus konkretisiert Freire das hiermit verbundene Bildungspotenzial: Er geht davon aus, dass mit dem *Erkennen* von gesellschaftlichen Machtverhältnissen auch das Bewusstsein vermittelt wird, dass diese *veränderbar* (da »gemacht«) sind und betont so das *emanzipatorische* Potenzial von Bildung. Er konzipiert Bildung als »Bildung mit den Unterdrückten« (Freire 1973 [1971]), welche sich im *Dialog* über den Einfluss gesellschaftlicher Bedingungen auf die Handlungsfähigkeit von Menschen vollzieht. Um Freires Gedanken der *Veränderung* verinnerlichter Denk- und Handlungsmuster in Folge des Erkennens struktureller Gegebenheiten genauer nachvollziehen zu können, lässt sich ein Bezug zu Hans-Christoph Kollers Konzept der *transformatorischen* Bildung herstellen. Auch dieser definiert Bildung als *Veränderung* (= Transformation), welche er auf *Krisenerfahrungen* zurückführt. Als »Krisenerfahrung« kann u. a. das *Erkennen* gesellschaftlicher Machverhältnisse und der eigenen strukturellen Eingebundenheit verstanden werden. Die ausgelöste Veränderung, so erläutert Koller (2012, S. 19), betrifft »nicht nur das Denken, sondern das gesamte Verhältnis des Subjekts zur Welt, zu anderen und zu sich selber«. Angesprochen wird damit eine Reflexion und Veränderung internalisierter Denk-, Wahrnehmungs- und Bewertungsmuster im Sinne der Weitung habitueller Grenzen, wie sie u. a. in Studien zu Bildungsaufstiegen und der Transformation des Habitus berücksichtigt wird (▶ Kap. 1.1.2).

Etablierte Ansätze einer emanzipatorischen bzw. politischen Bildung im Bereich der Kinder- und Jugendarbeit greifen diese Gedanken auf und konkretisieren das Potenzial Sozialer Arbeit im Kontext eines erweiterten Bildungsverständnisses (▶ Kap. 3.3). Mit Blick auf die Umsetzung geraten dabei auch die Frage der Ermöglichung von Subjektbildung und das Verhältnis zwischen Schule und Sozialer Arbeit in den Blick. Im Folgenden soll dieses unter Berücksichtigung traditioneller Funktionszuschreibungen und institutioneller Verortungen reflektiert werden. Bedenkt man, dass der Ganztag als »neuer Hoffnungsträger« (Rother 2021, S. 106) gehandelt wird, wenn es darum geht, »alte Bildungsungleichheit abzubauen« (ebd.), scheint es naheliegend, an dieser Stelle genauer hinzuschauen, um mögliche Fallstricke der Kooperation zwischen Schule und Sozialer Arbeit konzeptuell mitdenken zu können.

2.2 Funktionen und Verhältnisbestimmungen von Schule und Sozialer Arbeit

Mit Sozialer Arbeit und Schule treffen zwei gesellschaftliche Institutionen bzw. Praxisfelder aufeinander, die vordergründig recht unterschiedlich sind, bei genauerer Betrachtung jedoch auch Gemeinsamkeiten und Bezugspunkte aufweisen. Diskutieren lassen sich diese etwa aus einer systemtheoretischen Perspektive heraus, die unterschiedliche Bereiche der *funktional* differenzierten Gesellschaft mit Blick auf deren Beitrag zum Systemerhalt, also deren Funktion für die Gesamtgesellschaft, betrachtet. Analytisch können, anknüpfend an Helmut Fend (1980), die nachfolgend genannten Funktionen von Schule unterschieden werden:

- Qualifikation,
- Selektion und Allokation,
- Legitimation und Integration und (in Anlehnung an Walter Klafki 1989),
- Kulturüberlieferung.

Schule hat demnach die Funktion, junge Menschen für den Arbeitsmarkt zu qualifizieren und die Ausbildung funktionaler Qualifikationen (z. B. Lesen, Schreiben, Rechnen) und extrafunktionaler Qualifikationen (z. B. Fleiß, Ausdauer) zu ermöglichen. Des Weiteren ›selektiert‹ die Institution Schüler*innen durch Notenvergabe und Übergangsempfehlungen für bestimmte Schulformen nach Leistung und weist sie (indirekt) unterschiedlichen (Aus-)Bildungswegen zu (= Allokation), deren Zugänge häufig durch Noten oder alternative Formen des Motivations- oder Begabungsnachweises reguliert werden. Schule obliegt darüber hinaus die

Aufgabe, Normen und Werte zu vermitteln; sozusagen en passant erlernen Kinder und Jugendliche das soziale Miteinander im Rahmen des sogenannten *hidden curriculum* (dt. heimlicher Lehrplan). Mit dem Aspekt der Kulturüberlieferung wird angesprochen, dass als wertvoll geltende Kulturgüter (z. B. bestimmte literarische oder musische Werke und sportliche Aktivitäten) tradiert und die Entwicklung einer kulturellen Identität gefördert wird (Niederbacher/Zimmermann 2011, S. 103 ff.).

Mit Blick auf die genannten Funktionen von Schule treten zunächst Unterschiede zur Sozialen Arbeit und der ihr eigenen Ausrichtung auf »gesellschaftliche Veränderungen, soziale Entwicklungen und den sozialen Zusammenhalt sowie die Stärkung der Autonomie und Selbstbestimmung von Menschen« (DBSH 2016)[39] zu Tage: Deutlich wird z. B., dass diese im Bereich der *Qualifikation* keine Engführung auf die Verwertbarkeit von Kompetenzen für den Arbeitsmarkt vornimmt (= Allokation), sondern *Subjektbildung* berücksichtigt und den Anspruch erhebt, an den Subjekten und nicht staatlichen Selbstzwecken (u. a. der Vorbereitung auf den Beruf) orientiert zu sein (Baumbast et al. 2014, S. 36 f.). Ihre Arbeit setzt »an der Neugier, den Lerninteressen und Fragestellungen der sich bildenden Individuen« an (Scherr 2021, S. 642) und berücksichtigt die lebensweltlichen Bedarfe junger Menschen sowie Unterschiede im Zugang zu und den Voraussetzungen von Bildung (▶ Kap. 1.1.2).

Divergenzen zeigen sich ebenfalls in Bezug auf *Integration*. Nach Fend (2008, S. 49 f.) wird durch Schule »auch die Reproduktion von solchen Normen, Werten und Weltsichten institutionalisiert, die zur Stabilisierung der politischen Verhältnisse dienen«; beschrieben wird in dem Zusammenhang die Entwicklung vom »ungeformten« zum »geformten Menschen« (ebd., S. 30). Im Unterschied dazu konzentrieren sich Theorien Sozialer Arbeit (oftmals) auf die gesellschaftlichen Ursachen von Ausschluss. Sie folgen teilweise machtanalytischen und post-strukturalistischen Überlegungen (vgl. z. B. Kessl 2005; Anhorn et al. 2007; Dollinger 2008, zit. nach Otto et al. 2010, S. 137) und positionieren sich in kritischer Distanz zu Praktiken der Normierung (Grendel/Witek i. E.). Gleichwohl kann auch eine kritische Theorie und Praxis Sozialer Arbeit nicht auf

---

39 Perko (2016, S. 129) versteht Autonomie im Kontext der Sozialen Arbeit als »Möglichkeit [...] systemkritisch zu denken und zu handeln«.

normative Kriterien verzichten: »Denn auch Kritik ist auf geeignete Maßstäbe verwiesen und kann z. B. als Kritik an Armut, Ungerechtigkeit und illegitimer Herrschaft, letztlich nicht ohne – implizite oder explizite – normative Kriterien formuliert werden« (Otto et al. 2010, S. 140).

> **Unterschiedliche Orientierungen von Schule und Sozialer Arbeit**
>
> Der in Schule vorherrschenden Orientierung an einer »konformistischen Beziehung von Subjekt und Gesellschaft« steht folglich – im Sinne der kritischen Bildungstheorie – eine Ausrichtung auf Emanzipation gegenüber (Sting/Sturzenhecker 2021, S. 677). Methodisch erhält die Erprobung des Miteinanders und der Integration u. a. durch die Erfahrung von Zugehörigkeit und die Auseinandersetzung mit Normen und Werten ein besonderes Gewicht (Baumbast et al. 2014, S. 27; ▶ Kap. 3.4).

Neben den genannten Unterschieden sehen sich Schule und Soziale Arbeit vermehrt Erwartungen an eine Kooperation ausgesetzt, was eine Verständigung auf gemeinsame Ziele voraussetzt (Speck 2006, S. 265). Ausgehend von dem oben beschriebenen *erweiterten* Bildungsverständnis und der Berücksichtigung unterschiedlicher Lernorte und Lernwelten betrifft dies zum einen die *Qualifikationsfunktion*, die neu zu justieren ist. Das erweiterte Bildungsverständnis beinhaltet eine über Wissenserwerb und kognitive Kompetenzen hinausgehende, ganzheitliche Perspektive auf »physische, emotionale, soziale und handlungspraktische Aspekte« (Sting/Sturzenhecker 2021, S. 677). Es geht insbesondere darum, Aspekte der Subjektbildung stärker zu berücksichtigen. Zum anderen wird hiervon die *Integrationsfunktion* berührt. Ein Beschluss der Kultusministerkonferenz zur Demokratiebildung an Schule weist in dem Zusammenhang die Vermittlung eines Wertesystems, »das den freiheitlichen und demokratischen Grund- und Menschenrechten entspricht« (KMK 2018, S. 3), als Ziel von Schule aus. In besonderer Weise geraten damit etwa die Rechte auf freie Persönlichkeitsentfaltung und Gleichheit – unabhängig von Herkunft, Geschlecht, Religion, Behinderung oder sexueller Orientierung – in den Blick (ebd., S. 3). Soziale Arbeit orientiert sich per se an der Norm sozialer

Gerechtigkeit (DBSH 2016). Bezugnehmend auf den hohen individuellen und gesellschaftlichen Stellenwert formaler Bildung geht es z. B. konkret darum, einen Beitrag zur kritischen Reflexion des Einflusses von Lebensbedingungen und -situationen auf Bildung und individuelle Gestaltungsmöglichkeiten von Bildungs-(Miss-)Erfolg zu leisten (Sting 2018, S. 409).

Aufgabe Sozialer Arbeit an Schulen

Das beinhaltet auch, gesellschaftliche Verhältnisse und Normalitätsvorstellungen zu hinterfragen und Bildungsungleichheiten – entgegen dem schulischen Bildungsverständnis – in ihrer strukturellen Bedingtheit zu betrachten und nicht (allein) an individueller Leistung festzumachen. Diese Überlegungen berücksichtigen, dass die Institution Schule unterschiedliche Voraussetzungen und Lebenswelten junger Menschen vielfach ausblendet und durch die *Gleich*behandlung von *Un*gleichem habituelle Unterschiede in vermeintlich ›objektive‹ Noten übersetzt und damit zur Reproduktion ungleicher gesellschaftlicher Teilhabe beiträgt (▶ Kap. 1.1.2). Laskowski (2011, S. 2) konkretisiert entsprechend den Auftrag Sozialer Arbeit an Schule dahingehend, »die Mechanismen der Ungleichverteilung aufzudecken und deren Auswirkungen zu mildern«.

Zweifelsohne stellt die Klärung der genannten Punkte Schule und Soziale Arbeit vor Herausforderungen. Die gemeinsame inhaltliche und konzeptionelle Weiterentwicklung setzt Aushandlungs- und Verständigungsprozesse voraus. Erschwerend kommt in dem Zusammenhang hinzu, dass die Verhandlungspositionen von Schule und Sozialer Arbeit höchst ungleich sind: Während die Position von Lehrer*innen an Schule institutionell und rechtlich abgesichert ist, gilt dies für Sozialarbeiter*innen allenfalls konzeptionell und mit regionalen Unterschieden. Folgen zeigen sich u. a. mit Blick auf eine unterschiedliche Definitionsmacht bei (Problem-)Zuschreibungen und Handlungsstrategien, die Eingebundenheit in Netzwerke und damit einhergehende Möglichkeiten des Austauschs und der Mehrheitsbildung im Schulkollegium sowie der Verfügbarkeit über finanzielle, räumliche und sächliche Ressourcen (Maykus 2021a, S. 42 ff.).

Soziale Arbeit agiert folglich aus einer marginalisierten Position heraus. Vor diesem Hintergrund erklärt sich, warum sie Kooperationen mit Schule oftmals eher ambivalent gegenübersteht: Einerseits wird die Chance gesehen, gemeinsam die »Prävention von vielfältigen Desintegrationsrisiken zu gestalten« (Stüwe et al. 2015, S. 9), und mitunter die Auffassung vertreten, Schule sei »bei ihrer Integrationsfunktion in vielen Fällen nicht mehr in der Lage, ohne Unterstützung der Kinder- und Jugendhilfe ihre Funktion zu erfüllen« (Emanuel/Weinhardt 2021, S. 1467f.). Andererseits besteht jedoch die Sorge vor einer Vereinnahmung und formalen Unterordnung im Kontext Schule (Thiersch 2008, S. 238; Rauschenbach/Otto 2008, S. 25; Icking/Deinet 2021, S. 1025f.).

Thiersch (2008, S. 238) sieht in den aktuellen Entwicklungen die Chance für Soziale Arbeit, »aus ihrer traditionellen Randständigkeit innerhalb des Bildungswesens herauszufinden und in öffentlich akzeptierten und geförderten Aufgaben Anerkennung zu finden«. Wichtig sei in dem Zusammenhang, diese nicht zum »Zulieferer und Unterstützer des Bildungswesens« zu degradieren – etwa in Form kompensatorischer Angebote –, sondern ihre »Eigenständigkeit und Eigensinnigkeit« zu bewahren (ebd.). Anknüpfend an diesen Gedanken finden sich in der Literatur zahlreiche Plädoyers, die aktuelle Entwicklung zu nutzen, um ausgehend von einem erweiterten Bildungsverständnis das eigene inhaltliche Profil zu schärfen (Rauschenbach/Otto 2008, S. 25) und »den besonderen Nutzen von Jugendarbeit für eine an demokratischen und menschenrechtlichen Prinzipien orientierte Gesellschaft in politischen Auseinandersetzungen zu verdeutlichen« (Scherr 2021, S. 650). Dass diese Entwicklung insbesondere mit Blick auf bildungsbenachteiligte Kinder und Jugendliche dringend erforderlich ist, zeigen nicht zuletzt empirische Befunde zum Ganztag, auf die nachfolgend eingegangen wird. Die Positionierung Sozialer Arbeit wird dabei mitgedacht und insbesondere auch im Rahmen der abschließenden Handlungsempfehlungen berücksichtigt (▶ Kap. 5.5).

2.3 Zwischenbilanz der Ganztagsbildung

Der Ausbau zum Ganztag wurde wissenschaftlich u. a. durch die Studie zur Entwicklung von Ganztagsschulen (StEG)[40] begleitet, sodass vorliegende empirische Befunde eine Zwischenbilanz des Ganztags ermöglichen, um Chancen, Stärken und Entwicklungspotenziale der Bildungsoffensive auszuloten – wenngleich es auch ›*den* Ganztag‹ angesichts bestehender struktureller bzw. organisatorischer Unterschiede nicht gibt. So werden in der Praxis höchst unterschiedliche Modelle als ›Ganztag‹ zusammengefasst: darunter Angebote in Verantwortung von Schule, Kinder- und Jugendhilfe ebenso wie solche, die durch Elterninitiativen und Fördervereine organisiert werden (Autor:innengruppe Bildungsberichterstattung 2022, S. 135). Unterschiede zeigen sich des Weiteren mit Blick auf die Form der Angebote, die aus der Perspektive von Schüler*innen *offen* (= freiwillige Teilnahme) oder *gebunden*[41] (= verpflichtende Teilnahme an mindestens drei Wochentagen für jeweils mindestens sieben Zeitstunden) sein kann. Für den ab 2026 stufenweise umgesetzten Rechtsanspruch auf Ganztagsbetreuung im Grundschulalter ist ein Umfang von acht Stunden an fünf Tagen pro Woche vorgesehen (ebd., S. 139).

Aus einer ungleichheitstheoretischen Perspektive ist vor allem relevant, dass mit diesen Modellen jeweils eine unterschiedliche Reichweite der Angebote sowie unterschiedliche Konzepte und damit Bildungsmöglichkeiten für Kinder und Jugendliche verbunden sind. Die Reichweite der Angebote ist entscheidend, da Ganztagsschulen i. d. R. das Potenzial zugeschrieben wird, *alle* Kinder und Jugendlichen zu erreichen (Sauerwein/Graßhoff 2021, S. 1642), und damit auch die Chance, der »doppelte[n] Benachteiligung« (Solga/Dombrowski 2009, S. 35) in Form des Aus-

---

40 StEG wurde in drei Phasen durch das BMBF gefördert: 1. Phase: mehrperspektivische Längsschnittstudie (2005 und 2011), 2. Phase: Vertiefung gewonnener Erkenntnisse (2012–2015), 3. Phase: Untersuchung von individueller Förderung (2016–2019).

41 Unterschieden werden voll gebundene (= alle Schüler*innen verpflichtende) und teilgebundene (= einen Teil der Schüler*innen verpflichtende) Angebote (Autor:innengruppe Bildungsberichterstattung 2022, S. 139).

schlusses von schulischer wie außerschulischer Bildung zu begegnen (ebd., S. 39; ▶ Kap. 1.2.3).

Aktuell beträgt der Anteil der am Ganztag teilnehmenden Schüler*innen an Grundschulen 54 % (wobei Studien einen Bedarf von 63 % ausweisen) (Autor:innengruppe Bildungsberichterstattung 2022, S. 135 f.). Nutzungsunterschiede zeigen sich vor allem in der Gegenüberstellung von Kindern, deren Mütter Vollzeit erwerbstätig sind, und Kindern, deren Mütter keiner Erwerbstätigkeit nachgehen (50 % vs. 26 %), von Kindern ohne und mit Migrationshintergrund (40 % vs. 34 %) (ebd., S. 137), außerdem in der Differenzierung von Eltern mit formal hohem bzw. niedrigem Bildungsabschluss (42 % vs. 30 %).

Insgesamt sind von den allgemeinbildenden Schulen aktuell 71 % ganztägig organisiert, wobei die Modelle nach Schulformen variieren: Voll gebundene Modelle dominieren an Schulen mit drei Bildungsgängen (44 %) und Förderschulen (34 %), teilweise gebundene Modelle an Schulen mit zwei Bildungsgängen (34 %), wohingegen an Grund-, Haupt- und Realschulen sowie Gymnasien offene Modell überwiegen (ebd., S. 133). Schaut man auf die Teilnahme an offenen Angeboten, so zeigt sich, dass hier stärker Kinder aus privilegierteren Familien vertreten sind (Hagedorn 2017, S. 18).

Die Frage, inwieweit eine Nutzung von Ganztagsangeboten zum Abbau von Bildungsungleichheiten beitragen kann, beantworten die StEG-Autor*innen dahingehend, dass sich unter der Bedingung einer guten Qualität der Ganztagsangebote, einer häufigen Nutzung und eines guten Beziehungsklimas an der Schule positive Effekte mit Blick auf Noten und Klassenwiederholungen, das Sozialverhalten und die Schulfreude feststellen lassen (StEG-Konsortium 2016, S. 3).[42] Wenngleich die Teilnahme am Ganztag also einen Effekt auf Noten hat, bestätigt sich dieser nicht im Hinblick auf Testleistungen.[43] Es geht demnach vornehmlich um einen

---

42 Festgestellt wurde darüber hinaus, dass der Übergang von der Grund- in die weiterführende Schule als leichter eingestuft wird, wenn dieser an eine Ganztagsschule erfolgt (StEG-Konsortium 2019, S. 3).
43 Positive Effekte auf Testleitungen (hier: im Bereich Lesen und Naturwissenschaften) zeigen sich vornehmlich bei einer freiwilligen und interessensorientierten Teilnahme am Ganztag (StEG-Konsortium 2016, S. 4).

Einfluss auf »zertifizierte Leistungen« (Fischer 2020, S. 1538), der u. a. darauf zurückgeführt wird, dass Lehrkräfte ihre Schüler*innen durch den Ganztag schlichtweg besser kennenlernen. Die positiven Effekte auf die Entwicklung des Sozialverhaltens erklären die Autor*innen mit den – im Rahmen des Ganztags – per se vermehrt gegebenen sozialen Lerngelegenheiten (ebd., S. 1541). In Bezug auf die Schulfreude bzw. das schulische Wohlbefinden zeigen sie, dass Ganztagsangebote förderlich sind, wenn Schüler*innen diesen eine hohe Qualität zuschreiben und die Beziehungen zum pädagogischen Personal positiv bewerten (ebd.). Für die Wahrnehmung der Angebotsqualität durch Kinder und Jugendliche sind unterschiedliche Qualitätsmerkmale bedeutsam, auch in Abhängigkeit des Angebotstypus: Individuelle *Anerkennung* erweist sich etwa im Rahmen von Leseangeboten als förderlich für die Lesemotivation und das Lese-Selbstkonzept. Die Möglichkeit zur *Partizipation* führt im Rahmen von Angeboten sozialen Lernens zu mehr Einfühlungsvermögen und bedingt, dass sich Jugendliche als sozial kompetent wahrnehmen. Relevant sind darüber hinaus teilweise »die erlebte Autonomie, die Lebensweltorientierung, die kognitive Aktivierung oder die effektive Zeitnutzung«, was sich insbesondere im Rahmen einer Intervention zur Leseförderung gezeigt hat (StEG-Konsortium 2016, S. 5).[44] Angesprochen werden damit zentrale Prinzipien der Jugendarbeit, darunter u. a. Partizipation und Lebensweltorientierung (▶ Kap. 3.4).

Entscheidend ist jedoch, dass im Einzelfall – gemeint ist zum einen das konkrete Angebot (Spies 2018, S. 137) und zum anderen deren Wahrnehmung aus der Perspektive von Schüler*innen – zu betrachten ist, was ›gut‹ ist, auch deutet sich an, dass u. a. die pädagogische Beziehung und die

---

44 Fokussiert man Förderangebote, die häufig – mehr oder weniger explizit – mit der Zielgruppe bildungsbenachteiligter junger Menschen in Verbindung gebracht werden, so zeigt sich, dass diese dann zu einer Leistungsverbesserung beitragen, wenn sie ziel- und kompetenzorientiert sind. Insgesamt werden entsprechende Angebote jedoch selten in Anspruch genommen und gewinnen erst ab Klasse 10 an Bedeutung. Die Teilnahme an einer Hausaufgabenbetreuung ist dann mit positiven Effekten auf Motivation und Lernergebnisse verknüpft, wenn die Angebotsqualität von den Nutzer*innen als hoch bewertet wird, auch zeigen sich bei einer Teilnahme positive Effekte im Bereich des Sozialverhaltens (StEG-Konsortium 2016, S. 4 f.).

Freiwilligkeit der Nutzung von Angeboten ausschlaggebend sind. Entsprechend fällt in der Wissenschaft die Einordnung der StEG-Befunde im Kontext ungleicher Bildungschancen eher verhalten bzw. abwartend aus: Positive Effekte werden tendenziell als »noch unzureichend im Detail erforscht« oder »nur schwach ausgeprägt« (Hagedorn 2017, S. 18) bezeichnet. Optimistischer bilanziert Fischer, dass

> »über besseres Sozialverhalten und schulisches Wohlbefinden langfristig auch Noten verbessert werden können und die Ganztagsschule damit dem Ziel, allen Kindern und Jugendlichen Zugänge zu Bildungschancen zu ermöglichen, einen Schritt näherkommt« (Fischer 2020, S. 1542).

Dieser Gedanke lässt sich für die weiteren Überlegungen aufgreifen.

Anerkennung, Partizipation, Lebensweltorientierung und Freiwilligkeit

Die Befunde sprechen dafür, den Lebensort Schule – unter Berücksichtigung der Prinzipien von Anerkennung, Partizipation, Lebensweltorientierung und Freiwilligkeit – zu gestalten und weiterzuentwickeln, da eine Zufriedenheit von Kindern und Jugendlichen mit der Ganztagschule vor allem dann zu erwarten ist, wenn Schule »nicht als Ort der Grenzen, sondern als Ort der Möglichkeiten gestaltet und wahrgenommen wird« (BMFSFJ 2017, S. 354). Soziale Arbeit kann hierzu beitragen und ihre Erfahrungen partizipativer Angebote, die an den Interessen junger Menschen ansetzen und deren Lebenswelten berücksichtigen, an Schule einbringen (Sauerwein/Graßhoff 2021, S. 1647; ▶ Kap. 3.4; ▶ Kap. 5.3).

Als wichtig haben sich insbesondere auch die Beziehungen aller am Lernort Tätigen erwiesen, darunter Kinder und Jugendliche sowie Professionelle. Ziel muss eine Schule sein, die junge Menschen nicht auf ihre Rolle als Schüler*in reduziert und Anerkennung und Beteiligung ermöglicht (Hagedorn 2017, S. 20). Der KMK-Beschluss zur Demokratiebildung an Schule konkretisiert an der Stelle das Recht auf Beteiligung junger Menschen dahingehend, »sich um ihre eigenen und gemeinwohlorien-

2.3 Zwischenbilanz der Ganztagsbildung

tierten Angelegenheiten zu kümmern und die Weiterentwicklung auch ihrer Schule und Lebenswelt verantwortlich mitzugestalten« (KMK 2018, S. 5; ▶ Kap. 5.3).

Der Blick in die Praxis zeigt jedoch, dass diesbezüglich noch Entwicklungsbedarf besteht. In diesem Sinne weisen empirische Befunde darauf hin, dass schulische Logiken – beispielsweise die Selektion nach Leistung – im Ganztag dominieren. Rother (2021, S. 106) etwa arbeitet am Beispiel eines Hausaufgabensettings bei Lehrer*innen eine »Orientierung am Delegieren von als defizitär gerahmten Kindern« heraus, während sie bei Sozialpädagog*innen eine Ausrichtung auf das »Reparieren« derselben feststellt. Auch wenn beide Akteur*innen ihren Auftrag unterschiedlich definieren, eint sie folglich eine Defizitperspektive auf bildungsbenachteiligte Schüler*innen, die Ungleichheiten (re-)produzieren kann (Rother 2020, S. 109). In der Konsequenz wird »vielmehr eine schulische Logik von Erledigung, Kontrolle und ggf. Korrektur verfolgt […], als dass ein eigenmotivierter Lernprozess unterstützt wird« (Rother/Buchna 2020, S. 383). Es braucht, so fordern es in dem Zusammenhang u. a. auch Sauerwein und Graßhoff (2021, S. 1647),

> »Sozialpädagogen*innen, die nicht die Rolle von Hilfslehrkräften in fachbezogenen Angeboten und der Hausaufgabenbetreuung übernehmen, sondern für Schüler*innen Begleiter*innen sind, Bildungsmöglichkeiten aufzeigen und den Ganztag mit ihnen gemeinsam konzipieren«.

Auch wenn Sozialer Arbeit ein besonderes Potenzial dahingehend zugeschrieben wird, eine erweiterte Perspektive auf Bildung(steilhabe) in den Ganztag einzubringen (Rother 2021, S. 106), deuten die referierten Befunde an, dass die eigenen Ansprüche der Profession im Erbringungskontext Schule mitunter an Grenzen stoßen und bisweilen vernachlässigt werden. Deutlich wird die Notwendigkeit der Reflexion und ggf. Neujustierung Sozialer Arbeit im Erbringungskontext Schule (siehe hierzu Grendel/Witek i. E.).

Für die erforderlichen Aushandlungsprozesse – *innerhalb* der Sozialen Arbeit ebenso wie *mit* Schule – scheint insgesamt eine stärkere Priorisierung des Themas ungleicher Bildungschancen notwendig. Diese Position stützen die Arbeiten von Buchna et al. (2017), die das mit dem Ganztag verknüpfte bildungspolitische Ziel des Abbaus von Bildungsungleichheiten als »Mythos« identifizieren, d. h. als institutionalisierte Anforderung, der sich Organisationen aus strategischen Gründen anpassen, die jedoch wenig Einfluss auf die konkrete pädagogische Arbeit hat (ebd., S. 418). Für die pädagogischen Akteur*innen im Ganztag (hier: an Grundschulen) spielt das Thema der Bildungsbenachteiligung folglich allenfalls eine nachgeordnete Rolle, zudem sehen diese selbst wenig Einflussmöglichkeiten, was sie mit bestehenden organisatorischen Strukturen an Schule und kontraproduktiven familialen Effekten begründen (ebd., S. 382). An der Stelle zeigt sich, dass möglicherweise die Perspektive der Professionellen auf soziale Ungleichheiten und die dahinterliegenden Mechanismen verkürzt bzw. in Teilen defizitorientiert ist. Denkbar scheint darüber hinaus, dass das politische Ziel, Bildungsungleichheiten abzubauen, zwar formuliert, aber nicht hinreichend konkret in Maßnahmen übersetzt wird. Erschwerend kommt die häufig defizitäre personelle Situation hinzu, die die Möglichkeit für eine individuelle(re) Förderung von Bildungspotenzialen begrenzen (Klusemann et al. 2021, S. 48).

Handlungsbedarfe für den Ganztag

Alles in allem leiten sich aus den Befunden also gleich auf mehreren Ebenen Handlungsbedarfe ab. Zum einen die politische und konzeptionelle Stärkung des Ziels, Bildungsungleichheiten im Zuge der Entwicklung zum Ganztag abzubauen. Dies beinhaltet insbesondere Konkretisierungen von Bildungszielen, methodischen Prämissen und strukturellen Veränderungen. Davon ausgehend, dass im Kontext einer Ganztagsbildung die Kooperation zwischen Schule und Sozialer Arbeit mitgedacht wird, stellen sich ebenfalls Fragen der Ermöglichung von Aushandlungsprozessen. Zu berücksichtigen sind in dem Zusammenhang die unterschiedlich machtvollen Verhandlungspositionen der Akteur*innen sowie divergente professionelle Funktionslogiken und Orientierungen, die eine Verständigung mitunter erschweren. Damit Soziale Arbeit ihre Position stärken kann, ist es in einem ersten Schritt notwendig, dass sie sich der ihr eigenen Bildungsorientierungen und Expertisen im Kontext ungleicher Bildungschancen vergewissert, bevor in einem zweiten Schritt eine Strategie – gemeinsamer und sich ergänzender Aufgaben – definiert werden kann.

2.4 Zusammenfassung

Das Thema ungleicher Bildungschancen bzw. das Ziel, diese abzubauen, ist explizit Gegenstand der »Bildungsoffensive« Ganztag. Der andauernde Ausbau und laufende Überlegungen zu möglichen Konzeptionierungen bieten die Chance, strukturelle Veränderungen zu initiieren und die Förderung von Bildungschancen perspektivisch stärker zu priorisieren.

Grundlegend für die Überlegungen zum Ganztag ist ein erweitertes Verständnis von Bildung, das teilweise auch unter dem Begriff der »Ganztagsbildung« firmiert. *Formal* lassen sich durch die begriffliche Trias formale, non-formale und informelle Bildung unterschiedliche Bildungsorte und -modi von Bildung unterscheiden, wobei insbesondere deutlich wird, dass Bildung überall und jederzeit und eben nicht allein in Schule stattfindet. *Inhaltlich* ist die Bestimmung von Bildung ungleich komplexer, zumal hierzu kein einheitliches Verständnis vorliegt. Ausgehend von dem Bildungsbegriff des 12. Kinder- und Jugendberichts ist Bildung als *aktiver* Prozess zu verstehen, der sich in der Aneignung von bildenden Gelegenheiten vollzieht. Ziel ist die Entwicklung einer allgemeinen Lebensführungs- und Lebensbewältigungskompetenz, um selbstbestimmt und in Gemeinschaft leben zu können. Neben vier Bezügen zur Welt – kulturell, materiell-dinglich, sozial und subjektiv – sind aus einer ungleichheitstheoretischen Perspektive heraus insbesondere der soziale und der subjektive Bezug zur Welt und die Förderung von Teilhabe wichtig. Die kritische Bildungstheorie mit dem Schwerpunkt einer Subjekt- bzw. transformatorischen Bildung im Sinne der Weitung habitueller Grenzen bilden Anknüpfungspunkte an das Thema ungleicher Bildungschancen.

2 Der Ganztag

Die Idee einer Ganztagsbildung denkt Kooperationen zwischen Schule und Sozialer Arbeit mit, wobei die konkrete Umsetzung jedoch Herausforderungen gegenübersteht. Entlang der Unterscheidung gesellschaftlicher Funktionen von Schule lässt sich das Spannungsfeld zwischen beiden Professionen bzw. Institutionen vornehmlich in den Bereichen *Qualifikation* und *Integration* verorten. Nimmt man das im Kontext des Ganztags eingeführte erweiterte Bildungsverständnis ernst, zieht dieses Erweiterungen des Qualifikationsverständnisses nach sich. Insbesondere geht es darum, die Dimension der Subjektbildung stärker zu berücksichtigen. Auch mit Blick auf Integration sind Neujustierungen erforderlich, um dem Abbau von Bildungsungleichheiten die erforderliche Priorität einzuräumen und strukturell wie methodisch adäquate Lösungsansätze zu etablieren. Aus Perspektive der Sozialen Arbeit werden Kooperationen mit Schule häufig kritisch gesehen, was sich vor allem mit der Sorge vor einer Überformung durch schulische Logiken begründet, auch ist deren Position in Aushandlungsprozessen institutionell häufig marginalisiert.

Vorliegende Daten ermöglichen eine Bilanz der bisherigen Aktivitäten im Ganztag, wenngleich es ›*den* Ganztag‹ angesichts bestehender struktureller bzw. organisatorischer Unterschiede nicht gibt. Ausgehend von den empirischen Befunden sind u. a. sozialstrukturelle Nutzungsunterschiede und die Frage, inwiefern Kinder und Jugendliche auch in diesem Bereich benachteiligt sind, weiter zu beobachten.

Aus der Begleitstudie zur Entwicklung von Ganztagsschulen geht hervor, dass Effekte auf die Bildungsprozesse der Nutzer*innen von der konkreten Konzeption und Umsetzung der Angebote abhängen und davon, wie intensiv sie genutzt werden. Ausschlaggebend sind dabei insbesondere die durch die Kinder und Jugendlichen selbst wahrgenommene Qualität der Angebote und das Beziehungsklima an der Schule, die sowohl Noten als auch das Sozialverhalten und schulisches Wohlbefinden in positiver Weise beeinflussen (können). Wie die Ergebnisse zeigen, erweisen sich für das Wohlbefinden vornehmlich Anerkennung, Partizipation, Lebensweltorientierung und Freiwilligkeit als förderlich. Verwiesen wird somit auf Prinzipien der Kinder- und Jugendarbeit, weshalb eine der zentralen Fragen der Ausgestaltung des Ganztags lauten muss, wie Soziale Arbeit ihre Expertise stärker an Schule bzw. in die Schulentwicklung einbringen kann.

2.4 Zusammenfassung

Hinsichtlich der Potenziale des Ganztags für den Abbau von Bildungsungleichheiten besteht weiterhin Forschungsbedarf. Es finden sich jedoch Hinweise, dass dieses Thema häufig (noch) wenig Einfluss auf die konkrete pädagogische Arbeit im Ganztag nimmt und teilweise mit Abwertungen von familialer bzw. milieuspezifischer Bildung verknüpft ist. Auch wenn Soziale Arbeit als Profession die Vermeidung von Ausschluss fokussiert und an sozialer Gerechtigkeit orientiert ist, dominiert in der Praxis – ebenso wie bei Lehrer*innen – bisweilen eine Defizitperspektive auf Kinder. Deutlich wird an der Stelle die Notwendigkeit von Reflexionen und Neujustierungen Sozialer Arbeit im Erbringungskontext Schule, sowohl innerhalb der Sozialen Arbeit als auch im Austausch mit Schule.

> Der Ganztag bietet die Chance, als gemeinsames Ziel den Abbau von Bildungsungleichheiten politisch und konzeptionell zu stärken. Dies verlangt zunächst, das spezifische Profil und die Expertise Sozialer Arbeit im Kontext von Bildungsungleichheiten zu konkretisieren und diese offensiv in die Ganztagsentwicklung einzubringen. Nachfolgend wird daher auf ausgewählte Bereiche der Kinder- und Jugendhilfe eingegangen.

3 Soziale Arbeit an bzw. ergänzend zu Schule: Benachteiligungen abbauen und vermeiden

Wie die Ausführungen zu einem erweiterten Bildungsverständnis im Kontext der Ganztagsbildung und -betreuung gezeigt haben (▶ Kap. 2.1), gerät die Kinder- und Jugendhilfe als Bildungsakteurin zunehmend stärker in den Blick. Das vorliegende Kapitel folgt dem Anspruch, deren Bezüge zum Thema der Bildungsbenachteiligung herauszustellen. Aufgrund der Zielgruppe – Kinder- bzw. Jugendliche und deren Familien –, der hohen Reichweite der Angebote sowie dem expliziten Auftrag, Benachteiligungen abzubauen, kommt dem Arbeitsfeld in dem Zusammenhang eine besondere Bedeutung zu. Böllert (2018, S. 4) bezeichnet die Kinder- und Jugendhilfe entsprechend auch als »die soziale Infrastruktur des Aufwachsens junger Menschen und der Unterstützung ihrer Familien« sowie »als Ausdruck der Wahrnehmung einer öffentlichen Verantwortung für gleichberechtigte Lebenschancen und den Abbau sozialer Ungleichheiten«.

Als »das größte Arbeitsfeld der Sozialen Arbeit« (Aner/Hammerschmidt 2018, S. 29) bindet die Kinder- und Jugendhilfe etwa ein Drittel aller Sozialarbeitenden (ebd.), die in vielfältigen Bereichen tätig sind:

- Jugendarbeit, Jugendsozialarbeit, Schulsozialarbeit und erzieherischer Kinder- und Jugendschutz (§§ 11 bis 14 SGB VIII),
- Förderung der Erziehung in der Familie (§§ 16 bis 21 SGB VIII),
- Förderung von Kindern in Tageseinrichtungen und in Kindertagespflege (§§ 22 bis 25 SGB VIII),
- Hilfe zur Erziehung und ergänzende Leistungen (§§ 27 bis 35 SGB VIII),
- Hilfen für seelisch behinderte Kinder und Jugendliche und ergänzende Leistungen (§§ 35a bis 37, 39, 40 SGB VIII) sowie
- für junge Volljährige und Nachbetreuung (§§ 41, 41a SGB VIII).

Bei aller Unterschiedlichkeit der Arbeitsbereiche orientieren sich diese an *gemeinsamen* Aufgaben und Grundsätzen, die in § 1 SGB VIII[45] definiert werden. Konkret heißt es, »jeder junge Mensch hat ein Recht auf Förderung seiner Entwicklung und auf Erziehung zu einer selbstbestimmten, eigenverantwortlichen und gemeinschaftsfähigen Persönlichkeit«. Zur Verwirklichung dieses Anspruchs soll Jugendhilfe

1. »junge Menschen in ihrer individuellen und sozialen Entwicklung fördern und dazu beitragen, Benachteiligungen zu vermeiden oder abzubauen,
2. jungen Menschen ermöglichen oder erleichtern, entsprechend ihrem Alter und ihrer individuellen Fähigkeiten in allen sie betreffenden Lebensbereichen selbstbestimmt zu interagieren und damit gleichberechtigt am Leben in der Gesellschaft teilhaben zu können,
3. Eltern und andere Erziehungsberechtigte bei der Erziehung beraten und unterstützen,
4. Kinder und Jugendliche vor Gefahren für ihr Wohl schützen,
5. dazu beitragen, positive Lebensbedingungen für junge Menschen und ihre Familien sowie eine kinder- und familienfreundliche Umwelt zu erhalten oder zu schaffen«.

Angebote der Kinder- und Jugendhilfe zielen folglich darauf, Benachteiligungen zu vermeiden bzw. abzubauen, Selbstbestimmung und gleichberechtigte gesellschaftliche Teilhabe zu ermöglichen sowie positive Lebensbedingungen zu schaffen.[46] Je nach Arbeitsbereich konkretisiert sich dieser Anspruch in unterschiedlicher Weise. Im Kontext von Bildungsungleichheiten macht es z. B. einen Unterschied, ob Angebote vorbereitend auf bzw. im Übergang an Schule (z. B. Kindertagesstätten), an bzw. ergänzend zu Schule (z. B. Schulsozialarbeit, Jugendarbeit) oder am Übergang von Schule in Ausbildung und Beruf (z. B. Jugendsozialarbeit) greifen.

Im Folgenden wird auf Soziale Arbeit *an* bzw. *ergänzend* zu Schule eingegangen, worunter Schulsozialarbeit und Kooperationen mit der Jugendarbeit, respektive der offenen Kinder- und Jugendarbeit verstanden

---

45 SGB VIII wurde im Jahr 2021 vor dem Hintergrund der Einführung des modernisierten Kinder- und Jugendstärkungsgesetzes (KJSG) reformiert.
46 Ausgehend von diesem Anspruch ist das Arbeitsfeld in besonderer Weise gefordert, kritisch zu prüfen, inwieweit es selbst »Benachteiligungen schafft oder bestehende Benachteiligungen verstärkt« (Goerdeler/Wapler 2011, Rn. 17).

werden. Diese Schwerpunktsetzung begründet sich inhaltlich mit Blick auf die aktuelle Entwicklung von Schulen zum Ganztag und der damit einhergehenden erweiterten Perspektive auf Bildungsprozesse und den Abbau von Bildungsbenachteiligungen (▶ Kap. 2).

Schulsozialarbeit (▶ Kap. 3.1) und Kinder- und Jugendarbeit (▶ Kap. 3.2) werden zunächst in ihrer jeweiligen Ausrichtung getrennt voneinander mit Bezug auf das Thema der Bildungsbenachteiligung betrachtet, um für deren Eigensinnigkeit und spezifische Bedingungen zu sensibilisieren. Anschließend wird Soziale Arbeit an bzw. ergänzend zu Schule übergreifend mit Blick auf das bereits angeklungene emanzipatorische Bildungsverständnis (▶ Kap. 2.1; ▶ Kap. 3.3) sowie allgemeine Prinzipien und Methoden (▶ Kap. 3.4) konkretisiert. Diese Struktur folgt Einordnungen der Schulsozialarbeit als »fachliche Schwester [der Jugendarbeit, TG] am anderen Ort« (Zipperle 2021, S. 1036), mit denen auf vergleichbare Ziele und Arbeitsprinzipien der Bereiche verwiesen wird, wenn auch der »Ort« – und damit der Erbringungskontext *Schule* – zweifelsohne Einfluss auf die konkrete Praxis nimmt (▶ Kap. 2.2; ▶ Kap. 2.3). Ziel des Kapitels ist es, die Expertise Sozialer Arbeit bei der Vermeidung und dem Abbau von Benachteiligungen sichtbar zu machen. Das sich anschließende Kapitel 4 ordnet diese vor dem Hintergrund unterschiedlicher normativer Konzepte von Bildungsgerechtigkeit ein (▶ Kap. 4) und schließlich zeigt Kapitel 5 weitere mögliche Handlungsfelder und -ansätze für die Gestaltung von Bildungsprozessen auf (▶ Kap. 5).

3.1 Schulsozialarbeit

Schulsozialarbeit wird im SGB VIII erst seit der Gesetzesreform im Jahr 2021 explizit als Handlungsfeld der Kinder- und Jugendhilfe ausgewiesen. Gemäß dem in § 13 zur Jugendsozialarbeit neu eingeführten § 13a umfasst diese »sozialpädagogische Angebote nach diesem Abschnitt, die jungen Menschen am Ort Schule zur Verfügung gestellt werden«. Wichtig ist, dass sich die in »diesem Abschnitt« beschriebene Jugendsozialarbeit an Kinder

3.1 Schulsozialarbeit

und Jugendliche richtet, »die zum Ausgleich sozialer Benachteiligungen oder zur Überwindung individueller Beeinträchtigungen in erhöhtem Maße auf Unterstützung angewiesen sind«; sie zielt darauf ab, deren »schulische und berufliche Ausbildung, Eingliederung in die Arbeitswelt und ihre soziale Integration [zu, TG] fördern« (ebd.). Rechtlich wird Schulsozialarbeit folglich explizit im Kontext des Ausgleichs sozialer Benachteiligungen im Bildungssystem verortet. Weitere Konkretisierungen erfolgen im Rahmen der Länderrechte, weshalb es sich bei der Schulsozialarbeit insgesamt um ein heterogenes Feld handelt: Je nach Land agiert diese in Trägerschaft der Jugendhilfe – und eben mit Bezug zur Jugendsozialarbeit (§ 13 SGB VIII) oder der Kinder- und Jugendarbeit (§ 11 SGB VIII) oder in Trägerschaft der Schulen (Spies 2018, S. 138 f.) –, wobei die länderspezifischen Schulgesetze nur teilweise die Kooperation zwischen Schule und Kinder- und Jugendhilfe regeln, die als Aufforderung im Gesetz angelegt ist (Stüwe et al. 2015, S. 25 ff.). Konsens besteht in der Literatur jedoch dahingehend, dass sich Schulsozialarbeit prinzipiell

»an alle Kinder und Jugendlichen einer Schule [richtet, TG], nicht ausschließlich an benachteiligte und beeinträchtigte, wenngleich selbstverständlich deren Erreichung, Unterstützung und Förderung eine besondere Bedeutung zukommt« (Pötter et al. 2018, S. 28).

Baier (2021, S. 1732) definiert Schulsozialarbeit als

»Dienstleistung der Kinder- und Jugendhilfe [...], die aus einer sozialpädagogischen Perspektive heraus in Schulen gestaltet wird, um die soziale und individuelle Entwicklung bzw. die Bildungsprozesse von Kindern und Jugendlichen zu fördern. Dafür bieten Schulsozialarbeitende z. B. Beratungen, Gruppenarbeiten und Projekte an, sie sind an pädagogischen Fragen der Schulentwicklung beteiligt und vernetzen die Schule mit weiteren Akteuren im Sozialraum. Schulsozialarbeit wird dadurch zu einem Bindeglied zwischen institutionalisierter Schulbildung und dem Kinder- und Jugendhilfesystem sowie weiteren Einrichtungen und Angeboten im Einzugsgebiet der Schule.«

Das Angebot zielt demnach auf die Förderung von Entwicklungs- und Bildungsprozessen und ist gekennzeichnet durch eine Vielfalt an Methoden und Kooperationspartner*innen. Mitunter ist Schulsozialarbeit beim Verfolgen ihrer Ziele auf »Verweisungswissen« (Müller 2012, zit. nach Spies 2018, S. 140) und Kooperationen angewiesen, die durch eine Vernetzung mit dem Sozialraum sowie die Ermöglichung niedrigschwelliger Zugänge zum Hilfesystem realisiert werden (Spies 2018, S. 138).

Der erstmals 1971 in der Fachzeitschrift Soziale Welt als »Schulsozialarbeit« benannte Arbeitsbereich war von Beginn an eng mit Fragen der Bildungsbenachteiligung verknüpft. Dies spiegelt sich auch in den wissenschaftlichen Begründungsmustern wider, die im Laufe der Zeit für die Kooperation zwischen Schule und Schulsozialarbeit herangezogen wurden, wenngleich diese jeweils unterschiedliche Perspektiven – auf Adressat*innen, Schule und/oder Profession – einnehmen (siehe hierzu Speck 2009).

Unterschiedliche Begründungsmuster

Das *sozialisations- und modernisierungstheoretische Begründungsmuster* beispielsweise erklärt die Bedeutung der Schulsozialarbeit mit dem Unterstützungsbedarf von Kindern und Jugendlichen bei ihrer schulischen und außerschulischen Lebensbewältigung und formuliert das Ziel, insbesondere für benachteiligte junge Menschen die Chancen auf schulischen Erfolg und gesellschaftliche Teilhabe zu erhöhen. Mit dem *schultheoretischen Begründungsmuster* wird der Blick auf die Verhältnisbestimmung von Schule und Schulsozialarbeit gerichtet: Herausgestellt wird insbesondere die entlastende Funktion von Schulsozialarbeit für die Institution Schule, die sich zunehmend mit lebensweltlichen Herausforderungen von Kindern und Jugendlichen konfrontiert sieht, auf die sie – alleine – nicht angemessen reagieren kann. Hinzu kommt, dass Schule durch Leistungs- und Prüfungsdruck selbst Belastungen auf Seiten der Schüler*innen hervorrufen kann (Stüwe et al. 2015, S. 58). Auch mit dem *Rollen- und professionstheoretischen Begründungsmuster* wird Schulsozialarbeit als notwendige Ergänzung zu Schule verstanden und mit Aufgaben in Verbindung gebracht, die von Lehrer*innen nicht (mit-)übernommen werden können (Speck 2009, S. 62 f.).

Aktuell dominiert das *bildungstheoretische Begründungsmuster* den Diskurs, das die Bedeutung der Schulsozialarbeit im Kontext einer ganzheitlichen Bildung erklärt (Stüwe et al. 2015, S. 58 ff.) und mit dem Abbau von Bildungsbenachteiligungen verknüpft. In dieser Logik wird

> der Schulsozialarbeit ein eigenständiger und gleichwertiger Auftrag neben Schule zugewiesen (▶ Kap. 2.1).

Erst kürzlich hat der Kooperationsverbund Schulsozialarbeit (2019) mit Verweis auf fortdauernde Bildungsbenachteiligungen den eigenen Anspruch bekräftigt, dazu beitragen zu wollen, »dass alle jungen Menschen gleiche Chancen in ihrer Bildungsbeteiligung und gesellschaftlichen Integration haben« (ebd., S. 5). In der Literatur werden in dem Zusammenhang unterschiedliche Zugänge bzw. Ansätze als Option beschrieben, darunter die *Begleitung von Bildungsprozessen*, etwa über Beratung und Gruppenarbeit. Beratung orientiert sich in der Schulsozialarbeit grundsätzlich an der Lebenslage junger Menschen und ist daher thematisch offen und methodisch vielfältig – »zwischen einer ad hoc- oder Tür- und Angel-Beratung bis hin zur klassischen Einzelfallberatung« (Iser 2017, S. 150); neben den Schüler*innen selbst adressiert sie ggf. auch deren Eltern und/oder Lehrer*innen. Sie ermöglicht ein Eingehen auf die individuellen Bedarfe von Schüler*innen und beinhaltet ebenfalls die – über Beratung hinausgehende – Einzelfallhilfe, beispielsweise in Form einer Krisenintervention oder der Vermittlung an weitere Hilfeangebote (ebd., S. 151). Um als kompetente und vertrauensvolle Ansprechperson an Schule wahrgenommen zu werden, ist Beziehungsarbeit ein wichtiges Element (ebd., S. 153).

Der Bereich der Gruppenarbeit gestaltet sich als nicht minder vielfältig und spricht sowohl Schulklassen oder Kinder- und Jugendliche mit besonderen Interessen bzw. Bedarfen an. Unterscheiden lassen sich die Angebote auch anhand des ihnen zugrundeliegenden Bildungsverständnisses, das stärker an schulischen Kompetenzen oder einem erweiterten Bildungsverständnis orientiert sein kann (Balnis 2017, S. 157). Gruppenangebote stehen teilweise auch im Kontext der Gestaltung ›positiver‹ Bedingungen an Schule und tangieren mitunter Angebote einer politischen bzw. diskriminierungskritischen Bildung.

Auch wird Schulsozialarbeit eine Art *Brücken- bzw. Vermittlungsfunktion* zwischen Schule und weiteren Lebenswelten von Kindern und Jugendlichen zugeschrieben. Mit dieser Perspektive rücken insbesondere herkunftsspezifische Fremdheitsgefühle und mangelnde Passungsverhältnisse in den Blick (▶ Kap. 1.1.2), denen vermittelnd begegnet werden soll: Beispielsweise vermag die Zusammenarbeit mit Eltern bzw. Erziehungsberechtigten und Lehrkräften dazu beitragen, eine herkunftsspezifische Distanz zum Bildungssystem zu mindern oder bei Bildungsentscheidungen – unter Berücksichtigung einer lebensweltlichen Perspektive – zu beraten (Geiss 2016, S. 32 f.). Darüber hinaus kann ebenfalls eine Vernetzung mit Angeboten des Sozialraums dazu führen, dass Schule stärker als »Bestandteil des Sozialraums« (Spies 2018, S. 136) wahrgenommen wird. Auch hierdurch kann die Integration inner- und außerschulischer Sphären gefördert und eine herkunftsspezifische Distanz zur Institution Schule reduziert werden (Geiss 2016, S. 32 f.).

Die Idee der Öffnung der Schule in den Sozialraum folgt zudem weiteren Argumenten. Teilweise wird diese verknüpft mit der Vision eines Betreuung, Erziehung und Bildung umfassenden Gesamtsystems, dass »die individuelle biografische Begleitung von Kindern und Jugendlichen und damit die Chancengerechtigkeit im Bildungs- und Sozialsystem« (Stüwe et al. 2015, S. 202) fördert. An der Stelle lassen sich Bezüge zur Idee des Ganztags bzw. einer Ganztagsbildung herstellen (▶ Kap. 2). In diesem Sinne eröffnet Schulsozialarbeit über Vernetzungen mit Angeboten des Sozialraums Zugänge zu Bildungsangeboten und erweitert auf diese Weise den Erfahrungsraum bzw. die Bildungsgelegenheiten von Kindern und Jugendlichen (Baier 2021, S. 1732). Auch kann über die Vernetzung mit dem Sozialraum im Bedarfsfall auf weitere Angebote der Jugendhilfe verwiesen werden (Coelen et al. 2018, S. 484).[47] Unter didaktischen Gesichtspunkten eröffnet sich in der Kooperation zudem die Gelegenheit, »Bezüge von den schulischen Erwartungen und Anforderungen zu den Lebenswelten und zu non-formalen Bildungsangeboten herstellen zu können« (Mack 2017, S. 31). Dieser Gedanke knüpft an den Lebenswelt-

---

47 Spies (2018a, S. 759) verweist in dem Zusammenhang darauf, dass im Zuge des Ganztags viele Horte in Schule integriert oder aufgelöst werden, wodurch die Realisierung des Auftrags einer familienunterstützenden und -ergänzenden Förderung der Entwicklung von Kindern und Jugendlichen gefährdet sei. Eine Idee, die in dem Modell des Familienzentrums aufgegriffen wird, das z. B. den Zugang zu Hilfen zur Erziehung (§ 28 SGB VIII) oder Unterstützung für Kinder und Jugendliche in familiären Trennungs- bzw. Scheidungssituationen (§ 17 SGB VIII) herstellt (ebd., S. 762).

bezug von Schule an, der einen instrumentell und zweckorientierten Zugang zu Bildung vermeidet (▶ Kap. 2.1).

> Teilweise werden die an Schulsozialarbeit gerichteten Erwartungen im Kontext ungleicher Bildungschancen jedoch auch kritisch gesehen, zumindest wenn Angebote explizit benachteiligte Kinder und Jugendliche adressieren und damit das Risiko pauschalisierender und stigmatisierender Defizitorientierungen bergen. Sinnvoll erscheint in dem Zusammenhang eine Orientierung an den *individuellen* Bedarfen von Kindern und Jugendlichen (Fischer 2016, S. 84). Aufgegriffen wird dieser Gedanken im Zusammenhang mit den Arbeitsprinzipien (▶ Kap. 3.4).

Die Perspektive auf strukturelle Benachteiligungen wird insbesondere mit der Selbstbeschreibung der Schulsozialarbeit als »›Anwältin‹ für soziale Gerechtigkeit in der Schule, in sie hinein und aus ihr heraus« (ebd., S. 38) aufgegriffen. Bezug genommen wird mit diesem Bild vornehmlich auf die Kinderrechte (siehe Fischer 2016, S. 111; Baier 2011; 2016; 2021), insbesondere das Recht auf Bildung (Art. 29 UN-KRK), das Recht auf Nicht-Diskriminierung (Art. 2 UN-KRK) und das Recht auf Beteiligung (Art. 12 UN-KRK): Das Recht auf Bildung umfasst differenziert beschriebene Bildungsziele – u. a. die volle Entfaltung der Persönlichkeit, der Begabung sowie der geistigen und körperlichen Fähigkeiten des Kindes – zu deren Erreichen beizutragen alle gesellschaftlichen Institutionen aufgefordert sind. Aus dem Diskriminierungsverbot resultiert für die Schulsozialarbeit die Aufgabe, Kinder über ihr Recht auf Nicht-Diskriminierung zu informieren sowie Anlaufstelle für Diskriminierungserfahrungen zu sein und entsprechende Angebote zu machen. Auch leitet sich hieraus der Schutz vor Diskriminierung ab (Baier 2016, S. 142). Soziale Arbeit ist somit aufgefordert, Diskriminierung *strukturell* entgegenzuwirken. Aus dem Recht auf Beteiligung bzw. Partizipation leitet sich der Auftrag ab, Kindern und Jugendlichen Gestaltungsräume in Schule zu eröffnen (▶ Kap. 5.3).

Als Angebot der Kinder- und Jugendhilfe am Ort Schule hat Schulsozialarbeit einen breiten Zugang zu jungen Menschen, steht jedoch vor der Herausforderung, ihre Angebote im formalen Setting der Schule zu realisieren. Häufiger wird in der Literatur die Sorge vor der »Indienstnahme durch die Schule« (Speck 2009, S. 61) und in der Folge einer Vernachlässigung kinder- und jugendhilfespezifischer Ziele und Handlungsprinzipien an Schule formuliert, auf die bereits in Kapitel 2.2 und 2.3 eingegangen wurde (▶ Kap. 2.2; ▶ Kap. 2.3). Dies führt zu der Frage, wie es um die Möglichkeiten der Schulsozialarbeit bestellt ist, Veränderungen und Weiterentwicklungen von Schule (mit) zu initiieren. Im Zusammenhang mit den Bildungsorientierungen und den Arbeitsprinzipien der Kinder- und Jugendhilfe ist dieser Aspekt mitzudenken (▶ Kap. 3.3; ▶ Kap. 3.4). Zunächst soll jedoch ein Einblick in die Kinder- und Jugendarbeit gegeben werden, die – anders als Schulsozialarbeit – i.d.R. nicht *an*, sondern in Kooperation mit bzw. Ergänzung zu Schule arbeitet.

3.2 Kinder- und Jugendarbeit

Kinder- und Jugendarbeit wird von unterschiedlichen Verbänden, Gruppen und Trägern angeboten, ist offen oder gemeinwesenorientiert und hat verschiedenste Schwerpunkte, darunter die Bereiche außerschulische Bildung, Sport, Spiel und Geselligkeit, Internationales, Beratung sowie Bezüge zu Arbeitswelt, Schule und Familie. Rechtsgrundlage ist § 11, Absatz 1 SGB VIII. Hier heißt es:

> »Jungen Menschen sind die zur Förderung ihrer Entwicklung erforderlichen Angebote der Jugendarbeit zur Verfügung zu stellen. Sie sollen an den Interessen junger Menschen anknüpfen und von ihnen mitbestimmt und mitgestaltet werden, sie zur Selbstbestimmung befähigen und zu gesellschaftlicher Mitverantwortung und zu sozialem Engagement anregen und hinführen. Dabei sollen die Zugänglichkeit und Nutzbarkeit der Angebote für junge Menschen mit Behinderungen sichergestellt werden.«

Aus der Norm leiten sich unmittelbar zentrale Bezugspunkte und Arbeitsprinzipien der Kinder- und Jugendarbeit[48] ab: Ausgerichtet sind deren

---

48 Die Bezeichnung »Jugendarbeit« findet sich im SGB VIII. In der Literatur wird

3.2 Kinder- und Jugendarbeit

Angebote auf die Bildungsziele *Selbstbestimmung, gesellschaftliche Mitverantwortung* und *soziales Engagement.* Hiermit wird für den Arbeitsbereich insgesamt »ein umfassender, die eigenständige und sozial verantwortliche individuelle Lebensgestaltung sowie die gesellschaftspolitische Bildung einschließender Auftrag vorgegeben« (Scherr 2021, S. 641). Dem schließen sich auch Sturzenhecker und Deinet (2018, S. 696 f.) an, die als »zentralen Strang« (ebd.) unterschiedlicher Ansätze der Jugendarbeit – darunter subjekt- bzw. bildungsorientierte Ansätze, aneignungstheoretische Sozialraumkonzepte und emanzipatorische sowie genderreflexive Ansätze – die Frage herausstellen, wie Angebote »in der Subjektentwicklung bzw. der Selbstbildung oder Aneignungstätigkeit der Kinder und Jugendlichen assistieren und dabei deren kritische, gesellschaftlich-demokratische Handlungs- und Einmischungsfähigkeit fördern könne[n]« (ebd., S. 697). Kinder- und Jugendarbeit kennzeichnet folglich eine emanzipatorische, gesellschaftliche (Ungleichheits-)Strukturen reflektierende Perspektive, unabhängig davon, ob Kinder und Jugendliche selbst von Benachteiligung betroffen sind (▶ Kap. 3.3).

Noch in den 1980er und 1990er Jahren wurde die Jugendarbeit vorrangig als Angebot für sozial Benachteiligte verstanden, weshalb sich auch heute Angebote – je nach Ausrichtung – eher an der Jugendsozialarbeit (§ 13, Abs. 1 SGB VIII), der sozialen Gruppenarbeit (§ 29 SGB VIII) oder den Hilfen zur Erziehung (§ 32 SGB VIII) orientieren und nicht an § 11 SGB VIII. Grundsätzlich adressiert diese nach § 11 SGB VIII jedoch *alle* jungen Menschen. Per se wird aus Perspektive des Arbeitsfelds eine explizite Adressierung sogenannter benachteiligter Jugendlicher kritisch reflektiert, da diese das Risiko einer Konzentration auf »Problemlagen« birgt, stigmatisierend sein kann und dem positiven Jugendbild des Arbeitsbereichs entgegensteht (Sturzenhecker/Deinet 2018, S. 703 f.). Ähnliche Anmerkungen wurden bereits im Zusammenhang mit der Schulsozialarbeit gemacht (▶ Kap. 3.1).

Die Potenziale der Kinder- und Jugendarbeit im Kontext ungleicher Bildungschancen werden vornehmlich in ihrem Beitrag zur Stärkung der

---

inzwischen häufiger die Formulierung »Kinder- und Jugendarbeit« gebraucht. Der vorliegende Text verwendet beide und denkt junge Menschen insgesamt als Adressat*innen mit.

Persönlichkeit gesehen (ebd., S. 703), womit deren Angebote (auch) implizit einen Beitrag zum Abbau von Bildungsbarrieren leisten (können). Durch den Ganztag nehmen darüber hinaus Kooperationen mit Schule zu. Aktuell betrifft dies 18% der Angebote, die Hälfte davon in Form von Veranstaltungen bzw. Projekten, je zu einem Viertel als offene und gruppenbezogene Formate (Autor:innengruppe Bildungsberichterstattung 2022, S. 148). Als Begründung kann – ähnlich wie im Fall der Schulsozialarbeit – bildungstheoretisch im Sinne von Erfahrungsalternativen bzw. ergänzenden Bildungsgelegenheiten argumentiert werden. Zu erwähnen sind in dem Zusammenhang insbesondere die in Schule sowie Kinder- und Jugendarbeit in unterschiedlichem Maße gegebenen Möglichkeiten der Selbstorganisation – und damit einhergehend des selbstentdeckenden Lernens und der Entwicklung einer eigenen Meinung – sowie der aktiven Beteiligung und Gestaltung – verbunden u.a. mit der Entdeckung des eigenen Nutzens für die Gesellschaft und den Möglichkeiten der Erprobung des Miteinanders und der Integration, beispielsweise durch die Erfahrung von Zugehörigkeit und die Auseinandersetzung mit Normen und Werten (Baumbast et al. 2014, S. 27). Jugendarbeit gilt demnach als »Experimentierraum, in dem spezifische Selbstwirksamkeitserfahrungen und Partizipationsformen ermöglicht werden«, sie wird als Ort der »Subjekt- und Demokratiebildung« verstanden (Zipperle 2021, S. 1035; siehe ausführlich zu den Arbeitsprinzipien und den damit verknüpften Bildungsmöglichkeiten ▶ Kap. 3.3; ▶ Kap. 3.4)

Für Emanuel und Weinhardt (2021, S. 1468) besteht der Auftrag der Jugendarbeit in ihrem konkreten Bezug zu Schule in der Unterstützung von Schüler*innen,

> »dass sie (a) mit eventuellen Missachtungs- und fehlenden Anerkennungserfahrungen, die sich in der Systemlogik der Schule nicht vermeiden lassen, zurechtkommen sowie (b) sich einen eigenen, auch widerständigen, Standpunkt zur Schüler*innen-Rolle erarbeiten« (ebd.).

Dabei obliegt der Jugendarbeit auch das Mandat, »der politischen Skandalisierung solcher Lebensbedingungen, die Jugendliche an der Entwicklung ihrer Fähigkeiten hindern« (Scherr 2021, S. 650).[49]

> Insgesamt zeigt sich, dass Jugendarbeit vornehmlich als *Gegenentwurf* zu Schule beschrieben wird. Dabei raten Emanuel und Weinhardt (2021, S. 1466) zu einer differenzierteren Verhältnisbestimmung, damit diese »nicht aus einer überzogen kritischen Perspektive auf unangebrachte Distanz geht und so möglicherweise schulbezogene Unterstützungswünsche von Mädchen und Jungen aus dem Blick verliert«. Praktisches Beispiel des »außerschulischen Umgangs mit Schulthemen« (ebd., S. 1469) sind Hausaufgaben, die häufig Angebote der Jugendarbeit tangieren. Werden schulische Aufgaben in außerunterrichtlichen Kontexten bearbeitet, ermöglicht dies zum einen eine individuelle (zeitliche wie inhaltliche) Gestaltung des Lernens und zum anderen eröffnet sich somit ein weiterer Standort, von dem aus schulische Anforderungen reflektiert werden können (▶ Kap. 5.4).

Auch wenn Kinder- und Jugendarbeit teilweise mit Schule kooperiert, ist sie hier nicht in vergleichbarer Weise institutionell eingebunden wie die Schulsozialarbeit. Dennoch wird für sie ebenfalls das Risiko einer Vereinnahmung thematisiert, wenn sie nämlich auf eine »Kompensationspädagogik« reduziert wird, die die Funktion hat, »die von Schule erzeugten Probleme wie Demotivierung und Schulversagen präventiv zu bearbeiten, ohne ihre eigenen, nicht an Devianz orientierten pädagogischen Ziele realisieren zu können« (Lindner 2011, S. 243 f., zit. nach Icking/Deinet 2021, S. 1024). Denkbar ist es, im Ganztag zukünftig stärker die Möglichkeiten der Kooperation zwischen Schulsozialarbeit und Jugendarbeit auszuloten. In der Literatur wird diesbezüglich das Potenzial einer »konzeptionellen Stärkung« (Zipperle 2021, S. 1036) gesehen.

Durch die erhöhte Erreichbarkeit junger Menschen in Folge der Kooperation mit Schule bietet sich der Jugendarbeit die Chance, den auch im

---

49 In der Literatur wird dieser Auftrag teilweise als bislang vernachlässigt kritisiert (siehe hierzu Schmidt 2021, S. 1119).

non-formalen Bildungsbereich bestehenden sozialstrukturellen Unterschieden des Nutzungsverhaltens (▶ Kap. 1.2.3) zu begegnen. Dies gilt insbesondere, da sich Entwicklungen von einer »punktuellen, meist projektbezogenen Kooperation« hin zu einer »strukturell verankerten Partnerschaft im Ganztag oder in sozialräumlichen Netzwerken« abzeichnen (ebd., S. 1030). Auch wenn Kooperationen der Kinder- und Jugendarbeit im schulischen Kontext zunehmen, braucht es eine Jugendarbeit neben der Schule, denn nicht alle Jugendlichen bis 27 Jahren – so die Zielgruppe der Kinder- und Jugendarbeit – sind an Schule und nicht alle Schüler*innen nehmen an Ganztagsschule teil (ebd., S. 1035).

3.3 Übergreifende Bildungsorientierungen

Die vorangegangenen beiden Kapitel geben einen Einblick in die Arbeitsbereiche Schulsozialarbeit und Kinder- und Jugendarbeit, die u. a. an und in Ergänzung zu Schule Angebote für junge Menschen machen. Beide Arbeitsbereiche haben in Teilen einen unterschiedlichen Auftrag und auch ihre institutionelle Einbindung an Schule unterscheidet sich: So erfolgt Schulsozialarbeit i. d. R. am Lernort Schule, während Jugendarbeit eher als ergänzendes Angebot im häufig (noch) als solchem deklarierten »Nachmittagsbereich« verortet wird. Ausgehend von § 1 SGB VIII orientieren sich beide jedoch an gemeinsamen Zielvorstellungen, darunter die Ermöglichung eines selbstbestimmten Lebens und einer gleichberechtigten gesellschaftlichen Teilhabe (▶ Kap. 3). Die im Kontext der Ganztagsbildung intensivierte Diskussion um das Bildungspotenzial der Kinder- und Jugendhilfe greift diese Orientierungen auf (▶ Kap. 2.1). Insbesondere für die Jugendarbeit liegen inzwischen elaborierte Bildungskonzepte vor, die sich auf den Bereich der Schulsozialarbeit übertragen lassen.

Verweisen lässt sich an der Stelle auf das Konzept einer *subjektorientierten Jugendarbeit*. Mit diesem entwirft Albert Scherr eine Jugendarbeit, die sich in erster Linie daran orientiert, junge Menschen »bei der Realisierung eines möglichst selbstbestimmten, eigenverantwortlichen und politische Beteiligungschancen ergreifenden Lebens zu unterstützen« (Scherr 2021, S. 642). Der Begriff der Subjektorientierung sensibilisiert in dem Zusammenhang dafür, dass »Menschen eigensinnig auf soziale Erwartungen reagieren sowie in der Lage sind, sich bewusst mit den sozialen und psychischen Bedingungen und Einflüssen, denen sie unterliegen, auseinanderzusetzen« (Scherr 2010, S. 304). Berücksichtigt wird dabei, dass die hierfür erforderlichen Kompetenzen nicht per se gegeben, sondern abhängig von sozialen Bedingungen sind (Scherr 2021, S. 643). In Bezug setzen lassen sich diese Überlegungen u. a. zur habituell geprägten Wahrnehmung der eigenen gesellschaftlichen Position sowie den damit verbundenen Teilhabechancen (▶ Kap. 1.1.2). Die vorgeschlagene Perspektive auf Subjektivität sensibilisiert für »Behinderungen, Beschädigungen und Begrenzungen des Selbstbewusstseins und der Selbstbestimmungsfähigkeit, denen Individuen und soziale Gruppen unterliegen« (ebd., S. 644). Als Beispiele können in dem Zusammenhang Gefühle der Scham oder mangelndes Zutrauen in die eigenen Fähigkeiten in Folge verwehrter Anerkennung dienen. Aufgabe einer subjektorientierten Jugendarbeit ist es in dem Zusammenhang, »Jugendlichen einen pädagogisch angeleiteten und begleiteten Möglichkeitsraum zur Entfaltung ihrer Autonomiebedürfnisse anzubieten« (ebd., S. 646). Subjektivität ist dabei nicht mit Unabhängigkeit zu verwechseln, vielmehr entwickeln sich Selbstbewusstsein und Selbstbestimmungsfähigkeit in sozialen Beziehungen und führen »idealiter zur Entwicklung selbstbestimmter Urteils- und Handlungsfähigkeit bei gleichzeitiger Anerkennung des eigenen Angewiesenseins auf soziale Beziehungen und Bindung« (Scherr 2010, S. 305).

> Mit seinem Konzept einer subjektorientierten Jugendarbeit begründet Scherr letztlich ein an kritisch-emanzipatorischen Theorien orientiertes Bildungsverständnis, das sich sowohl abgrenzt von den auf Employability enggeführten Bildungszielen von Schule als auch einer an der Problembearbeitung orientierten Sozialen Arbeit (ebd., S. 640). Seine Überlegungen leisten einen wichtigen Beitrag zur Konkretisierung der Ideen eines erweiterten Bildungsverständnisses im Ganztag, insbesondere mit Blick auf den Abbau von Bildungsbenachteiligungen.

3 Soziale Arbeit an bzw. ergänzend zu Schule

Um die formulierten Ziele realisieren zu können, sind Sozialarbeiter*innen in der Praxis gefordert, Eigenaktivitäten der Jugendlichen anzuregen und zuzulassen, um damit die angesprochenen Bildungsprozesse – ausgehend von einer Auseinandersetzung mit den Bedingungen und Einflüssen auf das eigene Leben – zu unterstützen (▶ Kap. 5.2). Jugendarbeiter*innen befinden sich in dem Zusammenhang in einem

> »permanente[n] Balanceakt zwischen dem Respekt vor dem Eigensinn und der prinzipiell anzunehmenden Autonomie der Lebenspraxis Jugendlicher einerseits, der Fähigkeit und Bereitschaft anderseits, regressive und destruktive Formen der Lebensbewältigung zu erkennen, in Frage zu stellen und alternative Handlungsorientierungen anzubieten« (Scherr 2021, S. 649 f.).

Ihre Aufgabe besteht darin, sich die Bedürfnisse der Jugendlichen *dialogisch* zu erschließen; dies setzt eine »Kultur der gegenseitigen Achtung und Anerkennung« voraus (ebd., S. 648 f.). Was sich zunächst recht einfach liest, erfordert die Reflexion eigener habitueller Prägungen in Folge der gesellschaftlichen Positionierung (z. B. als Erwachsene*r; ▶ Kap. 5.2).

Den Aspekt des *Dialogischen* stellt insbesondere Benedikt Sturzenhecker (2021) in den Mittelpunkt seiner Überlegungen zur Jugendarbeit. Seiner Auffassung nach besteht die Rolle der Professionellen in einer »Bildungsassistenz«, deren Ziel die Unterstützung bei der alltäglichen Lebensbewältigung und die »Vermittlung von kulturellen bzw. gesellschaftlichen Handlungsorientierungen [...] in einer dialogischen Gegenseitigkeit« ist (ebd., S. 1228). Angesprochen wird hiermit die Ermöglichung einer autonomen Lebenspraxis im Sinne der von Scherr beschriebenen Subjektbildung. Grundelemente der Bildungsassistenz sind entsprechend »professionell zu gestaltende Wahrnehmungen, also bewusstes und reflektiertes *Sehen und Hören*« (Hervorh. i. O.). Es geht darum nachzuvollziehen, *wann welche* Themen *wie* und für *wen* wichtig werden. Mit Verweis auf Hartmut Rosa wird in dem Zusammenhang auf den Stellenwert der Resonanz hingewiesen, d. h. es geht darum, »den Kindern und Jugendlichen die wahrgenommenen Bildungsthemen zurückzuspiegeln, [...] und zu verdeutlichen, dass ihre Bildungsbewegungen erkannt und anerkannt werden« (ebd., S. 1234). Dabei bleibt die Assistenz von Bildungsprozessen nicht reduziert auf das »Sich-Einlassen auf die Bildungsthemen der Kinder und Jugendlichen«: Es geht immer auch darum,

Kindern und Jugendlichen ein »Möglichkeitsspektrum von Themen, Personen, Orten und Handlungsweisen anzubieten, die eine Erweiterung ihrer Bildung herausfordern könnten« (ebd., S. 1235).
Als weiterführend erweist sich eine *angeleitete* Reflexion »über den eigenen Prozess der Aneignung von Selbst und Welt« und eine gemeinsame Versprachlichung dieser Bildungserfahrung (ebd., S. 1238). Vergleichbar mit Freires Ansatz einer »Bildung mit den Unterdrückten« (▶ Kap. 2.1) geht es Sturzenhecker letztlich darum, Kinder und Jugendliche bei der Wahrnehmung zu unterstützen, dass Bildungsmöglichkeiten (auch) eine Frage der gesellschaftlichen Verhältnisse sind. »Damit«, so schreibt er, »kann auch die Ungleichheit und Ungerechtigkeit dieser Verhältnisse erkannt und eine kritische Perspektive darauf eingenommen werden« (ebd., S. 1238). Ähnlich beschreibt Freire (1973 [1971]), wie mit dem *Erkennen* von gesellschaftlichen Machtverhältnissen auch das Bewusstsein über deren *Veränderbarkeit* vermittelt wird, da diese »gemacht« bzw. »hergestellt« sind. Beide sehen hierin auch das Initial, dass sich Kinder und Jugendliche – über ihre eigenen Bildungschancen hinaus – per se für gerechtere Bildungschancen einsetzen (Sturzenhecker 2021, S. 1238 f.). Dieser Gedanke wird in Kapitel 5.3 aufgegriffen (▶ Kap. 5.3).

Subjektorientierte Bildung

Ein subjektorientiertes und auf Emanzipation zielendes Bildungsverständnis berücksichtigt also in besonderer Weise die sozial ungleichen Voraussetzungen von Bildung und gesellschaftlicher Teilhabe und begreift diese als Bildungsgegenstand. Adressat*innen sind in dem Zusammenhang nicht nur von Ungleichheiten im Sinne von Benachteiligung Betroffene – bei denen eine Reflexion ihrer Eingebundenheit in sozial ungleiche Strukturen und die Eröffnung von Handlungsmöglichkeiten emanzipatorisches Potenzial entfalten kann – sondern alle Mitglieder der Schulgemeinschaft. Es geht folglich darum, Bildungsprozesse zu initiieren, die individuell und sozial – in Form eines gemeinsamen Eintretens *gegen* ausgrenzende Strukturen – Wirkung entfalten (können).

Kapitel 5.3 konkretisiert diesen Gedanken und verknüpft ihn mit konkreten Handlungsoptionen (▶ Kap. 5.3). Auch die Arbeitsprinzipien und methodischen Prämissen Sozialer Arbeit schließen unmittelbar an diese Bildungsorientierungen an und stehen mit deren Umsetzung in Verbindung.

3.4 Übergreifende Arbeitsprinzipien

Bereits in den Überlegungen zu einem erweiterten Bildungsverständnis im Ganztag finden sich Hinweise auf die spezifische methodische Expertise Sozialer Arbeit im Zugang zu und in der Anregung von jungen Menschen (▶ Kap. 2). Nachfolgend werden diese exemplarisch und mit dezidiertem Bezug zum Thema ungleicher Bildungschancen vorgestellt. Dabei bewegen sich die Ausführungen notwendigerweise in einem Spannungsfeld zwischen idealtypischen Funktionsbeschreibungen und methodischen Prämissen Sozialer Arbeit sowie den Herausforderungen, diese an bzw. in Kooperation mit Schule zu realisieren (▶ Kap. 2.2; ▶ Kap. 2.3).

Als übergreifende Orientierung leitet sich aus dem Prinzip der *Inklusion*[50] zunächst der Anspruch ab, die Verschiedenheit junger Menschen anzuerkennen. Soziale Arbeit nimmt entsprechend eine ganzheitliche, *lebensweltorientierte* Perspektive ein, die unterschiedliche – auch sozial divergierende – Lebensbedingungen und die Anschlussfähigkeit von (Bildungs-)Angeboten an die Lebenswelt junger Menschen mitdenkt.

Das auf Hans Thiersch zurückgehende Konzept einer lebensweltorientierten Sozialen Arbeit berücksichtigt, dass Lebenswelten von Lebenslagen,

---

50 Die Themen Inklusion und Integration werden aktuell als übergreifende Herausforderung des Bildungssystems verstanden. Wenngleich in dem Zusammenhang häufiger auf die Umsetzung der UN-Behindertenrechtskonvention sowie das Thema der Ein- und Zuwanderung verwiesen wird, kommt insgesamt ein breiter Inklusionsbegriff zum Tragen, der u. a. ebenfalls Benachteiligungen in Bezug auf Geschlecht, Ethnizität und soziale Herkunft berücksichtigt (Stüwe et al. 2015, S. 198).

also strukturellen Bedingungen und Ressourcen geprägt sind; zugleich findet mit dem Konzept von »Alltag« bzw. »Alltäglichkeit« auch der Modus bzw. die Art und Weise Beachtung, wie Menschen – vor dem Hintergrund ihrer Lebenslage – ihr Leben gestalten (Grunwald/Thiersch 2018, S. 304). Mit der Perspektive auf die alltägliche Lebenswelt gerät folglich die subjektive Deutung und der Umgang mit der Welt in den Blick, wobei die Dimensionen Raum (z. B. ländliche oder städtische Strukturen), Zeit (z. B. Tagesstruktur, Lebensphasen) und soziale Beziehungen (z. B. Einbindung in Familienstrukturen) fokussiert werden (ebd., S. 305).

Eine *lebensweltorientierte* Soziale Arbeit trägt dazu bei, »im Medium des Alltags einen gelingenderen Alltag zu ermöglichen und zu erleichtern« (ebd., S. 303). Sie handelt »im Zeichen der Anerkennung, des Respekts vor dem Gegebenen, aber auch der Ermöglichung und Zumutung von neuen Bewältigungswegen und der kritischen Unterstützung eigenwilliger Lebenskonzepte« (ebd., S. 307). Hierzu zählt auch ein Blick für die bisweilen höchst unterschiedlichen Herausforderungen junger Menschen, etwa in Folge von Trennung der Eltern, Armut und Krankheit oder schlicht anderen Prioritäten als Schule. Das Prinzip der Lebensweltorientierung denkt immer auch die strukturelle Dimension mit: Soziale Arbeit hat den Anspruch, »Stereotype in Strukturen, Handlungsansätzen und Kommunikationsmustern transparent« zu machen (Kooperationsverbund Schulsozialarbeit 2019, S. 8). Vergleichbar mit dem Bild der Schulsozialarbeit als »Anwältin für Soziale Gerechtigkeit« (▶ Kap. 3.1) geht es beispielsweise darum, Gespräche mit Lehrer*innen über mögliche Abwertungen habitueller Praxisformen und defizitorientierte Prognosen in Bezug auf elterliche Unterstützung im Kontext von Übergangsempfehlungen bzw. Noten zu führen (▶ Kap. 1.2.1).

Die Perspektive der *Ressourcenorientierung* sensibilisiert den Blick für die *individuellen* Potenziale von Kindern und Jugendlichen, auch vor dem Hintergrund struktureller Beeinträchtigungen und herausfordernder Lebenslagen. In Bezug auf die Arbeit mit jungen Menschen werden konkret »soziale Situationen und Bildungsgelegenheiten [eröffnet, TG], in denen Kinder und Jugendliche Selbstwert aufbauen und Kompetenzen erwerben können« (Stüwe et al. 2015, S. 31). Orientiert an der Idee von Erfahrungsalternativen wird es insbesondere für den schulischen Kontext als wichtig erachtet, »sich bestätigt und anerkannt zu fühlen, um handlungsfähig zu werden und Veränderungen angehen zu können« (ebd., S. 43). Dies beinhaltet beispielsweise, dass Schüler*innen darin bestärkt werden, sich mit schulischen Anforderungen und Bewertungen kritisch auseinanderzusetzen und für die eigenen Belange einzutreten.

Leitend für die Umsetzung der Angebote Sozialer Arbeit sind insbesondere die Prinzipien der *Offenheit* und der *Freiwilligkeit*. Aus der *Offenheit* erwächst das Potenzial, *alle* jungen Menschen an Schule – d. h. nicht nur sogenannte »Problemfälle« und »Benachteiligte« – zu erreichen (Schmidt 2021, S. 1111). *Freiwilligkeit* regt hingegen eine eigenverantwortliche und selbstbestimmte Inanspruchnahme von Angeboten sowie eine aktive Beteiligung und intrinsische Motivation von Kindern und Jugendlichen an, auch zu Veränderungen (Stüwe et al. 2015, S. 35 f.). Dies verlangt das Ansetzen der Angebote an den Interessen der Adressat*innen und denkt den Lebensweltbezug von Bildung mit. Aus beiden Prinzipien leitet sich zudem ab, dass die Aufgabe Sozialer Arbeit nicht allein in der Krisenintervention besteht – z. B. im Fall von erfahrener oder ausgeübter Benachteiligung und Diskriminierung –, sondern insgesamt in der Herstellung positiver Lern- und Lebensbedingungen an Schule, etwa durch das Stärken der Persönlichkeit, das Ermöglichen von Alltagsbildung oder der frühzeitigen Unterstützung bei struktureller Benachteiligung, was das Prinzip der *Prävention* zum Ausdruck bringt (ebd., S. 41). Dies bezieht die Perspektive junger Menschen explizit mit ein.

Die zentrale methodische Prämisse stellt in dem Zusammenhang die *Partizipation* dar. Diese ermöglicht Kindern und Jugendlichen die Erfahrung, *aktiv* ihre Lebenswelt (mit-)gestalten zu können, was in positiver Weise sowohl das Erleben von Selbstwirksamkeit und Selbstbestimmung (Stüwe et al. 2015, S. 39 f.), als auch – in Folge der gemeinsamen und kooperativen Übernahme von Verantwortung – von Solidarität beeinflusst (Maykus 2021b, S. 955). Partizipation fördert in diesem Sinne die Haltung von Kindern und Jugendlichen, sich für die eigenen Belange und die der Gemeinschaft zuständig zu fühlen; sie wird – unter Bildungsgesichtspunkten – mit der Entwicklung zu politischen bzw. demokratischen Persönlichkeiten in Verbindung gebracht (Moran-Ellis/Sünker 2015). Dabei bezieht sich das Prinzip der Partizipation nicht alleine auf Projekte und Initiativen, sondern auf das Alltagserleben insgesamt:

3.4 Übergreifende Arbeitsprinzipien

»Mit Hilfe von Partizipation im Alltag werden Kinder und Jugendliche beginnend bei kleinen Entscheidungen in die Situation gebracht, über ihren eigenen Willen zu reflektieren und damit ein Selbstbewusstsein zu entwickeln. Erfahren sie durch den partizipativ angelegten Alltag ihren eigenen Einfluss auf die Gestaltung dieses Alltags, erleben sie damit gelingende Selbstbestimmung« (Schmidt 2021, S. 1109).

Sozialarbeiter*innen haben also die Aufgabe, Partizipation zu *ermöglichen*. Herausfordernd ist in dem Zusammenhang zum einen, dass diese im Grunde voraussetzt, was Ziel entsprechender Bildungserfahrungen ist: Das Gefühl, berechtigt zu sein, die eigene Lebenswelt mitzugestalten und Kompetenzen eines selbstbestimmten und -organisierten Agierens. Zum anderen setzt Ermöglichung und damit die Begleitung entsprechender Bildungsprozesse u. a. Beziehungsgebundenheit und »formale[ ] Machtarmut« voraus (Sturzenhecker/Deinet 2018, S. 695 f.), die durch eine kontinuierliche Reflexion von Machtverhältnissen sowie der eigenen gesellschaftlichen Positionierung begleitet und diskursiv hergestellt werden muss (Grendel/Schulze 2021). Beschrieben wird damit die grundlegende Haltung gegenüber jungen Menschen und deren Anerkennung als gleichwertige Interaktionspartner*innen. Soziale Arbeit kommt in dem Zusammenhang nicht umhin, ihre eigene Rolle als mögliche »Mitverursacherin sozialer Ungleichheit« (Züchner 2018, S. 878) kritisch im Blick behalten: Denkbar sind u. a. verinnerlichte Ungleichwertigkeitsideologien und Zuschreibungen von Sozialarbeiter*innen, Stigmatisierungen durch Angebote für ›Problemfälle‹, eine mangelnde Sensibilität für sozialstrukturelle Nutzungsunterschiede sowie habituell divergierende Passungsverhältnisse – gerade im Bereich partizipativer Angebote und damit einhergehender Bildungserfahrungen (Schmidt 2021, S. 1115). Im Zusammenhang mit konkreten Handlungsansätzen wird dieser Gedanke weiter ausgeführt (▶ Kap. 5.3).

Weitere Herausforderungen der Einlösung der beschriebenen Prinzipien und der damit verknüpften Ansprüche bringt Schule als Erbringungskontext Sozialer Arbeit mit sich, zumal hier mitunter Logiken dominieren, die den eigenen Prinzipien widersprechen (▶ Kap. 2.2): Während Soziale Arbeit an Schule Kinder und Jugendliche ganzheitlich bzw. lebensweltlich – unter Berücksichtigung ihrer individuellen Bedürfnisse und ihres familialen und sozialstrukturellen Hintergrunds – betrachtet, fokussiert Schule

Leistungen und nimmt eine Selektion auf der Grundlage kognitiver Kompetenzen vor, die unterschiedliche Zugangsvoraussetzungen und Lebensbedingungen vernachlässigt und schulischen (Miss-)Erfolg individualisiert. Von den Schüler*innen selbst werden habituell bedingte Be- bzw. Abwertungen häufig als Geringschätzung ihrer Fähigkeiten und Missachtung von Subjektivität erlebt (Stojanov 2011, S. 24). Soziale Arbeit hat zwar den Anspruch, Erfahrungen von Selbstwirksamkeit und das Erkennen eigener Ressourcen – gerade auch in Ergänzung zu schulischen Erfahrungen – zu ermöglichen, häufig werden diese Bildungsgelegenheiten an Schule jedoch strukturell eingeschränkt: Die starre zeitliche Organisation erschwert die Umsetzung offener und freiwilliger Angebote, die hierarchische Organisation nach unterschiedlichen Rollen und Professionen steht dem – auch an Schule gerichteten – Anspruch auf Partizipation und Diskursivität vielfach entgegen. Darüber hinaus begegnet Soziale Arbeit an Schule möglicherweise Schüler*innen, deren Interesse nicht Emanzipation, sondern das Erreichen guter Noten ist (Grendel i. E.).

Interessanterweise wird in der Literatur insbesondere die Realisierung des Prinzips der *Freiwilligkeit* von Angeboten im schulischen Kontext intensiver diskutiert. Vor allem bei gebundenen Ganztagsschulen – häufiger handelt es sich hierbei um Schulformen auf einem formal niedrigeren Niveau (▶ Kap. 2.3) – ist diese seltener gegeben, doch auch bei den sogenannten »offenen Angeboten« ist oftmals lediglich eine Auswahl aus vorgegebenen Alternativen möglich (Sauerwein/Graßhoff 2021, S. 1646). Denkbar ist es, dass bei Angeboten, die Kinder und Jugendliche als qualitativ gut bewerten, die Frage der Organisationsform an Bedeutung verliert (ebd., S. 1647). Diese Einschätzung legen ebenfalls die empirischen Befunde zum Ganztag nahe, die im Kern zeigen, dass die subjektiv wahrgenommene Qualität von Angeboten und pädagogischen Beziehungen ursächlich für positive Effekte in den Bereichen Noten, Sozialverhalten und das schulische Selbstkonzept ist (▶ Kap. 2.3). Auch ist deutlich geworden, dass schulisches Wohlbefinden durch die Erfahrung von Partizipation, Lebensweltorientierung und Freiwilligkeit gefördert wird. Angesprochen werden damit zentrale Prinzipien der Jugendarbeit, was deren stärkere Berücksichtigung bei der Ausgestaltung des Ganztags nahelegt.

Fasst man die Überlegungen dieses Kapitels zusammen, so zeigt sich, welche Expertise Soziale Arbeit im Kontext ungleicher Bildungschancen mitbringt. Sie ermöglicht Erfahrungsalternativen an bzw. neben Schule und trägt zu einer subjektorientierten und emanzipatorischen Bildung bei. Herausforderungen ergeben sich u. a. aufgrund eigener Verstrickungen und den besonderen Gegebenheiten des Erbringungskontextes Schule. An der Stelle deutet sich an, dass Aufgabe Sozialer Arbeit an Schule stärker und kollaborativ *mit* Schule die Entwicklung des Lernorts Schule sein muss, wie es auch dem Prinzip der Prävention entspricht (▶ Kap. 5.3). Insgesamt deutet sich an, dass dieser Bereich – neben der Arbeit mit den Adressat*innen in Form von Einzel- oder Gruppenarbeit – bislang vernachlässigt wird. Dabei bestätigen Studien die Bedeutung des Wohlbefindens für die Entwicklung von Kindern und Jugendlichen, zumal Soziale Ungleichheiten insbesondere interaktionell reproduziert werden. Entsprechend bedarf es einer übergreifenden Haltung aller am Lernort Schule befindlichen Personen, sich *gegen* soziale Ungleichheiten und *für* soziale Gerechtigkeit zu engagieren.

Hierfür können Bezüge zu Konzepten der Bildungsgerechtigkeit (▶ Kap. 4) wichtige Impulse geben.

3.5 Zusammenfassung

Angebote der Kinder und Jugendhilfe erreichen eine hohe Zahl junger Menschen und haben den expliziten Auftrag, (Bildungs-)Benachteiligungen zu vermeiden bzw. abzubauen. Das vorliegende Kapitel fokussiert die Arbeitsbereiche Schulsozialarbeit sowie Kinder- und Jugendarbeit, denen im Kontext des Ganztags als Soziale Arbeit an bzw. ergänzend zu Schule eine besondere Bedeutung zukommt. Gegenstand ist deren jeweiliger Bezug zum Thema Bildungsbenachteiligung, bevor aus einer übergreifenden Perspektive das gemeinsame Bildungsverständnis sowie zentrale Arbeitsprinzipien und methodische Prämissen vorgestellt werden.

Schulsozialarbeit wird im Gesetz erst seit 2021 explizit als Handlungsfeld der Kinder- und Jugendhilfe ausgewiesen. Entsprechend heterogen gestalten sich Organisation, Ausstattung und Ausgestaltung des Arbeitsbereichs. Übergreifend gilt jedoch, dass mit diesem Soziale Arbeit am Lernort Schule erfolgt, um die soziale und individuelle Entwicklung junger Menschen zu fördern. Schulsozialarbeit weist traditionell starke Bezüge zum Thema ungleicher Bildungschancen auf: Zu verweisen ist in dem Zusammenhang u. a. auf deren Beitrag zur Begleitung von Bildungsprozessen sowie deren Brücken- bzw. Vermittlungsfunktion zwischen Schule und weiteren Lebenswelten, wie sie sich in der Elternarbeit oder auch der Vernetzung mit dem Sozialraum konkretisiert und die Möglichkeit gibt, eine herkunftsspezifische Distanz zur Institution Schule zu mindern. Schulsozialarbeit eröffnet zusätzliche Bildungsgelegenheiten sowie im Bedarfsfall den Zugang zu Hilfeangeboten, dabei erreicht sie (nahezu) alle Kinder und Jugendlichen. Ihr Selbstverständnis lässt sich mit dem Bild einer »Anwältin für soziale Gerechtigkeit« beschreiben. Herausforderung und Auftrag zugleich stellt in dem Zusammenhang die Reflexion aus- und begrenzender Strukturen dar: Sowohl in Bezug auf die Handlungsmöglichkeiten der Profession als auch die ihrer Adressat*innen.

Die Kinder- und Jugendarbeit adressiert, ebenso wie die Schulsozialarbeit, alle jungen Menschen. Sie spielt im Ganztag sowohl als Kooperationspartnerin von Schule als auch ergänzend zu Schule eine wichtige Rolle. Aus deren Rechtsgrundlage leiten sich zentrale Bildungsziele – darunter Selbstbestimmung, gesellschaftliche Mitverantwortung und soziales Engagement – sowie zentrale methodische Prinzipien – etwa Offenheit, Freiwilligkeit und Partizipation – ab. Die Berücksichtigung schulischer Erfahrungen der Missachtung und fehlender Anerkennung sowie daraus resultierende Unterstützungsbedarfe von Kindern und Jugendlichen sind Teil ihres Auftrags. Kennzeichnend für die Jugendarbeit sind elaborierte Bildungskonzepte, die sich insgesamt auf Soziale Arbeit an Schule übertragen lassen. Dezidiert beschrieben wird das Konzept einer subjektorientierten Jugendarbeit von Albert Scherr, das die sozial ungleichen Lebensbedingungen junger Menschen berücksichtigt und dem Ziel der *Ermöglichung* eines selbstbestimmten Lebens folgt. Als anschlussfähig er-

3.5 Zusammenfassung

weisen sich an der Stelle die Überlegungen Sturzeneckers zu einer Bildungsassistenz, die Reflexionen über den Einfluss sozialer Ungleichheiten auf Bildungsmöglichkeiten anregt und strukturelle Be- bzw. Verhinderungen offenlegt. Ziel ist es, durch Bildung individuelle Emanzipation und strukturelle Veränderungen herbeizuführen, um Bildungsungleichheiten abzubauen. Die Überlegungen weisen Bezüge zu den Konzepten einer politischen bzw. transformatorischen Bildung auf (▶ Kap 1.1.2; ▶ Kap. 2.1).

Die zentralen Arbeitsprinzipien und methodischen Prämissen Sozialer Arbeit an Schule folgen der Maßgabe der emanzipatorischen Arbeit *mit* jungen Menschen und der politischen Arbeit *an* ausgrenzenden Strukturen. Das Kapitel verknüpft die Prinzipien mit entsprechenden bildungstheoretischen Überlegungen: Soziale Arbeit ist sensibel für sozialstrukturell divergierende Lebensbedingungen bzw. Lebenswelten von Kindern und Jugendlichen sowie Passungsverhältnisse zwischen Angeboten und deren Aneignung. Sozialarbeiter*innen arbeiten ressourcenorientiert mit den Adressat*innen, um diese zu stärken, und machen zugleich auf Abwertungen und Ausgrenzungen in Strukturen und Interaktionen aufmerksam. Ihre Angebote sind offen und freiwillig und orientieren sich an den Interessen der Kinder und Jugendlichen, was eine aktive und eigenmotivierte Teilnahme begünstigt. Das Prinzip der Partizipation ermöglicht Erfahrungen von Selbstbestimmung und Selbstwirksamkeit und fördert damit sowohl Subjektbildung als auch ein solidarisches Miteinander. Bei der Umsetzung dieser Prinzipien ergeben sich jedoch durchaus Herausforderungen. Diese bestehen zum einen in hohen Anforderungen an die Professionellen in Bezug auf die Reflexion von Machtverhältnissen, die Sensibilität für habituelle Divergenzen und einen möglichen eigenen Anteil an der Reproduktion sozialer Ungleichheiten. Zum anderen geraten die Herausforderungen bei der Umsetzung der Prinzipien im Erbringungskontext Schule in den Blick.

Als Profession ist Soziale Arbeit in besonderer Weise dazu aufgefordert, sich für den Abbau von Bildungsungleichheiten einzusetzen. Vorliegende empirische Befunde legen nahe, dass sie sich zukünftig stärker als bisher in die Schulentwicklung bzw. die Gestaltung des konkreten

3 Soziale Arbeit an bzw. ergänzend zu Schule

> Lernorts Schule einbringt, auch mit Blick auf das Prinzip der Prävention. Auftrag der Sozialen Arbeit muss es sein, Schule als ungleichheitskritischen Lebensort mitzugestalten. Hierfür braucht es eine übergreifende Haltung, sich gegen soziale Ungleichheiten und für Bildungsgerechtigkeit einzusetzen. Vonnöten sind entsprechend Operationalisierungen der Zielvorstellungen, um konkrete Handlungsansätze zu entwickeln und zu implementieren.

Dahingehende Anregungen lassen sich u. a. aus Konzepten der Bildungsgerechtigkeit ableiten.

4 Bildungsgerechtigkeit statt Chancengleichheit: Normative Vergewisserungen über ein gemeinsames Ziel

Die Feststellung, dass ungleiche Bildungschancen bereits seit den 1960er Jahren ein Thema von Politik, Wissenschaft und Praxis sind, leitet das vorliegende Buch ein. Ausgehend von theoretischen Erklärungsmodellen und Ursachenbeschreibungen skizziert die Publikation in den sich anschließenden Kapiteln aktuelle Entwicklungen und Herausforderungen des Bildungssystems und beschreibt mit dem Ganztag ein (nach wie vor) aktuelles Reformprojekt, das auf der Grundlage eines erweiterten Bildungsverständnisses die Potenziale einer engeren Kooperation von Schule und Kinder- und Jugendhilfe mitdenkt. Letztere zielt per se auf die Vermeidung und den Abbau von Benachteiligungen, was im vorangegangenen Kapitel am Beispiel der Bereiche Schulsozialarbeit (▶ Kap. 3.1) und Kinder- und Jugendarbeit (▶ Kap. 3.2) entlang deren Bildungsorientierungen und Arbeitsprinzipien aufgezeigt wurde. Bevor in Kapitel 5 Bewährtes und Mögliches in Form von Handlungsfeldern und -ansätzen konkretisiert wird (▶ Kap. 5), soll an dieser Stelle zunächst eine Vergewisserung über das Ziel der Bemühungen erfolgen.

Unterschiedliche Gerechtigkeitsverständnisse

Die nun schon Jahrzehnte währende Forderung nach mehr *Chancengleichheit* im Bildungssystem ist inzwischen auch im Alltagssprachgebrauch fest verankert. In der wissenschaftlichen Debatte hingegen wird der Begriff der Chancengleichheit weitgehend durch den Terminus der *Bildungsgerechtigkeit* abgelöst, was die Frage nahelegt, mit welchem

4 Bildungsgerechtigkeit statt Chancengleichheit

> Gerechtigkeitsverständnis diese Appelle jeweils einhergehen. Nachfolgend wird dieser Frage nachgegangen.

Darüber hinaus werden alternative Perspektiven auf Bildungsgerechtigkeit aufgezeigt und die damit jeweils verbundenen politischen und (sozial-) pädagogischen Implikationen offengelegt. Ziel ist es, bestehende Initiativen und Expertisen vor diesem Hintergrund einzuordnen und ergänzende Handlungsoptionen zu eruieren.

Vermehrt taucht der Begriff der *Bildungsgerechtigkeit* im Kontext der PISA-Studien auf. Hier wird er verstanden als »Gleichheit von Bildungschancen« (Dietrich et al. 2013, S. 16), womit die Konzepte Chancengleichheit und Bildungsgerechtigkeit also (teilweise) synonym verwendet werden. *Chancen* bezeichnen in dem Zusammenhang »Gelegenheiten« (engl. opportunities), die es braucht, um wertvolle Güter einer Gesellschaft zu erlangen (Giesinger 2007, S. 3 f.). In Bezug auf Bildung werden hierunter zum einen »Chancen *zur* Bildung« – mit Perspektive auf den Input, also etwa den Zugang zu Bildungsangeboten –, zum anderen »Chancen *durch* Bildung« – mit Perspektive auf den Output, also den Kompetenzerwerb durch Bildung oder damit verbundene Karriere-/Aufstiegschancen – verstanden (Stojanov 2011, S. 33). *Gleiche* Chancen bestehen dann, wenn der Realisierung dieser Gelegenheiten keine strukturellen Hindernisse – etwa Diskriminierung, finanzielle Hürden oder Merkmale der familialen Sozialisation (ebd., S. 7 f.) – entgegenstehen. Zu eigen macht sich diese Perspektive insbesondere die aktuelle Bildungsberichterstattung, indem sie datenbasiert die anteilige Repräsentanz an Schulformen sowie die Unterschiede des Kompetenzerwerbs von Kindern unterschiedlicher Herkunftsgruppen miteinander vergleicht.

Wie Kapitel 1.2 gezeigt hat, ist das Ergebnis dieses Vergleichs eindeutig: Im deutschen Bildungssystem sind gleiche Chancen nicht gegeben, Bildungschancen sind in hohem Maße abhängig von der sozialen Herkunft. Gemeinhin wird dieser Befund als *ungerecht* bewertet. Als *gerecht* wird dementgegen ein Bildungssystem verstanden, in dem die Verteilung von Bildungsgütern – z. B. Noten, Übergangsempfehlungen – allein auf der Grundlage von Begabung und/oder Leistung – und eben nicht der sozialen Herkunft – erfolgt. Gerechtigkeit wird hier also im Sinne einer *Vertei-*

*lungs*gerechtigkeit (▶ Kap. 4.1) verstanden, wobei ein Bildungssystem dann als gerecht gilt, wenn Bildungschancen *gleich* verteilt sind, d. h. wenn die Lebensaussichten von Mitgliedern einer Gesellschaft in einer »gleichen Weise« gewährleistet sind (Böllert et al. 2018, S. 517).

Nachfolgend wird dieser Gedanke genauer betrachtet und in den Kontext von Gerechtigkeitstheorien gestellt. Denn während Fragen der (Un-)Gleichheit vornehmlich empirisch zu klären sind – eben über Vergleiche –, sind Fragen der Gerechtigkeit zunächst normativ zu beantworten. Dabei gibt es höchst unterschiedliche Auffassungen darüber, was als *gerecht* im Bildungssystem anzusehen ist, weshalb Dietrich et al. (2013, S. 12) Bildungsgerechtigkeit auch als »fuzzy concept« bezeichnen, ein Konzept, das mehrere Bedeutungen haben kann.[51] Gerechtigkeitstheorien geben also jeweils unterschiedliche Antworten auf die Frage, »was aufgrund welcher Maßstäbe wem zukommt und was in interpersonalen Vergleichen überhaupt als gerechtigkeitsrelevanter Statusunterschied in Frage kommt« (Böllert et al. 2018, S. 516 f.). Unterschieden werden dabei – neben der Verteilungsgerechtigkeit – Konzepte der Teilhabe- (▶ Kap. 4.2) und Anerkennungsgerechtigkeit (▶ Kap. 4.3).

4.1 Verteilungsgerechtigkeit

Wie bereits ausgeführt, dominiert im Konzept der *Verteilungsgerechtigkeit* die Auffassung, dass Gerechtigkeit dann gegeben ist, wenn Bildungschancen auf der Grundlage von Begabung und/oder Leistung – somit eben nicht beeinflusst von der sozialen Herkunft – verteilt werden. *Begabung* und *Leistung* bezeichnen jeweils Unterschiedliches, weshalb diese im Folgenden getrennt betrachtet werden.

---

51 In Bezug auf Bildungsgerechtigkeit bezieht sich die potenzielle Mehrdeutigkeit sowohl auf den Begriff der *Bildung* als auch den Begriff der *Gerechtigkeit*.

> **Begabung**
>
> In Bezug auf *Begabungen* lassen sich das »alltagssprachliche[ ] Verständnis angeborener Begabungen« (Meyer/Streim 2013, S. 113) – und damit eine die biologisch-genetischen Anlagen (über-)betonende Position – sowie der in der Pädagogik vertretene »dynamische« Begabungsbegriff unterscheiden (Weigand 2011, S. 50), der die im Sozialisationsprozess erfolgende produktive Verarbeitung von Anlagen und Umwelt berücksichtigt (Hurrelmann 1983; Bauer/Hurrelmann 2015). Ist im Kontext der Bildungsgerechtigkeit von Begabung die Rede, so geschieht dies verbunden mit dem Anspruch, jedem Kind die Chance zu geben, seine *individuellen* Begabungen zu entfalten (Meyer/Streim 2013, S. 121).

Diesem Verständnis nach adressieren pädagogische Maßnahmen *alle* Heranwachsenden: darunter bildungsbenachteiligte Kinder und Jugendliche, denen – u. a. aufgrund ihrer sozialen Herkunft – ein besonderer Förderbedarf zugeschrieben wird, ebenso wie Hochbegabte (Giesinger 2008, S. 272). Offen bleibt in dem Zusammenhang, ab welchem Zustand Begabungen als ›entfaltet‹ anzusehen sind. Mit Blick auf die handlungspraktische Relevanz dieser Perspektive finden sich entsprechend kritische Einlassungen in der Literatur: »Das Bildungssystem [wird, TG] zu einem Fass ohne Boden, da wohl immer noch mehr getan werden könnte, um individuellen Potenzialen zur Entfaltung zu verhelfen«, formuliert es Giesinger (2008, S. 272). Im Hinblick auf das formale, schulische Bildungsverständnis, wie es in Diskursen zur Bildungsgerechtigkeit häufig dominiert, bleibt unklar, *welche* Begabungen bis zu *welchem* Niveau schulisch relevant und förderungswürdig sind (ebd.). Im Kontext der Bildungsgerechtigkeit stellt sich zudem die Frage, *welche* Begabungsunterschiede als (un-)gerecht bewertet werden. Ist es z. B. (un-)gerecht, wenn Menschen eine besondere mathematische Begabung haben und ohne Vor- und Nachbereitung des Unterrichts Bestnoten erzielen, während andere trotz intensiven Aufwands scheitern? Wie verhält es sich in Bezug auf Menschen mit sogenannten Behinderungen, die weniger Chancen auf bzw. durch Bildung haben? Vermutlich fallen die Antworten auf beide

Fragen unterschiedlich aus und die Wenigsten werden sich politisch für eine Kompensation mathematischen Talents stark machen. Anders hingegen im zweiten Fall: Nicht zuletzt seit Deutschland 2009 die Konvention der Vereinten Nationen über die Rechte von Menschen mit Behinderungen (UN-Behindertenrechtskonvention) ratifiziert hat, erhält die Gewährleistung, dass Menschen mit Behinderungen einen gleichberechtigten Zugang zu qualitativ hochwertiger Bildung bekommen, und damit die Forderung einer inklusiven Bildung, endlich ein stärkeres Gewicht. Neben sozialen Ungleichheiten werden somit auch (sogenannte[52]) ›natürliche‹ Ungleichheiten in Diskursen der Bildungsgerechtigkeit berücksichtigt.

Diese gleichwertige Berücksichtigung von sozialen und (sogenannten) ›natürlichen‹ Ungleichheiten findet sich auch in der wissenschaftlich stark rezipierten Gerechtigkeitstheorie von John Rawls wieder: Für ihn sind jedwede Ungleichheiten »unverdient«, woraus er den Anspruch einer kompensatorischen Besserstellung von allen »Benachteiligten« ableitet, ganz gleich, worauf die Benachteiligung gründet (vgl. Rawls 1975, S. 121, 336, zit. nach Stojanov 2013, S. 59). Gerechtigkeit bemisst sich für ihn anhand der Verteilung von Grundgütern – darunter Rechte, Freiheiten und Ressourcen – und dient »der Gewährung und der Verwirklichung eines Maximums an Freiheit für alle Mitglieder einer Gesellschaft« (Stojanov 2011, S. 21).[53] Angesprochen wird damit ein weiterer Aspekt, der in den Überlegungen zur Verteilungsgerechtigkeit ausgeblendet wird: die individuelle Freiheit und Autonomie der Menschen, sich *für* oder *gegen* bestimmte Bildungswege zu entscheiden, ein Gedanke, der an späterer Stelle nochmals aufgegriffen wird (▶ Kap. 4.2).

Dominiert wird die aktuelle bildungspolitische Diskussion insbesondere von der Vorstellung, dass *Leistung* ein gerechtes Verteilungsprinzip von Bildungschancen sei.

---

52 Der Zusatz »sogenannt« soll verdeutlichen, dass Behinderungen immer auch sozial hergestellt werden.

53 Mit dem »Differenzprinzip« beschreibt Rawls, dass »die Gesellschaftsordnung nur dann günstigere Aussichten für Bevorzugte einrichten und sichern darf, wenn das den weniger Begünstigten zum Vorteil gereicht« (Rawls 1975, S. 96; siehe ausführlicher, insbesondere auch mit Blick auf eine Kritik aus Perspektive der Sozialen Arbeit, Böllert et al. 2018, S. 519 ff.).

> **Leistung**
>
> Nach der Logik der Meritokratie gelten Struktur und Ausmaß von Ungleichheit dann als legitim, wenn sie dem Leistungsprinzip folgen (Hadjar 2008; Mayer 1975). Demnach ist es in Ordnung bzw. nicht per se *ungerecht*, dass Menschen unterschiedliche Bildungsabschlüsse erreichen und/oder unterschiedliche Positionen innerhalb der Gesellschaft einnehmen: eben wenn sie diese durch Leistung erreicht bzw. erworben haben. Hinter dieser Auffassung steht das Narrativ, dass Bildungschancen erarbeitet und damit potenziell für alle erreichbar sind, getreu dem Motto: »Man kann alles schaffen, wenn man nur will.« Wird Bildung (allein) als Ergebnis von Leistung und Anstrengung interpretiert, bedeutet dies letztlich, dass Individuen für ihren Bildungserfolg selbst *verantwortlich* sind. Diese Argumentation birgt die Gefahr, dass *soziale* Ungleichheiten individualisiert und in der Folge verschleiert werden.

Auch aus der Perspektive der Bildungsforschung macht die Fokussierung auf *Leistung* einige kritische Anmerkungen notwendig. Zunächst ist darauf hinzuweisen, dass eine exakte Messung und der objektive Vergleich der Leistungen von Schüler*innen schlichtweg nicht realisierbar ist, da dies eine weder pädagogisch gewollte noch mögliche Form standardisierter und dekontextualisierter Leistungsmessung voraussetzen würde (Stojanov 2013, S. 61). Aus der Perspektive der Ungleichheitsforschung ist zu ergänzen, dass Leistungs*bewertungen* immer auch von Effekten der sozialen Herkunft beeinflusst werden: seitens der Lehrer*innen (Notengebung, Übergangsempfehlungen, ▶ Kap. 1.2.1), des Bildungssystems/der Institution Schule (Leistungsanforderungen und Bewertungsmaßstäbe, ▶ Kap. 1.1.2) und der Schüler*innen (Bildungshabitus, familiale Ressourcen, ▶ Kap. 1.1.2).

Das in der aktuellen bildungspolitischen Diskussion dominierende Ideal einer Verteilungsgerechtigkeit auf der Grundlage von Leistung wirft nicht zuletzt auch aus der Perspektive der Bildungstheorie Fragen auf: Zum einen vernachlässigt die Vorstellung von Bildung »als eine Summe von besitzbaren und verteilbaren Gütern« (Stojanov 2011, S. 32), dass Bildung ein ko-produktiver Prozess ist, an dem Individuen – etwa Schüler*innen, Lehrer*innen und Sozialarbeiter*innen – produktiv beteiligt sind. Zum anderen orientiert sich das Konzept an den Idealen der Leistungsgesellschaft und betrachtet Bildung reduziert auf die – von unterschiedlichen Herkunftsgruppen – realisierten Chancen *zur* Bildung und Chancen *durch* Bildung. Als Ziel von Bildung werden das Erreichen formaler Bildungsabschlüsse bzw. relational gleiche Anteile der Herkunftsgruppen an den unterschiedlichen Bildungsgängen und erworbenen Kompetenzen definiert. Ob dies den individuellen Vorstellungen und Wünschen der Individuen entspricht, bleibt dabei außen vor.

Politische Forderungen und Maßnahmen im Kontext der Verteilungsgerechtigkeit fokussieren insbesondere die Kompensation ungleicher *Voraussetzungen* für die Leistungserbringung (Mandry 2006, S. 4). Ausgerichtet sind diese auf eine aktive Beseitigung durch den Staat: durch Angebotsgleichheit (z. B. Beitragsfreiheit, regionale Versorgung, Zugänge) oder Kompensation (z. B. Förderangebote) (Hopf 2017, S. 26f.). Mit der Forderung von Angebotsgleichheit, insbesondere der Perspektive auf den Zugang zu bestehenden Bildungsangeboten, verknüpft sich in der Literatur die Kritik, dass

> »solche Konzeptionen [...] die vorgegebenen Strukturen des Bildungssystems und die Anforderungsprofile einzelner Bildungsgänge unbesehen [akzeptieren, TG], anstatt sie selbst als mögliche Ursache von Bildungsungerechtigkeit in Betracht zu ziehen« (Giesinger 2015, S. 6).

Die Maßnahmen zielen nicht auf eine Veränderung ungleichheitsstiftender Strukturen, sondern die Anpassung der Individuen an das Bildungssystem. Dabei bleiben im Hinblick auf kompensatorische Angebote Fragen offen. Zunächst: Wer nimmt entsprechende Angebote tatsächlich wahr? Unter der Bezeichnung des »Matthäus-Effekts« etwa wird in der Literatur beschrieben, dass Förderangebote häufiger von Personen genutzt werden, die diese eigentlich nicht benötigen. Auch hat sich gezeigt, dass diese Angebote bei Personen mit geringerem Förderbedarf i. d. R. mit einem höheren Zugewinn an Kompetenzen einhergehen (Stamm 2010, S. 516). Darüber hinaus stellt sich die Frage, was es bedeutet, Adressat*in ebensolcher Angebote zu sein. Zu bedenken sind hierbei insbesondere Stigmatisierungen der häufig als ›benachteiligt‹ bezeichneten und damit in bestimmten Kompetenzbereichen als ›defizitär‹ kategorisierten Zielgruppe.

Das Risiko möglicher Stigmatisierungen ist aus Perspektive der Verteilung von Bildungschancen auf der Grundlage von Leistung (bzw. was als solche definiert wird) in hohem Maße gegeben: Leistung obliegt eine zentrale Bedeutung in unserem Bildungssystem, dessen wesentliche Funktionen die Selektion und Allokation sind (▶ Kap. 2.2). Diese manifestiert sich nicht zuletzt in der Zuweisung auf unterschiedliche Schulformen auf der Grundlage diagnostizierter Leistungen, die in Deutschland relativ früh vorgenommen wird. U. a. Stojanov (2011, S. 25) betont, dass durch diese (frühe) Selektion »viele einer frühen und nicht selbstverschuldeten Erfahrung der Beschämung, der Entwürdigung und der Geringschätzung ausgesetzt [seien, TG]; eine Erfahrung, die sich [...] als Behinderung der Entwicklung ihrer Autonomiefähigkeit auswirken muss«. Bereits Bourdieu (2001, S. 21) hat herausgearbeitet, dass Abwertungen in Folge habitueller Passungsunterschiede häufig als individuelles Kompetenzdefizit interpretiert werden und das (schulische) Selbstbild prägen (▶ Kap. 1.1.2).

> Insgesamt zeigt sich, dass mit der Perspektive auf eine Verteilungsgerechtigkeit eine kritische Reflexion der ungleichheitsstiftenden Relevanz bestehender Strukturen des Bildungssystems vermieden wird, mehr noch, die Ideale der Leistungsgesellschaft werden reproduziert (Oelkers 2008, S. 34). Auch wird deutlich, dass mit der Engführung auf *formale* bzw. schulische Bildung Bildung als Prozess der Entwicklung von individueller Autonomie als »Voraussetzung für Subjektivität, für eine aktive und selbstbestimmte Lebensführung« (Stojanov 2013, S. 62), vernachlässigt wird (siehe hierzu bereits im Zusammenhang mit der Ganztagsbildung ▶ Kap. 2.1 und der Kinder- und Jugendarbeit ▶ Kap. 3.3).

Konzepte einer Teilhabe- und Anerkennungsgerechtigkeit, auf die im Folgenden eingegangen wird, haben die individuelle Befähigung zu Autonomie als Bezugspunkt.

4.2 Teilhabegerechtigkeit

Ist von *Teilhabegerechtigkeit* die Rede, dann geht es nicht um eine relationale Betrachtung von Menschen unterschiedlicher Herkunftsgruppen, sondern es wird ein Mindestmaß an Grundfähigkeiten des Individuums definiert, die als Voraussetzung für ein menschenwürdiges Leben gelten und gesellschaftliche Teilhabe ermöglichen. Eine solche Perspektive legen punktuell auch die Befunde der PISA-Studien[54] nahe (▶ Kap. 1.2.1): So verweist Giesinger (2007, S. 17) darauf, dass

> »benachteiligte Kinder als elementar erachtete Bildungsziele nicht erreichen. Sie können beispielsweise nicht richtig lesen und bleiben bezogen auf diese und andere Kompetenzen unterhalb einer Schwelle, welche ein gutes Leben in modernen Gesellschaften ermöglicht«.

Der im Folgenden beschriebene Capability-Ansatz argumentiert in der Logik einer solchen Teilhabegerechtigkeit. Er öffnet den Blick auf Kompetenzbereiche, die nicht ausschließlich mit konkreten Schulfächern verknüpft sind und legt somit ein erweitertes Bildungsverständnis zugrunde (▶ Kap. 2.1).

Capability Approach

Im Capability Approach (dt. Ansatz der Verwirklichungschancen) von Amartya Sen und Martha Nussbaum wird der Gedanke einer Teilhabegerechtigkeit aufgegriffen.[55] Ursprünglich wurde er als Konzept zur Definition und Messung von Well-Being (dt. Wohlergehen) entwickelt, die Vertreter*innen stellen diesen jedoch auch in den Kontext von Gerechtigkeitstheorien (Babic/Leßmann 2016, S. 197).

---

54 Wenngleich zu berücksichtigen ist, dass diese ein rein schulisches bzw. unterrichtliches Bildungsverständnis zugrunde legen und beispielsweise die Entwicklung von Autonomie nicht mitdenken.

55 Beide beziehen teilweise unterschiedliche Positionen (siehe hierzu u. a. Babic/Leßmann (2016); Röh [2013]). Die Argumentation des vorliegenden Kapitels schließt stärker an den Arbeiten Nussbaums an.

»Capabilities« werden definiert als substantielle *Freiheiten* von Individuen, sich für bestimmte Tätigkeiten (»doings«) und Seinsweisen (»beings«) zu entscheiden. Dabei werden Capabilities (dt. Verwirklichungschancen) von Functionings (dt. Funktionsweisen) unterschieden: Während Functionings »realisierte Zustände, Beziehungsformen und Handlungen« (Ziegler 2018, S. 139f.) bezeichnen – z.B. einen erreichten Bildungsabschluss –, benennen Capabilities »die realen Freiheiten der Subjekte, sich für – oder auch gegen – die Realisierung von unterschiedlichen Kombinationen solcher Funktionsweisen entscheiden zu können« (ebd.). Capabilities geben somit eine Antwort auf die Frage: »What is a person able to do or to be?« (Sedmak 2013, S. 19). Der Ansatz definiert folglich nicht allgemeingültig, was ein ›gutes‹ Leben – oder etwa, was eine ›erfolgreiche‹ Bildungsbiografie – ist, sondern berücksichtigt, dass Menschen hierzu *eigenständige* Ideen entwickeln. Zielperspektive des Ansatzes ist die des »autonomen Subjekts einer demokratischen Gesellschaft« (Mandry 2006, S. 5), das freie Entscheidungen trifft. Dennoch – das ist für das Verständnis wichtig – beschreibt der Capability Approach Freiheiten immer auch als »sozial kontextualisiert« (Otto/Schrödter 2011, S. 173) und verweist auf »eine immanente Verknüpfung von Befähigungen, Infrastrukturen und Berechtigungen« (Böllert et al. 2018, S. 521). Ob Verwirklichungs*chancen* tatsächlich realisiert werden, hängt demnach zum einen ab von den persönlichen Eigenschaften und Potenzialen einer Person (= »internal Capabilities«), zum anderen von den sozialen, politischen und ökonomischen Rahmenbedingungen, innerhalb derer Freiheiten realisiert oder eben nicht realisiert werden (können; = »instrumentelle Freiheiten«; Grundmann et al. 2013, S. 132).

Mit dem Capability Approach lassen sich Bildungsbiografien anhand des Zusammenspiels von Internal Capabilities – u.a. (Vor-)Bildung/Set an individuell verfügbaren Capabilities, Gesundheit, Alter – und gesellschaftlich bedingten/instrumentellen Freiheiten – z.B. Zugangsregelungen zu Bildung, regionale Infrastruktur – analysieren. Der Ansatz nimmt somit eine relationale Perspektive auf Fragen der Sozialen Ungleichheit ein, die gesellschaftliche Möglichkeiten sowie individuelle Bedürfnisse und Befähigungen zueinander in Beziehung setzen (Ziegler et al. 2012, S. 304f.). Ein rechtlich verbriefter ›freier Zugang‹ zum Bildungssystem stellt demnach keine hinreichende Bedingung von Gerechtigkeit dar – es gilt des Weiteren zu schauen, inwieweit diese Zugänge tatsächlich realisiert werden (können). Dies lässt sich gut anhand des folgenden Beispiels veranschaulichen, das zeigt, dass ähnliche Funktionsweisen auf unterschiedlichen Verwirklichungschancen gründen können: Erzielen zwei Jugendliche eine schlechte Note in Mathematik, sind deren Funktionsweisen identisch. Schaut man genauer hin, so zeigt sich möglicherweise, dass eine*r der beiden eine gut ausgestattete Schule besucht, von hochqualifizierten und motivierten Lehrenden unterrichtet wird, sich jedoch dafür entschieden hat, mehr Zeit mit Freund*innen als mit Hausaufgaben zu verbringen. Die andere Person verfügt ggf. über ein hohes Interesse an Mathematik, ist jedoch an einer Schule mit wenig unterstützender Kultur und hat eine*n Mathelehrer*in, die*der bereits seit einiger Zeit wegen Krankheit ausfällt. Auch zu Hause erlebt die betreffende Person wenig Unterstützung (etwa: »Mathematik ist nichts für Mädchen«) und ist stark in die Betreuung von Geschwistern eingebunden (Beispiel orientiert an Brighouse/Unterhalter 2008, S. 70). Trotz gleicher Funktionsweisen (hier: schlechte Note in Mathematik) zeigt der Blick auf die Capabilities große Unterschiede im Hinblick auf die Freiheit, die beide für die Verwirklichung ihrer Matheleistung haben. Menschen verfügen demnach – individuell und sozial – über ungleiche Verwirklichungschancen und haben unterschiedlichen Bedarf an unterstützenden Angeboten und Ressourcen (Röh 2013, S. 119). Beide Bereiche – individuelle Potenziale und Rahmenbedingungen – werden auf diese Weise zu Ansatzpunkten der Förderung von Bildungsgerechtigkeit.

(Bildungs-)Gerechtigkeit wird im Kontext des Capability Approach verstanden als »Befähigungsgleichheit bzw. als Gleichheit an Verwirklichungschancen« (Ziegler 2011, S. 157). Ausgehend von dieser Prämisse ist es als *ungerecht* zu bewerten, wenn Menschen grundlegende Capabilities nicht erreichen und/oder wenn Rahmenbedingungen die Realisierung von Capabilities beeinträchtigen (Sauerwein/Vieluf 2021, S. 112). Nussbaum formuliert vor diesem Hintergrund[56] als zentrale Aufgabe öffentlicher Institutionen,

> »jedem Bürger die materiellen, institutionellen und pädagogischen Bedingungen zur Verfügung zu stellen, die ihm einen Zugang zum guten menschlichen Leben eröffnen und ihn in die Lage versetzen, sich für ein gutes Leben und Handeln zu entscheiden« (Nussbaum 1999, S. 24, zit. nach Ziegler et al. 2012, S. 304).

Konkret geht es darum, Menschen dazu zu befähigen, Bildungsangebote »zu nutzen oder autonom zurückzuweisen« (Dietrich et al. 2013, S. 21 f.). Eine *autonome* Entscheidung wiederum setzt gleichermaßen die Entwicklung individueller Zielsetzungen voraus wie auch die Befähigung, diese zu erreichen (Grundmann et al. 2013, S. 132). Es geht zunächst also auch darum, »Befähigungen auszubilden, die überhaupt erst Bedürfnisse hervorbringen« (Sauerwein/Vieluf 2021, S. 107). Erst der Zugang zu einem Musikinstrument eröffnet beispielsweise die Freiheit (Capability) zu musizieren und ggf. den Wunsch, in einem Ensemble zu spielen (ebd.). Zu berücksichtigen ist in dem Zusammenhang ebenfalls, dass Abwertungen in Folge milieuspezifischer Zugangsweisen zu Bildung von den Betreffenden häufig als Kompetenzdefizit interpretiert werden (▶ Kap. 1.1.2). Daher setzt eine autonome Entscheidung die Reflexion einer möglichen Verinnerlichung marginalisierter Positionen voraus (Andresen et al. 2008, S. 172). Die Erhöhung der Verwirklichungschancen von Adressat*innen hängt demnach auch mit deren *Ermächtigung* zusammen (Böllert et al. 2018). Mit anderen Worten lässt sich formulieren: Bei der Erhöhung von Verwirklichungschancen geht es um (emanzipatorische) Bildung (▶ Kap. 2.1; ▶ Kap. 3.3).[57]

---

56 Sie nimmt dabei Bezug auf Aristoteles.
57 Ausgearbeitet wird dieser Bezug u. a. bei Andresen et al. (2008). Die Autor*innen verweisen in dem Zusammenhang zum einen auf die Orientierung an Werten wie Freiheit und Selbstschöpfung, die Capability Approach und (klassische) Bildungstheorien teilen, zum anderen sehen sie Anknüpfungspunkte an den Bildungsbegriff der Kritischen Theorie und heben in dem Zusammenhang das emanzipatorische Potenzial in Bezug auf soziale Macht- und Ungleichheitsstrukturen hervor (Andresen et al. 2008, S. 165, 167, 168). Weitere Einordnungen des Capability Approach sind dessen Rahmung als »educational approach to justice« (ebd., S. 187) oder auch als »demokratietheoretischen Ansatz« (Ziegler 2018, S. 142).

4.2 Teilhabegerechtigkeit

Der Capability Approach ist folglich eng mit Bildung verknüpft, wobei sich das Verhältnis als ein doppeltes beschreiben lässt: External Capabilities – also adäquate Rahmenbedingungen für Bildung – müssen offeriert werden und internal Capabilities werden durch Bildung ausgebaut (Sauerwein/Vieluf 2021, S. 112). Als zu fördernde internal Capabilities nennt Nussbaum in einer bewusst offen gehaltenen und auf unterschiedliche Kontexte anpassbaren Liste:

> »Die Ausbildung von spezifischen körperlichen Konstitutionen, sensorischen Fähigkeiten, Denkvermögen und grundlegenden Kulturtechniken, die Vermeidung von unnötigem Schmerz, die Gewährleistung von Gesundheit, Ernährung und Schutz, die Möglichkeit und Fähigkeit zur Geselligkeit bzw. zu Bindungen zu anderen Menschen, anderen Spezies und zur Natur, zu Genuss, zu sexueller Befriedigung, zu Mobilität und schließlich zu praktischer Vernunft und zur Ausbildung von Autonomie und Subjektivität« (Ziegler et al. 2012, S. 305 f.).

Die hier aufgeführten Capabilities versteht sie als Mindestmaß, das grundlegend für die Verfolgung und Verwirklichung eines guten Lebens ist. Aus ihnen leitet sich folglich ab, was Gegenstand von Wohlfahrtspolitik und Bildung sein *sollte*. Mit Bezug auf das Thema der Bildungsgerechtigkeit ist es an der Stelle wichtig, auf die Erweiterung der Liste durch Elizabeth Anderson (2000) hinzuweisen. Diese ergänzt zwei Aspekte, die an das oben angesprochene emanzipatorische Potenzial des Capability Approaches anknüpfen und die Menschen dazu befähigen, ihre marginalisierte gesellschaftliche Position zu verändern: Zum einen die Fähigkeit zu sinnstiftender Arbeit und der damit verbundenen Option, die materiellen Bedingungen der eigenen Existenz zu beeinflussen, zum anderen die Ermöglichung demokratischer Teilhabe. Die Überlegungen lassen sich an der Stelle mit der Perspektive Nancy Frasers verknüpfen (siehe ähnlich Böllert et al. 2018, S. 523; ausführlicher zu diesem Ansatz ▶ Kap. 4.3).

Der Capability Approach erweist sich als gerechtigkeitstheoretische Grundlage in besonderer Weise als anschlussfähig für die Soziale Arbeit sowie Angebote und Maßnahmen im Kontext der Förderung von Bildungsgerechtigkeit. Beide – Ansatz und Profession – orientieren sich an der Ermöglichung von Autonomie und für beide gilt: »Ein gutes Leben ist ein Leben auf der Basis von Freiheiten, aus Verwirklichungschancen auszuwählen« (Sedmak 2013, S. 19).

Anders als im Konzept der Verteilungsgerechtigkeit fokussiert der Ansatz nicht die realisierten Tätigkeiten und Seinsweisen (Functionings) – etwa erreichte Bildungsabschlüsse –, sondern die *Verwirklichungschancen* (Capabilities). Die analytische Unterscheidung von internal und external Capabilities verhindert an der Stelle eine enggeführte, individualisierende Perspektive auf Fragen sozial ungleicher Bildungschancen. Darüber hinaus birgt der Ansatz das Potenzial, nachzuvollziehen,

> »wie die spezifischen soziokulturellen Wahrnehmungs- und Deutungspotenziale der Individuen im sozialen Nahraum konkreter Interaktionserfahrungen entstehen und unter welchen ›Bedingungen‹ sie in reale Verwirklichungschancen ›konvertiert‹ werden können« (Grundmann et al. 2013, S. 125).

Für die Soziale Arbeit leiten sich hieraus wichtige Impulse ab, wenn sie zur Erhöhung der Verwirklichungschancen ihrer Adressat*innen beitragen will. Dabei geraten insbesondere die »Unzulänglichkeiten einer Gesellschaft« (Vahsen 2013, S. 102) in den Blick, darunter die ausgrenzenden und benachteiligenden Strukturen des Bildungssystems. Aus dem Ansatz lassen sich entsprechend Impulse für eine gerechtigkeitsorientierte Weiterentwicklung desselbigen ableiten: Darunter eine klare Ausrichtung auf die Förderung eines Mindestniveaus an Capabilities für alle Gesellschaftsmitglieder, die u. a. ein Überdenken der zeitlichen Struktur des Bildungssystems – Organisation nach Schuljahren, Definition einer verpflichtenden Anzahl an Mindestschuljahren – zugunsten einer qualitativen Orientierung an den ausgebildeten Capabilities nahelegt (Sauerwein/Vieluf 2021, S. 112).

> Anders als bei dem Verständnis einer Verteilungsgerechtigkeit in Bezug auf Bildungschancen fokussiert das Verständnis von Teilhabegerechtigkeit nicht ausschließlich auf den Bereich formaler Bildung und den (hoch-)schulischen Leistungswettbewerb um Noten und Abschlüsse, sondern berücksichtigt den gesamten Lebensverlauf einer Person (Hopf 2017, S. 28) sowie (ergänzend) die Bereiche non-formaler und informeller Bildung. Als klare Zielperspektive formuliert der Ansatz die Ermöglichung von Autonomie und gesellschaftlicher Teilhabe durch Emanzipation und Veränderung benachteiligender Strukturen.

Wie oben angesprochen, zeichnet der Capability Approach sowohl die Entwicklung individueller Ziele als auch die Realisierung von Verwirklichungschancen nach. Wichtig ist in dem Zusammenhang u. a. die Reflektion verwehrter Anerkennung in Bezug auf milieuspezifische Zugangsweisen zu Bildung. Dieser Aspekt wird insbesondere im Konzept der Anerkennungsgerechtigkeit beleuchtet, das nachfolgend skizziert wird.

4.3 Anerkennungsgerechtigkeit (und Teilhabegerechtigkeit)

Geprägt wurde das Verständnis von Bildungsgerechtigkeit im Sinne einer *Anerkennungsgerechtigkeit* insbesondere durch Krassimir Stojanov (2011; 2013), der sich in seinen Überlegungen maßgeblich auf die Arbeiten Axel Honneths stützt. Neben der Anerkennungstheorie von Honneth sollen im Folgenden auch die einschlägigen Arbeiten von Nancy Fraser skizziert und deren Potenzial zur Analyse und Förderung von Bildungsgerechtigkeit aufgezeigt werden. Zunächst wird auf die jeweiligen Perspektiven auf Anerkennung eingegangen, denn wenngleich beide die kritische Theorie als gemeinsamen Ausgangspunkt haben (Heite 2018, S. 68), unterscheiden sie sich doch grundlegend.

Honneth nimmt eine psychologische Perspektive auf Anerkennung ein und versteht sie als Voraussetzung für die Entwicklung von individueller Autonomie und Selbstverwirklichung (Stojanov 2011, S. 41). Das bedeutet im Umkehrschluss, dass mangende Anerkennung zu »beeinträchtigte[r] Subjektivität und beschädigte[r] Selbstidentität« führt (Fraser 2017, S. 44). Wichtig ist die Erfahrung von Anerkennung Honneths Theorie zufolge auf drei Ebenen:

- Liebe/Fürsorge, als Anerkennung in sozialen Beziehungen, die emotionale, körperliche und sexuelle Bedürfnisse abdeckt (Anerkennungsform = Empathie),

4 Bildungsgerechtigkeit statt Chancengleichheit

- soziale Wertschätzung/Solidarität, im Sinne von Anerkennung in Bezug auf Beiträge zum Gemeinwohl (Anerkennungsform = soziale Wertschätzung) und
- Recht, in Form der Anerkennung als Rechtsperson mit gleichen und einklagbaren Ansprüchen (Anerkennungsform = Respekt) (Heite 2018, S. 68).

Ausgehend von diesen Überlegungen analysiert Stojanov (2011; 2013), inwieweit pädagogische Beziehungen im Bildungssystem bildungs- bzw. autonomiefördernd sind und damit den Grundstein für eine aktive und selbstbestimmte Lebensführung legen (Stojanov 2013, S. 62).[58] Die Förderung von Autonomie wird somit zum Maßstab von Bildungsgerechtigkeit (Stojanov 2011, S. 44).[59] Wie gerecht das Bildungssystem ist, analysiert er konkret mit Blick auf die o. g. Anerkennungsformen, indem er z. B. fragt, ob Bedürfnisse von Kindern und Jugendlichen durch Bezugspersonen nachvollzogen und anerkannt werden (Empathie), ob spezifische Fähigkeiten, Potenziale und deren gesellschaftliche Bedeutung anerkannt werden (soziale Wertschätzung) und ob Autonomie und formale Gleichstellung aller Schüler*innen anerkannt werden (Respekt) (vgl. Stojanov 2013, S. 63f.). Seine Analyse mündet in der Einschätzung, dass die Förderung von Autonomie im Bildungssystem vernachlässigt wird. In dem Zusammenhang verweist Stojanov (2011, S. 24) insbesondere auf emotionale Vernachlässigung, Geringschätzung der Fähigkeitspotenziale Einzelner und Missachtung von Subjektivität. Als Beispiel kann in dem Zusammenhang (erneut, s. o.) auf die (frühe) Selektion nach Leistung im deutschen Bildungssystem verwiesen werden, die – unterschiedliche Zugangsvoraussetzungen ausblendend und habituell unterschiedliche Zu-

---

58 Mit dem Konzept der Autonomie wird ein zentraler Bezugspunkt von Bildungstheorien angesprochen (▶ Kap. 2.1; ▶ Kap. 3.3) und – ähnlich wie der Capability Approach (▶ Kap. 4.2) – lässt sich auch die Anerkennungstheorie als Bildungsansatz interpretieren, wobei durch die Anerkennungsformen Empathie, Respekt und soziale Wertschätzung Selbst- und Weltbild geprägt werden (Stojanov 2011, S. 41).
59 An der Stelle verweist Stojanov (2011, S. 23) auf die Gerechtigkeitstheorie von Amartya Sen und Martha Nussbaum, wonach es um die Entwicklung von Befähigungen (Capabilities) zu individueller Autonomie geht.

4.3 Anerkennungsgerechtigkeit (und Teilhabegerechtigkeit)

gangsweisen zu Bildung abwertend – individuell als Beschämung erlebt werden kann. Diese Form mangelnder Anerkennung beschädigt in der Folge das Selbstwertgefühl von Kindern und Jugendlichen und beeinträchtigt deren Autonomieentwicklung, so Stojanov. Auch – gut gemeinte – Förderangebote sieht dieser mit Blick auf eine mögliche Stigmatisierung kritisch. Insgesamt sei es wichtig, junge Menschen »vorgreifend« als »subjektautonome Person« anzuerkennen und sie nicht als »determiniert durch Gene oder soziale Umstände zu betrachten« (Stojanov 2013, S. 67). In seinen Arbeiten plädiert Stojanov (2011, S. 17) für eine strukturelle Veränderung von Bildungsinstitutionen. Er formuliert die Förderung der Autonomie von Kindern und Jugendlichen als übergreifendes Ziel und fordert, die pädagogischen Beziehungen so weiterzuentwickeln, dass sie den hierfür notwendigen Rahmen bilden. Mit Blick auf die Strukturen des Bildungssystems spricht sich Stojanov (2013, S. 67 f.) vornehmlich gegen eine (frühe) Selektion nach konstruierten Begabungs- und Leistungs-(Fähigkeits-)Klassen aus und votiert für eine Priorisierung der individuellen Förderung im Vergleich zur Allokation. Er regt darüber hinaus an, stärker eine Entwicklung statt einer Abkopplung von – institutionell abgewerteten – milieuspezifischen Fähigkeiten und Fertigkeiten zu fördern und somit eine höhere Anschlussfähigkeit an die familiale Sozialisation herzustellen (Stojanov 2011, S. 43). An der Stelle lassen sich Bezüge zu den Prinzipien der Inklusion, Lebenswelt- und Ressourcenorientierung feststellen, die diese Aspekte in der sozialarbeiterischen Praxis aufgreifen (▶ Kap. 3.4).

Vernachlässigt wird in den Überlegungen Stojanovs, dass die hier vorgeschlagene Anerkennung von Differenz marginalisierende und normalisierende Effekte haben kann (Balzer 2019, S. 4), indem wertende Zuschreibungen – z. B. »eher praktisch veranlagt« oder »nicht interessiert an Literatur« – festgeschrieben werden und in der Folge individuelle Entwicklungs-/Entfaltungsmöglichkeiten einschränken können. Aufgegriffen wird dieser Gedanke in den Arbeiten Nancy Frasers.

> **Statusmodell der Anerkennung**
>
> Fraser führt ein alternatives Konzept der Anerkennung ein, das sogenannte *Statusmodell der Anerkennung*. Dieses betrachtet verwehrte Anerkennung nicht auf der psychologischen Ebene im Sinne *subjektiver* Beschädigungen, sondern als *strukturell* ungleiche Möglichkeiten der Handlungs- und Lebensgestaltung (Heite 2018, S. 69) und damit in Bezug auf den *sozialen* Status von Menschen. Maßstab für Gerechtigkeit ist eine »partizipatorische Parität« (= gleichberechtigte Teilhabe): »Nach diesem Prinzip erfordert Gerechtigkeit soziale Regelungen, die es allen (erwachsenen) Mitgliedern der Gesellschaft erlauben, als Gleiche miteinander umzugehen« (Fraser 2002, S. 4).

Neben der Anerkennung von Differenz und Identität (z. B. in Bezug auf soziale Herkunft, Geschlecht, ethnische Zugehörigkeit, Religion, Sexualität) ist Gerechtigkeit nach Fraser schließlich auch eine Frage der (Um-)Verteilung ökonomischer Ressourcen[60] und der politischen Repräsentanz in Diskursen. Voraussetzungen einer gleichberechtigten Teilhabe sind als

a. *objektive Bedingung* eine Verteilung von materiellen Gütern, die allen Gesellschaftsmitgliedern Unabhängigkeit und Mitbestimmung (»Voice«) sichert sowie als
b. *intersubjektive Bedingung* institutionalisierte kulturelle Wertmuster, die alle Mitglieder der Gesellschaft gleichermaßen respektieren und ihnen die Möglichkeiten geben, soziale Wertschätzung zu erfahren (Fraser 2002, S. 5).

---

60 Während Honneth Umverteilung aus Anerkennung ableitet, behandelt Fraser beide als »gleichursprünglich« (Fraser/Honneth 2017, S. 9). Fraser konstatiert, dass aktuell »Klassenkämpfe« von »Kulturkämpfen« abgelöst wurden. Sie betont jedoch die Verflechtung von mangelnder Anerkennung und ökonomischer Benachteiligung und konstatiert, »nur wenn Status und Klasse gemeinsam betrachtet werden, sind, wie man zusammenfassend sagen könnte, die politischen Trennungen unserer Gegenwart zu überwinden« (Fraser 2017, S. 96 f.).

4.3 Anerkennungsgerechtigkeit (und Teilhabegerechtigkeit)

Da Ansprüche auf Anerkennung »dialogisch [...] nämlich in einem demokratisch verfahrenden öffentlichen Diskussionsforum« (Fraser 2017, S. 64) auszuhandeln sind, ergänzt sie als

c. *politische Bedingung* die dialogische und diskursive Anwendung der Norm partizipatorischer Parität unter Abwägung konkurrierender Interpretationen und damit die Möglichkeit der Repräsentation und Beteiligung an demokratischen Entscheidungsprozessen (Gomolla 2010, S. 206).

Gerechtigkeit umfasst folglich drei Dimensionen – Ökonomie, Kultur und Politik –, auf denen etwaige »Hindernisse« einer gleichberechtigten Teilhabe durch Umverteilung, Anerkennung und Repräsentation zu beseitigen sind (Schönwiese/Plangger 2013, S. 59 f.). In Bezug auf Bildungsgerechtigkeit sind also Ziele: Veränderungen der sozioökonomischen Bedingungen des Aufwachsens (Umverteilung), der institutionellen Geltung mittelschichtorientierter(er) Praxen durch Aufwertung oder Dekonstruktion derselben (Anerkennung) sowie die Beteiligung an politischen Aushandlungsprozessen über die zukünftige Gestaltung des Bildungssystems bzw. des konkreten Lernorts (Repräsentation) (Fraser 2017, S. 101). – Als Randnotiz sei an der Stelle vermerkt, dass Fraser somit Verteilungs-, Anerkennungs- und Teilhabegerechtigkeit zusammen denkt, was eine Verortung und klare Benennung ihres Ansatzes entlang der Kapitelstruktur erschwert; ausgehend von der Zielvorstellung einer partizipatorischen Parität lässt sich ihre Perspektive jedoch unter Teilhabegerechtigkeit subsumieren.

Affirmative vs. transformative Förderstrategien

Fraser unterscheidet Strategien zur Förderung einer gleichberechtigten Teilhabe danach, ob diese *affirmativ* sind, also auf die Wirkungen von Benachteiligung fokussieren, oder *transformativ*, und damit an den ursächlichen sozialen Strukturen ansetzen: »Während die Affirmation es

> auf Endresultate absieht, packt die Transformation die Wurzeln des Übels an« (ebd., S. 102).

Wie können diese Strategien konkret im Kontext der Bildungsgerechtigkeit aussehen? Auf der Ebene der *Umverteilung* lassen sich affirmative Strategien u. a. am Beispiel der Kompensation von Einkommensunterschieden in Form von Bildungsgutscheinen für Kinder aus benachteiligten Familien veranschaulichen. Diese können im Einzelfall und für den Zeitraum des Angebots positive Effekte in Bezug auf die Inanspruchnahme von Bildungs- und Freizeitangeboten erreichen, zielen jedoch – anders als transformative Strategien – nicht auf eine grundlegende Veränderung der gesellschaftlichen Einkommens- bzw. Vermögensstruktur. Greift man auch in diesem Zusammenhang die Idee einer »Verteilung« von Bildungschancen auf, so lassen sich als Beispiel ebenfalls Modi der (Um-)Verteilung von Schüler*innen auf unterschiedliche Schulformen nennen, wobei transformative Strategien z. B. die Realisierung integrativer Schulstrukturen durch das Modell der Gesamtschule vorsehen können.

Auf der Ebene der *Anerkennung* denkbare affirmative Strategien bestehen in der Aufwertung von Gruppenidentitäten – z. B. von Herkunfts- oder ethnischen Gruppen – im Sinne von ›Vielfalt‹, während transformative Strategien eine Dekonstruktion von Gruppen- und Statusdifferenzierungen – etwa in sozial benachteiligte und/oder Schüler*innen mit Migrationshintergrund – beabsichtigen, wie es bei Angeboten politischer Bildungsarbeit der Fall ist. Für die Transformation ist hierbei entscheidend, dass auch die institutionellen Ursachen von Diskriminierung im Kontext Schule in den Blick genommen werden, darunter rechtliche und politische Regelungen, Organisationsstrukturen sowie pädagogische Konzepte und Routinen (Gomolla 2010, S. 202 ff.). Dies erfordert nicht zuletzt auch eine Reflexion der eigenen gesellschaftlichen Positionierung von Lehrenden und Sozialarbeitenden (Schönwiese/Plangger 2013, S. 66) – ein zentraler Gedanke, der in Kapitel 5.2 aufgegriffen wird (▶ Kap. 5.2).

In Bezug auf die Ebene der *Repräsentation* zielen affirmative Strategien auf die Erweiterung der Grenzen politischer Räume – z. B. indem punktuell Vertreter*innen marginalisierter Gruppen adressiert und in Entscheidungen einbezogen werden –, jedoch werden Zuständigkeiten, Ver-

4.3 Anerkennungsgerechtigkeit (und Teilhabegerechtigkeit)

handlungsräume und Machtverhältnisse nicht grundsätzlich in Frage gestellt; das wiederum wäre Kennzeichen transformativer Strategien (Gomolla 2010, S. 224). Ein Beispiel stellt in diesem Zusammenhang die dauerhafte Verankerung paritätisch besetzter Gremien dar oder ein gemeinsamer und kontinuierlicher Prozess der Entwicklung des konkreten Lernortes. Auf diesen Aspekt kommt Kapitel 5.3 zurück (▶ Kap. 5.3).

In Bezug auf *affirmative Strategien* sind – neben der Kurzfristigkeit der Effekte – weitere negative Folgen denkbar: Bei Umverteilung drohen Stigmatisierungen und in der Folge weitere Einbußen auf der Dimension der Anerkennung, im Bereich der Anerkennung von Differenz etwa eine »Verdinglichung« im Sinne einer Reduktion von Gruppenidentitäten auf der Grundlage eines Merkmals (Fraser 2017, S. 106). Beispielsweise prägen Sprachförderangebote – die im Einzelfall positive Effekte haben mögen – insgesamt einen defizitorientierten Blick auf Kinder – etwa qua zugeschriebener sozialer Herkunft oder Migrationshintergrund –, der Grenzziehungen mitunter verstärkt und damit verbundene Stigmatisierungen und Ausschluss tendenziell befördert (Gomolla 2010, S. 210).

Wenngleich *transformatorische Strategien* diesbezüglich Vorteile haben, erweist sich deren Umsetzung vielfach jedoch als schwierig. Zum einen, weil häufig »schnelle« Lösungen bevorzugt werden, zum anderen, weil diese voraussetzen, dass eine grundlegende Veränderung von Strukturen mehrheitlich *gewollt* ist (Fraser 2017, S. 108). In dem Zusammenhang zeigen u. a. (Eltern-)Proteste gegen die gemeinsame Beschulung aller Kinder bis zur sechsten Klasse die Herausforderungen des Austarierens milieuspezifischer Interessen auf.[61] Fraser selbst schlägt daher den Mittelweg der »nichtreformistischen Reform« vor. Dieser berücksichtigt, dass die klare Unterscheidung zwischen Affirmation und Transformation häufig schwierig ist und auch affirmative Strategien *transformatorische* Wirkungen entfalten können (ebd., S. 110). Als Beispiel führt sie den Feminismus an, der zunächst die Aufwertung von vermeintlich »weiblichen« Eigenschaften intendierte, um perspektivisch die Dichotomie der Geschlechter zu

---

61 Beispielsweise ist 2010 ein Volksentscheid in dieser Frage in Hamburg gescheitert, siehe hierzu: https://www.spiegel.de/lebenundlernen/schule/volksentscheid-hamburger-schmettern-schulreform-ab-a-707179.html, Zugriff am 28.07.2022.

destabilisieren (ebd., S. 111). Sie schlägt zwei Modi vor, die die Integration von Strategien gegen ökonomische Benachteiligung und gegen mangelnde Anerkennung erleichtern, darunter zum einen die *diagonale Handhabe*, also die Förderung von Anerkennung durch Umverteilung, oder die Förderung von Umverteilung durch Anerkennung (ebd., S. 115 ff.). Beispielhaft kann – für die Förderung von Anerkennung durch Umverteilung – auf Modelle der Qualitätssteuerung im Bildungssystem verwiesen werden, die Aspekte von Heterogenität und Gleichstellung berücksichtigen und dem System insgesamt zugutekommen. Stoßrichtung der Maßnahme ist somit zunächst die Umverteilung, wobei zugleich Spielräume für Strukturreformen eröffnet und eine Verbesserung der Anerkennung marginalisierter Gruppen initiiert wird (Gomolla 2010, S. 212). Die Förderung von Umverteilung durch Anerkennung lässt sich anhand von Lerngruppen veranschaulichen, in denen Schüler*innen ihre jeweiligen Stärken einbringen können. Ziel ist es, »institutionalisierte Normalitätskriterien aufzubrechen, die in den Strukturen der Schul- und Unterrichtsorganisation, den Beurteilungsverfahren und den Curricula angelegt sind« (ebd., S. 213). Dadurch lassen sich Disparitäten beseitigen, da in Folge der Abschaffung selektiver Schulstrukturen positive Effekte auf Bildungschancen zu erwarten sind, auch wird Diskriminierung – u. a. aufgrund der sozioökonomischen Herkunft oder des Wohnorts – entgegengewirkt (ebd., S. 211).

Als weiterer Modus wird die *Grenzstrategie* genannt. Gegenstand ist hier die Differenzierung oder Entdifferenzierung gesellschaftlicher Gruppen und damit die Einflussnahme auf die Konstruktion von Gruppengrenzen (Fraser 2017, S. 117). Vermieden werden somit Risiken, die mit einer Fokussierung auf interpersonale Anerkennung in (pädagogischen) Beziehungen einhergehen, wie sie Honneth vertritt: Der Ansatz verzichtet darauf, »abzuschaffende Ungleichheit in anerkennenswerte Differenz« umzudefinieren. Ziel ist der »Abbau von Benachteiligungen […], ohne mit einer Orientierung am Paradigma anerkennenswerter ›Identität‹ strukturelle und ökonomische Einschränkungen von Lebenschancen zu kulturalisieren« (Heite 2018, S. 69 f.).

> Aus der Perspektive der Sozialen Arbeit erweist sich der Zugang zum Phänomen der Bildungsbenachteiligung über die gerechtigkeitstheo-

4.3 Anerkennungsgerechtigkeit (und Teilhabegerechtigkeit)

> retischen Überlegungen Frasers als anschlussfähig, da diese sowohl die Ebene der Individuen als auch die der Strukturen berücksichtigen und als Ziele gleichermaßen die (Wieder-)Herstellung von Autonomie und Handlungsfähigkeit sowie die Veränderung ausgrenzender Strukturen avisieren (ebd., S. 72).

Das dreidimensionale Gerechtigkeitsmodell, das objektive Bedingungen (ökonomische Verteilung), intersubjektive Bedingungen (kulturelle Anerkennung) und politische Bedingungen (politische Repräsentanz) berücksichtigt, zeigt konkret Ansatzpunkte für Maßnahmen zur Förderung von Bildungsgerechtigkeit auf. Geplante und bereits initiierte Strategien lassen sich dahingehend reflektieren, inwieweit sie affirmativ oder transformativ sind; aufgegriffen wird damit ein Aspekt der bereits an unterschiedlichen Stellen angesprochen wurde: die mögliche Stigmatisierung und Reproduktion sozialer Ungleichheiten durch direkte Adressierung. Der vorgeschlagene Mittelweg »nichtreformistischer Reformen« lässt sich als Schablone für Maßnahmen mit entsprechendem Veränderungspotenzial nutzen.

Über die Gemeinsamkeiten und Unterschiede zum Capability Approach hat Fraser selbst eine akademische Diskussion mit Denise Robeyns geführt. Nach Auffassung letzterer beinhaltet der Capability Approach partizipatorische Parität und ist darüber hinaus umfassender für die Analyse unterschiedlichster Probleme geeignet (Robeyns 2003, S. 20). Fraser stimmt insoweit zu, als ihr Ansatz zur »family of capability theory« (Fraser 2011, S. 307) zähle, da die sozialen Gegebenheiten nach den Möglichkeiten (Capabilities) der Menschen beurteilt werden, an der Gesellschaft als Gleichberechtigte teilzunehmen (Fraser 2007, S. 319). Das Spezifikum der partizipatorischen Parität sieht sie jedoch einerseits in einer vergleichenden Perspektive auf Teilhabemöglichkeiten, andererseits in der Perspektive auf Interaktionen und somit Sozialität und Intersubjektivität statt einer individuellen Perspektive auf Capabilities. Zudem verweist sie darauf, dass ihr Ansatz die inhaltliche Ausrichtung des Capability Approach mit der demokratischen Verfahrensweise der Diskursethik verbinde, da Capabilities nicht durch eine »Liste«, sondern durch dialogische Aushandlungsprozesse zustande kommen sollten (ebd.). Dies gilt umso mehr, als Fraser (1994) eine »Politik der Bedürfnisinterpretation« feststellt, nach der sozialpolitisch häufig Identitäten und Bedürfnisse *vorgegeben* werden, es sich demnach also um »interpretierte Identitäten und Bedürfnisse« handelt, die häufig gesellschaftliche Machtverhältnisse stützen und die Perspektiven der Betreffenden vernachlässigen (ebd., S. 237). Rudel (2012, S. 43) schließlich bilanziert, dass der Capability Approach vornehmlich zur »Bewertung von Gesellschaften und sozialen Institutionen gedacht« sei; insbesondere »für die tatsächliche Umsetzung einer gerechten Gesellschaft« hält sie den Ansatz von Fraser für brauchbarer.

4.4 Zusammenfassung

Das Kapitel widmet sich unterschiedlichen Zugängen zum Konzept der Bildungsgerechtigkeit und leitet daraus Prämissen für pädagogische und politische Interventionen ab. Das Konzept der *Verteilungsgerechtigkeit* bestimmt »Gerechtigkeit« vornehmlich empirisch, also durch den Vergleich der Bildungsbeteiligung unterschiedlicher sozialer Gruppen. Die Verteilung von Chancen *zur* und Chancen *durch* Bildung gilt dann als gerecht, wenn diese paritätisch ist. Faktisch wird diese Perspektive jedoch mit Blick auf die als ›gerecht‹ deklarierten Verteilungsprinzipien Begabung und Leistung aufgeweicht. Das Leistungsprinzip und damit die (Über-)Betonung der Gestaltungsmöglichkeit jeder*jedes Einzelnen birgt die Gefahr, dass *soziale* Ungleichheiten individualisiert und in der Folge verschleiert werden. Bildung wird in dem Zusammenhang nicht als ko-produktiver Prozess verstanden, der sowohl von strukturellen Bedingungen als auch Erfahrungen in pädagogischen Beziehungen beeinflusst wird. Kennzeichnend für das Bildungsverständnis ist in diesem Zusammenhang außerdem, dass Bildung als formale bzw. schulische Bildung verstanden wird, die sich in Noten und Zertifikaten ausdrückt; Fragen der Autonomie und selbstbestimmten Lebensführung werden hierbei vernachlässigt. Politische und pädagogische Maßnahmen, die sich aus dem Konzept der Verteilungsgerechtigkeit ableiten, zielen vornehmlich auf die Herstellung von Ange-

4.4 Zusammenfassung

botsgleichheit und kompensatorische Förderangebote, die die ausgrenzenden Strukturen des Bildungssystems weitgehend unangetastet lassen.

Das Verständnis von Bildungsgerechtigkeit im Sinne einer *Teilhabegerechtigkeit* wurde anhand des Capability Approach skizziert. Der Ansatz definiert ein Mindestmaß an Grundfähigkeiten, die vorhanden sein müssen, damit Menschen ihre eigenen Ideen vom guten Leben entwickeln und verwirklichen können. Bilden Menschen diese grundlegenden Capabilities (Freiheiten) nicht aus oder werden sie durch Rahmenbedingungen in ihrer Realisierung begrenzt, gilt das als ungerecht. Aufgabe der Bildungsinstitutionen ist es, Bedingungen herzustellen, um Autonomie und Teilhabe zu ermöglichen. Das hier formulierte Bildungsverständnis geht somit über schulische bzw. formale Bildung hinaus. Indem der Ansatz gesellschaftliche Möglichkeiten und individuelle Bedürfnisse und Befähigungen zueinander in Beziehung setzt, lassen sich die ausgrenzenden Strukturen des Bildungssystems differenziert analysieren und Entwicklungsbedarfe identifizieren.

In Bezug auf die *Anerkennungsgerechtigkeit* wurde auf unterschiedliche Ansätze rekurriert. Zunächst auf die Arbeiten von Axel Honneth, die insbesondere von Krassimir Stojanov auf den Bereich der Bildungsgerechtigkeit übertragen wurden. Beide nehmen eine psychologische Perspektive ein und verstehen Anerkennung – in Form von Empathie, sozialer Wertschätzung und Respekt – als Voraussetzung für die Entwicklung von individueller Autonomie und Selbstverwirklichung. Auch das Bildungssystem analysiert Stojanov dahingehend, ob Anerkennung (mehrheitlich) in pädagogischen Beziehungen erfahren wird. An seine ernüchternde Bilanz schließt er konkrete Vorschläge für die Weiterentwicklung des Bildungssystems und die Qualität pädagogischer Beziehungen an. In Abgrenzung zum Konzept der Verteilungsgerechtigkeit hebt er hervor, dass Kinder und Jugendliche noch nicht in dem Sinne autonom seien, als dass sie selbstbestimmt auf ihre Bildungsbiografie Einfluss nehmen könnten, und unterstreicht die Verantwortung des Bildungssystems, Heranwachsende auf dem Weg dahin zu begleiten.

Ergänzend wurde im Kontext der anerkennungstheoretischen Überlegungen auf die Arbeiten von Nancy Fraser Bezug genommen. In ihrem Statusmodell der Anerkennung wird mangelnde Anerkennung nicht als Beeinträchtigung der subjektiven Autonomieentwicklung betrachtet, sondern als Beschränkung gesellschaftlicher Teilhabe in Folge des sozialen Status. Gerechtigkeit umfasst die Dimensionen Ökonomie, Kultur und Politik, auf denen etwaige ›Hindernisse‹ einer gleichberechtigten Teilhabe durch Umverteilung, Anerkennung und Repräsentation zu beseitigen sind. Die Strategien, die hierbei zur Anwendung kommen können, unterscheidet Fraser in *affirmative* – die auf Wirkungen von Benachteiligung reagieren – und *transformative* – die eine Veränderung der ursächlichen sozialen Strukturen intendieren. Da grundlegende Veränderungen häufig schwer zu realisieren sind, zeigt sie zudem die Option eines Mittelwegs in Form einer »nichtreformistischen Reform« auf. Vor diesem Hintergrund lassen sich konkrete pädagogische und politische Maßnahmen ableiten, die eine Veränderung der ungleichheitsstiftenden Strukturen des Bildungssystems zum Ziel haben.

Für die weiteren Überlegungen lässt sich festhalten, dass sich die Zugänge zu Bildungsgerechtigkeit im Sinne einer Verteilungs-, Teilhabe- und Anerkennungsgerechtigkeit sowohl im Hinblick auf ihr Verständnis von Bildung als auch von Gerechtigkeit unterscheiden und jeweils unterschiedliche pädagogische und politische Interventionen nahelegen. Große Unterschiede werden insbesondere zwischen den Konzepten einer Verteilungsgerechtigkeit sowie einer Teilhabe- und Anerkennungsgerechtigkeit deutlich. Anders als Ansätzen der Verteilungsgerechtigkeit liegt letzteren ein umfassendes Bildungsverständnis zugrunde, das über formale bzw. schulische Bildung hinausgeht und – neben Kompetenzerwerb, Noten und Zertifikaten – Aspekte der Persönlichkeitsentwicklung, der Autonomie und Selbstbestimmung berücksichtigt. Somit erweist sich dieser Zugang als anschlussfähig an das erweiterte Bildungsverständnis im Ganztag. Die Perspektive der Teilhabe- und Anerkennungsgerechtigkeit avisiert darüber hinaus eine grundlegende Veränderung der ungleichheitsstiftenden Strukturen des Bildungssystems. Gemeinsam ist diesen Zugängen zudem, dass sie für die Profession Sozialer Arbeit in besonderer Weise anschlussfähig sind: Capability Approach und Soziale Arbeit eint, dass beide sich daran orientieren, Autonomie und Teilhabe zu ermöglichen und das Verhältnis zwischen Individuum und Strukturen berücksichtigen. Der Ansatz definiert in dieser Hinsicht Mindestanforderungen und -bedingungen an ein selbstbestimmtes Leben.

4.4 Zusammenfassung

Die Entwicklung individueller Autonomie ist ebenfalls Bezugspunkt der anerkennungstheoretischen Arbeiten von Honneth bzw. Stojanov. Im Fokus steht bei ihnen die intersubjektive Anerkennung in pädagogischen Beziehungen, immer mit dem Blick darauf, dass diese durch die Strukturen des Bildungssystems beeinflusst werden. Die gerechtigkeitstheoretische Perspektive Frasers denkt – neben Anerkennung – auch Fragen der Umverteilung und Repräsentanz als Hürden von Teilhabe mit. Vorgeschlagen werden konkrete Strategien einer »nicht-reformistischen Reform« des Bildungssystems. Die analytische Trennung von Teilhabe- und Anerkennungsgerechtigkeit verschwimmt an dieser Stelle, da Ziel von Anerkennung, Umverteilung und Repräsentanz die gleichberechtigte Teilhabe an Gesellschaft ist. Aus den Ansätzen der Teilhabe- und Anerkennungsgerechtigkeit leiten sich konkrete Anhaltspunkte für die Förderung von Bildungsgerechtigkeit ab, die das nachfolgende Kapitel aufgreift und mit den Erkenntnissen der übrigen Kapitel zusammenführt.

5 Handlungsfelder und -ansätze der Förderung von Bildungsgerechtigkeit im Ganztag: Soziale Arbeit und die Gestaltung von Bildungsprozessen

Soziale Arbeit kann mit der Gestaltung von Bildungsprozessen einen wichtigen Beitrag zur Förderung von Bildungsgerechtigkeit leisten. In besonderer Weise wird in dem Zusammenhang das Arbeitsfeld der Kinder- und Jugendhilfe angesprochen, dessen Aufgaben und Grundsätze in der Vermeidung oder dem Abbau von Benachteiligungen, der Ermöglichung von Selbstbestimmung und gleichberechtigter gesellschaftlicher Teilhabe sowie der Herstellung positiver Lebensbedingungen bestehen (siehe § 1 SGB VIII). Die vorliegende Publikation nimmt die Bereiche Schulsozialarbeit sowie Kinder- und Jugendarbeit in den Blick und betrachtet diese (auch) in ihrem Bezug zu formaler bzw. schulischer Bildung: Schulsozialarbeit als Soziale Arbeit am Lernort Schule, Kinder- und Jugendarbeit als Angebot in Kooperation mit bzw. in Ergänzung zu Schule.

Dieses Buch zeichnet sich dadurch aus, dass Handlungsfelder und -ansätze der Sozialen Arbeit systematisch durch soziologische Erklärungsmodelle der Bildungsbenachteiligung, aktuelle empirische Befunde und politische Initiativen kontextualisiert werden. In besonderer Weise wird dabei der Ganztag berücksichtigt, der – zunächst auf der konzeptionellen Ebene – die Gleichwertigkeit formaler, non-formaler und informeller Bildung betont und Kooperationen zwischen Schule und Sozialer Arbeit im Sinne einer ganzheitlichen Bildung und des Abbaus von Benachteiligungen betrachtet.

Im Wesentlichen sind es zwei Zielsetzungen, die dieses abschließende Kapitel verfolgt: Zum einen verknüpft es die im Rahmen von Theorie und Forschung identifizierten Ursachen der Bildungsbenachteiligung (▶ Kap. 1) systematisch mit den Orientierungen und konkreten Arbeitsprinzipien der Jugendarbeit (▶ Kap. 3.3; ▶ Kap.3.4) und stellt deren Potenziale einer emanzipatorischen Arbeit *mit* jungen Menschen und der politischen Arbeit *an* benachteiligenden Strukturen an Schule heraus (▶ Kap. 5.1). Die Überlegungen bewegen sich im Rahmen eines *erweiterten* Bildungsverständnisses, wie es konzeptionell im Ganztag aufgerufen wird und explizit subjektive und soziale Aspekte von Bildung im Kontext von Teilhabe mitdenkt (▶ Kap. 2.1; ▶ Kap.3.3). Zum anderen schlägt das Kapitel – ausgehend von gerechtigkeitstheoretischen Überlegungen (▶ Kap. 4) – Neujustierungen professioneller Praxen Sozialer Arbeit vor, die in Form von Handlungsfeldern und -ansätzen konkretisiert werden. In besonderer Weise greifen diese Aspekte eine Teilhabe- bzw. Anerkennungsgerechtigkeit auf, die sowohl Adressat*innen als auch sozial ungleiche Strukturen berücksichtigen und sich an der *Ermöglichung* von Autonomie, Selbstbestimmung und Teilhabe orientieren. Dabei werden gesellschaftliche Bedingungen sowie individuelle Bedürfnisse und Befähigungen zueinander in Beziehung gesetzt und subjektive Perspektiven auf ein gutes Leben berücksichtigt (Teilhabegerechtigkeit). Ebenso gerät die Qualität pädagogischer Beziehungen sowie die Verantwortung des Bildungssystems, Heranwachsende bei der Entwicklung von Autonomie zu begleiten, in den Blick (Anerkennungsgerechtigkeit). Schließlich geht es auch darum, Interaktionen sowie Organisationsmerkmale des Bildungssystems im Hinblick auf die Ermöglichung gleichberechtigter Teilhabe in den Blick zu nehmen und strukturelle Barrieren durch Umverteilung ökonomischer Verhältnisse, durch die Anerkennung kultureller bzw. milieuspezifischer Praxisformen und durch die politische Beteiligung an Entscheidungsprozessen abzubauen (Anerkennungs- bzw. Teilhabegerechtigkeit). Folgende Perspektiven werden dabei eingenommen:

- Die *subjektive* Perspektive auf junge Menschen und deren Sicht auf ein gutes (Schul-)Leben. Diese umfasst:
  – die Berücksichtigung der Freiheit, sich *für* oder *gegen* Bildungswege zu entscheiden; dabei wird die Ermöglichung von Entscheidungen für ein *subjektiv* gutes Leben jenseits habitueller Grenzen mitgedacht,
  – eine individuelle(re) und bedarfsorientierte(re) ganzheitliche Förderung, (auch) im Sinne von Subjektbildung und Emanzipation,
  – eine kritische Reflexion gesellschaftlicher Erwartungen und Normvorstellungen in Bezug auf Kindheit, Jugend und (Schul-)Bildung.

- Die *intersubjektive* Perspektive auf die Qualität pädagogischer Beziehungen und deren Beitrag zu Subjektbildung durch Anerkennung in Form von Empathie, Respekt und sozialer Wertschätzung unter Berücksichtigung einer kritischen Reflexion von Zuschreibungen, die Kindern und Jugendlichen die Anerkennung als subjekt-autonome Person verwehren.
- Die *institutionelle* Perspektive auf Organisationsstrukturen und -kulturen, die – z. B. durch zeitliche und formale Ordnungen sowie soziale Umgangsweisen mit Benachteiligung und Diskriminierung – Bildungsprozesse beeinträchtigen und mitunter subjektive Beschämungen hervorrufen (können), diese beinhaltet insbesondere auch die Ermöglichung gleichberechtigter, dialogischer Aushandlungsprozesse zur gemeinsamen Gestaltung eines benachteiligungs- und diskriminierungskritischen Lernorts Schule, unter Berücksichtigung unterschiedlicher Perspektiven und Bedarfe.
- Die *sozialräumliche* Perspektive auf erweiterte Bildungsmöglichkeiten und Verbindungen zwischen Schule und weiteren Lebenswelten sowie Anschlüssen an das Hilfesystem.
- Die *politische* Perspektive einer gleichberechtigten Teilhabe an Entscheidungs- und Gestaltungsprozessen. Inbegriffen sind
  - die Emanzipation der Adressat*innen, damit diese auf das eigene Leben gestaltend Einfluss nehmen können, und
  - die Stärkung der Sozialen Arbeit, um auf eine gerechtigkeitsorientierte (Bildungs-)Politik hinwirken zu können.

Die vorgeschlagenen Konkretisierungen und Ansätze erheben keinen Anspruch auf Vollständigkeit. Vielmehr soll deren Vielschichtigkeit zeigen, dass es Maßnahmen auf unterschiedlichen Ebenen benötigt. Teilweise wird in dem Zusammenhang auf bestehende Modelle und Initiativen verwiesen, partiell werden – auf der Grundlage der vorangegangenen Kapitel – alternative bzw. ergänzende Vorschläge gemacht. Ziel ist es, Impulse für die weitere, gerechtigkeitsorientierte Ausgestaltung des Bildungssystems zu geben. Nachfolgend werden zunächst Überlegungen zu den entsprechenden Potenzialen Sozialer Arbeit zusammengeführt.

5.1 Potenziale Sozialer Arbeit im Kontext von Bildungsgerechtigkeit

In den Überlegungen zum Ganztag wird die Expertise Sozialer Arbeit für die Entwicklung junger Menschen im Allgemeinen und die Vermeidung sowie den Abbau von Benachteiligungen im Besonderen von Beginn an mitgedacht (▶ Kap. 4). Das vorliegende Kapitel verknüpft diese Expertise systematisch mit Erkenntnissen der Forschung und fasst deren Potenziale zusammen. Das Kapitel soll auf diese Weise zu einer Art ›Selbstvergewisserung‹ beitragen, damit sich Soziale Arbeit proaktiv mit der eigenen Expertise in die weitere Gestaltung des Ganztags einbringt und ihre bereits an unterschiedlichen Stellen thematisierte marginalisierte Position im Bildungssystem verändert (▶ Kap. 2.2; ▶ Kap. 5.5).

In der Bildungsberichterstattung wird das Phänomen der Bildungsbenachteiligung vornehmlich an sozialstrukturellen Unterschieden der Entwicklung von Kompetenzen und realisierten Bildungsentscheidungen festgemacht (▶ Kap. 1.2). Als Ursache für diese Unterschiede werden zunächst familiale Bedingungen der Sozialisation herausgestellt, wobei das jeweils verfügbare ökonomische, soziale und kulturelle Kapital im Sinne unterschiedlicher Ressourcen für gesellschaftliche Teilhabe interpretiert wird. Teil des inkorporierten kulturellen Kapitals ist der Habitus, der als eine »allgemeine Grundhaltung, eine Disposition gegenüber der Welt« (Bourdieu 1992a, S. 31) wirksam wird. Einerseits führt diese zu – für die jeweilige gesellschaftliche Position typischen – Praxisformen (z. B. Bildungsentscheidungen), andererseits geht sie mit spezifischen Klassifikationen von Praxis einher (z. B. der Bewertung von Bildungsoptionen oder auch der Relevanz von Unterrichtsthemen). Häufig wird bildungsbenachteiligten Kindern zugeschrieben, eine eher kurz- als langfristige Perspektive auf die eigene Bildungsbiografie zu richten sowie Unterrichtsthemen abzuwerten, weil diese nicht als unmittelbar notwendig und zweckorientiert wahrgenommen würden; erklärt wird dies mit Zwängen der Lebensführung, die aus der Situation knapper Ressourcen resultieren und eine Orientierung am Notwendigen nahelegen (▶ Kap. 1.1.2).

5 Förderung von Bildungsgerechtigkeit im Ganztag

Bei Eintritt in das Bildungssystem bringen Kinder und Jugendliche zunächst einmal also *unterschiedliche* Ressourcen und Orientierungen mit, weshalb eine *Passung* mit schulischen Anforderungen und Erwartungen in unterschiedlichem Maße gegeben ist. Zu *sozial ungleichen* Bedingungen werden diese insbesondere in Folge der an den mittleren Positionsgruppen orientierten Bewertungsmaßstäbe des Bildungssystems, die die Praxisformen unterer Positionsgruppen per se abwerten. Die beschriebene Zweckorientierung wird an Schule beispielsweise im Vergleich zu einem intrinsischen Bildungsbestreben als weniger wertvoll, möglicherweise gar als unzureichende Bildungsorientierung eingestuft. Von den Schüler*innen selbst werden diese Abwertungen oftmals als Geringschätzung ihrer Fähigkeiten und Missachtung ihrer Subjektivität erlebt. Häufen sich entsprechende Erfahrungen, führt dies zu einer Art Selbsteliminierung: Es stellt sich ein »Fremdheitsgefühl« (Bourdieu 2001, S. 217) ein (»Schule ist nichts für mich«) und teilweise manifestieren sich Gefühle der »Inkompetenz und Unwürdigkeit« (Scherr 2014, S. 176), die über das Bildungssystem hinaus gesellschaftliche Teilhabe beeinflussen. Dies bezieht sich auch auf die subjektiv wahrgenommene *Berechtigung*, sich in politische Entscheidungsprozesse einzubringen und damit auf das eigene Leben *gestaltend* Einfluss zu nehmen (▶ Kap. 1.1.2).

Wenngleich die Analysen Bourdieus also zeigen, dass Bildungsbenachteiligungen im Wesentlichen auf der *Gleich*behandlung von *Un*gleichem und der Abwertung von habituellen Praxisformen an Schule beruhen, dominiert in der bildungspolitischen – ebenso wie der (sozial-)pädagogischen – Debatte bisweilen eine Engführung der Perspektive auf den familialen Hintergrund, der für bildungsbenachteiligte Familien häufig als *defizitär* beschrieben wird und in Bezeichnungen wie »bildungsfern« oder »bildungsschwach« zum Ausdruck kommt. Gesucht werden infolgedessen »Möglichkeiten zum Ausgleich fehlender Ressourcen im familiären Umfeld« (BKJ et al. 2002, S. 13) und (Sozial-)Pädagog*innen verweisen mitunter auf konterkarierende familiale Effekte im Zuge ihrer Bemühungen um den Ausgleich sozialer Benachteiligungen (Buchna et al. 2017, S. 430). Gesellschaftliche Machtverhältnisse, so viel lässt sich an der Stelle festhalten, werden häufig nach wie vor in der Debatte ausgeblendet.

Potenziale Soziale Arbeit an bzw. ergänzend zu Schule

Soziale Arbeit an bzw. in Kooperation mit Schule greift einige der genannten Desiderate konzeptionell auf. In Form von Schulsozialarbeit begleitet sie Bildungsprozesse *an* Schule und fördert die soziale und individuelle Entwicklung junger Menschen. Darüber hinaus übernimmt sie eine Art Brücken- bzw. Vermittlungsfunktion zwischen der Institution Schule und weiteren Lebenswelten von Kindern und Jugendlichen und intendiert eine Minderung des herkunftsspezifischen Fremdheitsgefühls in Bezug auf Schule (▶ Kap. 3.1). In Gestalt der Kinder- und Jugendarbeit als Kooperationspartnerin im Ganztag hat sie eine größere Distanz zur Institution Schule und lässt sich vornehmlich als Erfahrungs- bzw. Bildungs*alternative* beschreiben (▶ Kap. 3.2). Die Arbeit mit Jugendlichen zeichnet sich u. a. durch elaborierte Konzepte der Subjektbildung aus, die sich insgesamt für Soziale Arbeit an Schule nutzbar machen lassen und die das im Kontext der Ganztagsbildung berücksichtigte *erweiterte* Bildungsverständnis konkretisieren. Dieses denkt eine transformatorische Bildung im Sinne der Reflexion habitueller Grenzen mit. Methodisch bietet sich in dem Zusammenhang etwa der Dialog über den Einfluss struktureller Begrenzungen an, um Optionen aufzuzeigen und gleichermaßen individuelle Emanzipation wie strukturelle Veränderungen zu ermöglichen (▶ Kap. 3.2).

Die beschriebenen Bildungsziele manifestieren sich in zentralen Arbeitsprinzipien und methodischen Prämissen der Sozialen Arbeit mit Kindern und Jugendlichen. Diese beinhalten eine Sensibilität für sozialstrukturell divergierende Lebensbedingungen und Lebenswelten junger Menschen sowie milieuspezifische Passungsverhältnisse zwischen Angeboten und deren Aneignung. Aus der Perspektive von Sozialarbeiter*innen sind ihre Adressat*innen nicht in erster Linie Schüler*innen, sondern – unter einer lebensweltlichen Perspektive – *Kinder* und *Jugendliche* mit unterschiedlichen Bewältigungsanforderungen in und neben Schule. Weiter zeichnet diese Sicht eine Orientierung an den Ressourcen junger Menschen aus, die es anzuerkennen und damit sichtbar zu machen und zu stärken gilt. Dieser Zugang vermeidet eine auf schulische Leistungen reduzierte Betrachtung und trägt zur Anerkennung habituell unterschiedlicher, nicht jedoch per se besserer oder schlechterer Zugangsweisen zu Bildung bei. Angesprochen wird damit eine klassismuskritische Perspektive auf bildungsbezogene (Un-)Gleichwertigkeiten (▶ Einleitung). Angebote Sozialer Arbeit sind i. d. R. *offen* für alle – d. h. mitnichten reduziert auf vermeintliche ›Problemfälle‹. Sie werden *freiwillig* aufgesucht, orientieren sich an den *Interessen* der Adressat*innen und berücksichtigten deren Eigenmotivation und -aktivität. Sie weisen somit eine größere Nähe zur *Lebenswelt* der Kinder- und Jugendlichen und deren Bedarfen auf – auch in der Ergänzung bzw. Bearbeitung schulischer Erfahrungen. Damit knüpft Soziale Arbeit an das im Ganztag zitierte Verständnis von Bildung als allgemeiner Lebensführungskompetenz an (▶ Kap. 2.1). Eine zentrale Prämisse professioneller Praxen stellt die *Partizipation* dar, die u. a. in dialogischen Interaktionen unter Gleichrangigen oder einer aktiven Teilhabe an schulischen Gestaltungs- und Entscheidungsstrukturen erfahrbar wird. Partizipation ermöglicht die Erfahrung von Selbstbestimmung und Selbstwirksamkeit sowie die gemeinsame Übernahme von Verantwortung und steht in direktem Zusammenhang mit der Förderung von Subjektbildung sowie einem solidarischen Miteinander.

Die Ergebnisse der empirischen Begleitforschung zum Ganztag zeigen, wie wichtig es ist, die beschriebenen Prinzipien der Kinder- und Jugendarbeit bei dessen Ausgestaltung zu berücksichtigen. Positive Effekte auf die Bildungsprozesse von jungen Menschen im Ganztag sind im Wesentlichen eine Frage der subjektiv wahrgenommenen Qualität der Angebote und des Beziehungsklimas an Schule, die insbesondere auch das schulische Wohlbefinden beeinflussen. Davon ausgehend, dass Soziale Arbeit an Schule nicht nur intervenierend, sondern auch präventiv arbeitet, liegt es nahe, Schule – gemeinsam mit Kindern und Jugendlichen – als ungleichheitskritischen Lebensort weiterzuentwickeln. Hierfür braucht es eine gemeinsame Haltung, sich *gegen* Bildungsbenachteiligung und *für* Bildungsgerechtigkeit einzusetzen. Konkretisiert werden diese Gedanken in Kapitel 5.3 (▶ Kap. 5.3).

5.1 Potenziale Sozialer Arbeit im Kontext von Bildungsgerechtigkeit

> **Ziel Sozialer Arbeit**
>
> Ausgehend von ihrem in besonderer Weise an der Norm sozialer Gerechtigkeit orientierten Selbstverständnis (DBSH 2016)[62] und dem Ideal einer subjektorientierten, emanzipatorischen Bildung besteht das vorrangige Ziel Sozialer Arbeit nicht in der *Anpassung* von Kindern und Jugendlichen an die Maßgaben von Schule, sondern dem *Abbau* von milieuspezifischen Bildungsbarrieren – einerseits durch Bildungsangebote, andererseits mittels politischer Interventionen zur strukturellen Veränderung institutioneller Logiken.

Sozialarbeiter*innen sind gemäß ihres internationalen Ethikkodex aufgerufen, sich für den Abbau von Bildungsbenachteiligung einzusetzen. Sie haben »die Pflicht [sic, TG], soziale Bedingungen zurückzuweisen, die soziale Exklusion, Stigmatisierung oder Unterdrückung begünstigen, und auf eine inklusive Gesellschaft hinzuarbeiten« (IASSW 2018, S. 4). Angesprochen wird damit eine an den Menschenrechten und den Prinzipien sozialer Gerechtigkeit orientierte Haltung, »ihnen begegnende Herausforderungen und Dilemmata zu reflektieren und ethisch informierte Entscheidungen darüber zu treffen, wie sie in jedem einzelnen Fall handeln sollen« (ebd., S. 1). An diese Orientierungen sind insbesondere Konzepte einer Anerkennungs- bzw. Teilhabegerechtigkeit anschlussfähig, die – anders als das Ideal einer Verteilungsgerechtigkeit – sowohl die Emanzipation der Adressat*innen als auch eine Veränderung sozial benachteiligender Strukturen mitdenken (▶ Kap. 4.2; ▶ Kap. 4.3).

Vielfach erweist sich die Umsetzung der beschriebenen Prinzipien in der Praxis jedoch als herausfordernd: Zum einen setzen diese seitens der Professionellen eine Reflexion von Machtverhältnissen und eigenen Verstrickungen voraus – (auch) Sozialarbeiter*innen sind Teil von Gesellschaft

---

62 In der Literatur wird teilweise sowohl in Bezug auf die Schulsozialarbeit als auch die Jugendarbeit auf Gerechtigkeitskonzepte verwiesen, darunter rechtliche Normen (insbesondere die Kinderrechte), deren Positivierung als *gerecht* verstanden wird (Baier 2016, S. 138), und der Capability Approach (Baier/Fischer 2018, S. 75; Hollenstein/Nieslony 2017, S. 71).

und nicht frei von gesellschaftlichen Ungleichwertigkeitsideologien sowie Normalitätsvorstellungen. Mit Blick auf ihre Orientierungen sind »sie selbst in der Pflicht, ihre professionellen Haltungen entlang der intersektional verschränkten Differenzlinien (z. B. Gender, soziale Herkunft, ethnische Zugehörigkeit) zu reflektieren und konzeptuell abzubilden« (Spies/Rainer 2015; Spies/Chamakalayil 2015, zit. nach Spies 2018, S. 142). Dies betrifft in besonderer Weise pauschalisierende Defizitorientierungen in Bezug auf bestimmte Schüler*innengruppen – z. B. »benachteiligte« Kinder und Jugendliche –, die stigmatisierend wirken können. Soziale Arbeit bewegt sich per se in einem Dilemma zwischen Differenzierung und Normalisierung im Sinne einer Anpassung an gesellschaftliche Normen (siehe hierzu Kessl/Plößer 2010, S. 8). Potenzial wird in dem Zusammenhang einer Orientierung an individuellen Bedarfen zugeschrieben (Fischer 2016, S. 84), wie sie in dem Prinzip der Lebensweltorientierung zum Ausdruck kommt. Dabei besteht die Aufgabe von Sozialarbeiter*innen nicht in der Kompensation von Defiziten der familialen Erziehung – und damit implizit der Abwertung habitueller Zugangsweisen zu Bildung –, sondern es geht um *Bildung*, genau genommen die Initiierung emanzipatorisch-politischer Bildungsprozesse bei Kindern und Jugendlichen, ebenso wie bei (Sozial-)Pädagog*innen. Mitzudenken ist, dass sich – ähnlich wie in Bezug auf Schule – im Bereich non-formaler und informeller Bildung ebenfalls sozialstrukturelle Effekte zeigen (können). Dies betrifft zunächst die Nutzung von Angeboten, was insofern wichtig ist, als aufgrund von Wechselwirkungen zwischen Erfahrungen in schulischen und außerschulischen Lebensbereichen und den besonderen Potenzialen, die non-formaler Bildung mit Blick auf die Entfaltung der eigenen Bedürfnisse und der Selbstbestimmung zugeschrieben werden, eine Art »doppelte[ ] Benachteiligung« (Solga/Dombrowski 2009, S. 35) droht. Zu berücksichtigen sind auch hier denkbare habituelle Passungsunterschiede. Exemplarisch kann in dem Zusammenhang auf partizipative Angebote verwiesen werden: Haben Kinder und Jugendliche bislang nicht die Erfahrung gemacht, dass ihre Meinung zählt und sie etwas bewirken können, muss Partizipation ggf. durch pädagogische Begleitung ermöglicht werden (▶ Kap. 3.4). Dabei bewegt sich professionelles Handeln notwendigerweise in Spannungsverhältnissen: zwischen Autonomie bzw. selbstgesteuertem Lernen und gezielter (intervenierender) Förderung sowie Stigmatisierung und

5.1 Potenziale Sozialer Arbeit im Kontext von Bildungsgerechtigkeit

individueller Förderung (Klusemann et al. 2021, S. 46 mit Verweis auf Sauerwein/Heer 2020; Sauerwein 2019). Kapitel 5.2 greift diesen Gedanken auf und verknüpft ihn mit handlungspraktischen Überlegungen (▶ Kap. 5.2).

Zum anderen ist die Institution Schule als *Erbringungskontext* Sozialer Arbeit zu berücksichtigen. Kooperationen zwischen Schule und Sozialer Arbeit sind im Ganztag ebenso notwendig wie konsequent, stehen bei der Umsetzung zunächst jedoch Herausforderungen gegenüber. Diese resultieren u. a. aus den unterschiedlichen Funktionslogiken beider Systeme im Hinblick auf Selektion und Allokation vs. Emanzipation. Das Bildungsverständnis des Ganztags zieht Erweiterungen der Qualifikationsfunktion um die Dimension der Subjektbildung nach sich und legt mit Blick auf die Integrationsfunktion nahe, dem Abbau von Bildungsbenachteiligungen perspektivisch die erforderliche Priorität einzuräumen und strukturell wie methodisch adäquate Lösungsansätze zu etablieren (▶ Kap. 2.2; ▶ Kap. 2.3). Wichtig für die Soziale Arbeit ist, dass sie gestärkt in entsprechende Aushandlungsprozesse geht und sich über ihren Auftrag und ihre Expertise im Kontext der Bildungsgerechtigkeit selbst vergewissert. Das vorliegende Kapitel gibt hierfür Anhaltspunkte. Es zeigt, wie die beschriebenen Orientierungen und Arbeitsprinzipien mit gerechtigkeitstheoretischen Überlegungen korrespondieren:

- auf der *subjektiven* Ebene insbesondere mit der Orientierung an den jeweiligen Lebenswelten und Ressourcen der Kinder und Jugendlichen,
- in Bezug auf *Interaktionen* mit dem Anspruch einer gleichwertigen Interaktion,
- unter *sozialräumlichen* Merkmalen der Vernetzungen und Anschlüsse an weitere Lebenswelten und Hilfeangebote,
- *institutionell* mit Blick auf die Offenlegung und Veränderung benachteiligender Strukturen (z. B. im Kontext einer diskriminierungskritischen Schulentwicklung) und
- unter *politischen* Gesichtspunkten mit der Ermöglichung von Einflussnahme der Adressat*innen und als Profession.

Stärker als bisher muss Soziale Arbeit in die Entwicklung bzw. Gestaltung des Lernorts Schule eingreifen (▶ Kap. 5.3), Kooperationen und Vernetzungen im Sozialraum fördern (▶ Kap. 5.4) und sich in politische Entscheidungsprozesse einbringen, um das Ziel der Bildungsgerechtigkeit zu forcieren (▶ Kap. 5.5). Diese Gedanken werden nachfolgend aufgegriffen. Zunächst wird jedoch auf eine der zentralen Herausforderungen einer gerechtigkeitsorientierten Bildungsarbeit mit Adressat*innen eingegangen: die Reflexion der eigenen gesellschaftlichen Positionierung und der damit verbundenen Perspektive auf Kinder und Jugendliche.

5.2 Ungleichheits- bzw. habitussensible (sozial-)pädagogische Interaktionen

Bildungsbenachteiligung wird vielfach in Interaktionen hergestellt. Exemplarisch kann an der Stelle auf Erfahrungen von (verwehrter) Anerkennung an Schule verwiesen werden, die auf milieuspezifischen Orientierungen und Zugangsweisen zu Bildung gründen. In der Literatur wird – ausgehend von habituellen Effekten bei der Vergabe von Noten und Übergangsempfehlungen – häufiger die Entwicklung einer Diagnose- und Förderkompetenz auf Seiten der Lehrer*innen gefordert (Martschinke 2019, S. 494; Daniel et al. 2019, S. 152; Solga/Dombrowski 2009, S. 44). Mitzudenken sind hier zwei Aspekte: zum einen die Chance, durch eine Qualifizierung bzw. Sensibilisierung in Bezug auf die Ursachen und Folgen von Bildungsbenachteiligungen die heterogenen Ausgangsbedingungen von Schüler*innen zur Aufgabe von Schule zu machen (ebd., S. 41) und damit dem Thema insgesamt mehr Aufmerksamkeit zu verleihen; zum anderen das Risiko einer Stigmatisierung, indem als benachteiligt kategorisierten Kindern und Jugendlichen Defizite zugeschrieben und deren Kompetenzen abgewertet werden. Eine wichtige Bedeutung kommt in dem Zusammenhang der Reflexion eigener Deutungsmuster zu. Dieser Gedanke wird im Konzept der *Habitussensibilität* aufgegriffen, die als Teil des professionellen Habitus einer (sozial-)pädagogischen Praxis[63] verstanden wird (Sander 2014, S. 17).

Habitussensibilität

Das Konzept erklärt sich mit Blick auf die Arbeiten Bourdieus, der den Habitus als »System von Grenzen« versteht: »Wer den Habitus einer Person kennt«, so schreibt er, »der spürt oder weiß intuitiv, welches Verhalten dieser Person verwehrt ist« (Bourdieu 1987, S. 33). Erinnert sei an habituelle Effekte im Kontext von Bildungsentscheidungen, etwa wenn Eltern aus unteren Positionsgruppen sich trotz guter schulischer Leistungen ihrer Kinder *gegen* das Gymnasium und für eine Schulform mittleren Niveaus entscheiden (▶ Kap. 1.1.1; ▶ Kap. 1.1.2). Sichtbar werden diese ggf. auch im Ausmaß des Selbstbewusstseins, mit dem Schüler*innen die Berücksichtigung ihrer Bedürfnisse gegenüber Lehrer*innen und Sozialarbeiter*innen einfordern, oder der Selbstverständlichkeit, mit der sie Hilfe und Unterstützung annehmen (können). Soziale Arbeit ist daher in der Interaktion mit Adressat*innen gefordert, das Spannungsverhältnis zwischen verinnerlichten sozialen Normen und Wertvorstellungen – z. B. Bescheidenheit oder Sicherheit – und uneingelösten individuellen Bedürfnissen ihrer Adressat*innen – etwa Experimentieren wollen, Selbstverwirklichung – in den Blick zu nehmen (Grendel 2019b, S. 196). Sie benötigen eine »soziale Sensibilität, welche den Einzelnen – oder milieumäßige Gruppen – in seiner/ihrer zunächst eigensinnigen Erwartungshaltung an ›die Welt‹ und damit auch an den eigenen ›Fall‹ ernst zu nehmen versucht« (Sander 2014, S. 10).

Die hiermit definierte Habitussensibilität beschränkt sich jedoch nicht darauf, ein Bewusstsein über den Anteil habitueller Deutungsmuster am Ursprung von bzw. dem Umgang mit Problemen des Gegenübers zu

---

63 Die Formulierung »(sozial-)pädagogische Praxis« wird an der Stelle bewusst gewählt, da Habitussensibilität sowohl Teil der Professionalität von Lehrer*innen als auch Sozialarbeiter*innen ist.

entwickeln (Weckwerth 2014, S. 59), sondern bezieht auch die Reflexion *eigener* Deutungsmuster mit ein, um den möglichen Eigenanteil an der Reproduktion von Ungleichheiten sichtbar zu machen (ebd., S. 197). Denkbar ist z. B., dass aufgrund von Zuschreibungen bestimmte Optionen in Beratungsgesprächen nicht erwogen werden, weil implizit davon ausgegangen wird, der Adressatin/dem Adressaten mangele es an Interesse, notwendiger Unterstützung oder Potenzial. Auch müssen sich Professionelle darüber im Klaren sein, dass sich in Interaktionen per se Menschen begegnen, »die Unterschiede verkörpern, welche sie aus ihrem ursprünglichen sozialen Milieu ›geerbt‹ haben und die sie in Bezugnahme auf und gegenüber anderen Akteuren in Gesten, Worten, Attitüden usw. symbolisieren« (Papilloud 2003, S. 29). Eribon (2017, S. 50) spitzt diesen Gedanken zu, indem er darauf verweist, dass »jede Begegnung zwischen zwei Personen […] immer auch die gesamte Geschichte der sozialen Strukturen, der etablierten Hierarchien und der von diesen eingesetzten Herrschaftsweisen« enthält. In Bezug auf die Arbeit mit Kindern und Jugendlichen ist in dem Zusammenhang – neben weiteren gesellschaftlichen Ordnungen – auch die generationale Ordnung mitzudenken.

> Das Konzept des Adultismus zeigt, dass junge Menschen häufig als »‚(noch) nicht kompetent' im Vergleich zu ›kompetenten‹ Erwachsenen konstruiert« (Grendel/Schulze 2021, S. 149) werden. D. h. zu einem vermeintlichen Wissen darüber, was *bildungsbenachteiligte* junge Menschen ›brauchen‹ gesellen sich möglicherweise Zuschreibungen in Bezug auf das, was bildungsbenachteiligte *junge* Menschen ›wollen (dürfen)‹.

Die Überlegungen zu einer Habitussensibilität sind insbesondere auch hinsichtlich der Ermöglichung von Partizipation bzw. gleichberechtigter Teilhabe mitzudenken. Das Konzept bietet das Potenzial, das Professionelle ihre Haltungen in Bezug auf Adressat*innen und die Verwobenheit von »Ungleichheitserfahrungen und damit implizierten Lebensbewältigungsmöglichkeiten der Kinder und Jugendlichen anspruchsvoll reflektieren« (Hunold 2020, S. 251). Auf dieser Grundlage lässt sich zugleich die Passung zwischen (Bildungs-)Angeboten und Nutzer*innen in den Blick

5.2 Ungleichheits- bzw. habitussensible (sozial-)pädagogische Interaktionen

nehmen, um Kindern und Jugendlichen alternative Erfahrungsräume zu eröffnen und weitere Ungleichheitseffekte – neben Schule – zu vermeiden (ebd., S. 251 ff.). Darüber hinaus – so legen es die vorangegangenen Überlegungen zur Ermöglichung von Partizipation nahe – lässt sich dies mit dem Anspruch einer gemeinsamen, dialogischen Reflexion habitueller Grenzen verbinden (siehe hierzu Grendel/Schulze 2021).

Bourdieu selbst hat die Reflexion bzw. Sozioanalyse als Möglichkeit der Veränderung bzw. Transformation des Habitus benannt, nicht jedoch weiter ausgearbeitet (▶ Kap. 1.1.2). Nüchtern bilanziert Eribon (2017, S. 64) nach eigenem Selbstversuch:

> »Wie radikal und kritisch man auch sein oder sich geben mag, in vielen Hinsichten bleiben die täglichen Verhaltensweisen und Wünsche der historischen und sozialen Gravitation verhaftet. Wenn man die Ordnung der Dinge kritisieren oder dazu beitragen will, dass sie sich ändert, dann bedeutet das noch nicht, dass man selbst bereits anders ist, dass man sich von den erlernten und ›naturalisierten‹ Rollen, von den inhärenten Verhaltensweisen und Reflexen ganz und gar ›befreit‹ hat«.

Transformation ist demnach als *kontinuierlicher* Bildungsprozess zu verstehen. Und »jede emanzipative Arbeit [muss, TG] immer bei einem selbst anfangen« (ebd., S. 65). Dabei reicht das *Wissen* um gesellschaftliche Machtverhältnisse nicht aus, um sich von ihnen zu befreien, zu tief sind sie in den Habitus eingeschrieben (ebd., S. 38). Angesprochen wird damit die grundsätzliche Herausforderung einer *politischen* Bildung, die immer

> »auf Subjekte [trifft, TG], die in Sozialisationsprozessen und in der Auseinandersetzung mit eigenen Erfahrungen eine für sie selbst gültige Sichtweise der sozialen Wirklichkeit, eigener politischer und moralischer Überzeugungen, sowie eigener Bedürfnisse und Interessen entwickelt haben« (Scherr 2010, S. 307).

Von dieser berührt werden also nicht weniger als die tief verinnerlichten Selbstverständlichkeiten und Gewissheiten des Selbst- und Weltbildes. Es braucht an der Stelle Dialogräume, um ebenso gemeinsame wie unterschiedliche Perspektiven sichtbar zu machen und die Einsicht in strukturelle Eingebundenheiten zu ermöglichen (▶ Kap. 2.1; ▶ Kap. 3.2).

Aus den Überlegungen leitet sich somit ebenfalls ab, dass Emanzipation *Veränderungen* voraussetzt, die potenziell alle Mitglieder einer Gesellschaft tangieren, gerade weil Benachteiligung in Interaktionen erfahren und reproduziert wird. Schule kann in dem Zusammenhang ein guter Ort für die Initiierung entsprechender Bildungsprozesse sein, zumal über diese nahezu alle jungen Menschen erreicht werden. Das nachfolgende Kapitel schlägt daher das Modell einer ungleichheitskritischen und gerechtigkeitsorientierten Schulentwicklung vor.

5.3 Ungleichheitskritische und gerechtigkeitsorientierte Schulentwicklung

Schule wird in einschlägigen fachpolitischen Erklärungen häufig als Ort der Demokratiebildung und Sensibilisierung für soziale Ungleichheiten beschrieben: Laut Kultusministerkonferenz (2018, S. 3),»muss [Schule, TG] ein Ort sein, an dem demokratische und menschenrechtliche Werte und Normen gelebt, vorgelebt und gelernt werden«. Ähnlich heißt es seitens des Kooperationsverbunds Schulsozialarbeit (2019, S. 12), an Schule dürfen»Ausgrenzung, Rassismus und sonstige Ressentiments [...] nicht geduldet werden. Es gilt also, in Schule über die vielfältigen Lebenswelten junger Menschen aufzuklären und ihre Kompetenzen im Umgang mit Vielfalt zu erweitern«. Das tägliche Erleben an Schule sieht für einen Teil der Kinder und Jugendlichen jedoch anders aus. Die Institution trägt maßgeblich zur Reproduktion sozialer Ungleichheiten bei und ist häufig der Ort, an dem junge Menschen gesellschaftliche Ideologien der Ungleichwertigkeit erfahren: in Form von Abwertungen – z.B. den oben angesprochenen schulischen Leitungsbewertungen und -prognosen – oder auch pauschalisierenden Ansprachen, Beschimpfungen, körperlichen Übergriffen und Mobbing (Antidiskriminierungsstelle des Bundes 2019, S. 9ff.; Pupeter/Wolfert 2018, S. 78ff.; OECD 2017, S. 136; Beigang et al. 2017, S. 144). Neben weiteren Differenzmerkmalen sind in dem Zusammenhang auch Abwertungen in Folge der sozialen Herkunft zu erwähnen – etwa in Bezug auf Kleidung bzw. Besitz, Sprache oder Freizeit-

5.3 Ungleichheitskritische und gerechtigkeitsorientierte Schulentwicklung

aktivitäten –, die sowohl von Lehrer*innen als auch Mitschüler*innen und anderen am Lernort beteiligten Personen ausgehen können. Soziale Arbeit und Schule sind folglich aufgefordert, sich ihres *gemeinsamen* Intergrationsauftrags stärker als bisher anzunehmen (siehe hierzu ausführlich Grendel i. E.).

Demokratiebildung und Partizipation

Wie bereits angesprochen, zeigen Studien zum Ganztag, dass schulisches Wohlbefinden eine zentrale Determinante für Schulfreude, schulische Leistungen und das soziale Miteinander ist (Fischer 2020, S. 1541). Die Gestaltung »positive[r] Lebensbedingungen für junge Menschen« (§ 1 SGB VIII) im Sinne der Prävention und Partizipation ist zudem Kernauftrag Sozialer Arbeit (▶ Kap. 3.4). Auch die Kultusministerkonferenz (2018, S. 5) nennt in ihrem Beschluss zur Demokratiebildung an Schule das Recht junger Menschen auf Beteiligung bzw. das Recht, »sich um ihre eigenen und gemeinwohlorientierten Angelegenheiten zu kümmern und die Weiterentwicklung auch ihrer Schule und Lebenswelt verantwortlich mitzugestalten«. Im Kontext der Bildungsgerechtigkeit liegt es folglich nahe, Schulentwicklung *gemeinsam* mit Kindern und Jugendlichen aus einer *ungleichheitskritischen* Perspektive heraus zu betreiben.

Bilanziert man einschlägige Befragungen, so zeigen diese, dass Kinder und Jugendliche im Zusammenhang mit Benachteiligung und Diskriminierung an Schule häufig erleben, dass Lehrer*innen nichts davon mitbekommen (30%) und wenn, dass sie teilweise nicht intervenieren (10%) (Duziak et al. 2017, S. 103 ff.).[64] Auch Mitschüler*innen – ausgenommen sind gelegentlich enge Freund*innen – reagieren oftmals nicht oder dethematisieren Diskriminierungserfahrungen (»das war nicht so gemeint«) bzw. deuten diese um (»Du bist zu empfindlich«). Als Gründe ausbleibender Interventionen geben Schüler*innen u. a. die Angst vor negativen

---

64 Mitzudenken ist an dieser Stelle, dass Diskriminierung auch von Lehrer*innen ausgehen kann.

Folgen für sich selbst an (73,6%) ebenso wie das Gefühl, dass sich sowieso nichts ändert (35,6%). Auch wird vermutet, dass Diskriminierung bisweilen unterschiedlich wahrgenommen wird (58%) und in dem Zusammenhang teilweise die Sensibilität fehlt (33,7%; Grendel i. E.). Neben Erfahrungen von Diskriminierung prägen somit auch Erfahrungen von verwehrter Solidarität den Lernort Schule. Letztere kann als implizite Bestätigung von Ab- und Aufwertungen interpretiert werden, denn sowohl durch Handeln als auch Nicht-Handeln werden gesellschaftliche Machtverhältnisse (re-)produziert. Daten der Antidiskriminierungsstelle des Bundes belegen darüber hinaus, dass Solidarität im Sinn der »Anwesenheit unterstützender Dritter« (Rausch et al. 2021, S. 24) nicht allein im Moment der Diskriminierung wichtig ist, sondern die Betreffenden darüber hinaus darin bestärkt, auf das Erlebte aufmerksam zu machen und die eigenen Anliegen und Rechte einzufordern (ebd., S. 31). Individuell wie strukturell legen Diskriminierung und verwehrte Solidarität an Schule Handlungsbedarf nahe; es geht darum, den Lernort Schule unter einer ungleichheitskritischen Perspektive weiterzuentwickeln.

Konzeptionell lässt sich Solidarität[65] im Sinne eines »emanzipatorischen-politischen Begriff[s]« fassen (Scherr 2019, S. 11), der das kollektive Engagement *für* eine gerechte Gestaltung von Gesellschaft bezeichnet (ebd., S. 12). Als *gerecht* kann in Anlehnung an Nancy Fraser (2002, S. 4) eine »partizipatorische Parität« (= gleichberechtigte Beteiligung an politischen Aushandlungsprozessen) verstanden werden (▶ Kap. 4.3). Herausfordernd ist in dem Zusammenhang, dass partizipatorische Parität – etwa bei Aushandlungen über die Gestaltung des Lernorts Schule – zugleich Voraussetzung und Ziel von Solidarität ist (Grendel i. E.). Solidarität erfordert demnach eine Reflexion gesellschaftlicher Machtverhältnisse sowie der jeweils eigenen gesellschaftlichen Positionierung und eine Dekon-

---

65 Eingeführt in die Bildungsdebatte wurde dieses Konzept im Jahr 2015 durch einen von Erziehungswissenschaft, Pädagogik und Sozialer Arbeit initiierten Aufruf »Für solidarische Bildung in der globalen Migrationsgesellschaft« (Mecheril et al. 2015). Gefordert wird mit diesem für *alle* pädagogischen Bildungsangebote der Anspruch, eine »systematische Auseinandersetzung mit struktureller, organisatorischer und interaktiver migrationsgesellschaftlicher Diskriminierung sowie den Möglichkeiten ihrer Minderung« (ebd.) anzuregen. Siehe zu einer Konkretisierung des Konzepts für Schule Grendel (i. E.).

5.3 Ungleichheitskritische und gerechtigkeitsorientierte Schulentwicklung

struktion von Kategorisierungen und setzt somit Bildung voraus, die das *Erkennen* von gesellschaftlichen Machtverhältnissen sowie das Bewusstsein über deren *Veränderbarkeit* beinhalten. Diese Einsicht gilt es zunächst im Dialog über den Einfluss gesellschaftlicher Bedingungen auf die Handlungsfähigkeit von Menschen zu ermöglichen, um schließlich emanzipatorisches Potenzial entfalten zu können. Kurzum: Bildung, Solidarität und Gerechtigkeit bedingen einander.

Zunächst braucht es also Bildungsangebote, um Aufmerksamkeit für Benachteiligung und Diskriminierung herzustellen. Denkbar sind in dem Zusammenhang u. a. Workshops (z. B. im Rahmen von Kooperationen mit Angeboten der politischen Bildung), partizipative Forschungsprojekte (z. B. gemeinsam konzipierte, durchgeführte und interpretierte Erhebungen zur Situation an Schule[66]) oder kreative Projekte (z. B. das Theater der Unterdrückten bzw. Forumtheater nach Augusto Boal, Filmdiskussionen, Erzählcafés). Die (Weiter-)Entwicklung des Lernorts Schule wird unter einer *ungleichheitskritischen* und *gerechtigkeitsorientierten* Perspektive als *gemeinsames* Projekt von als *gleichrangig* Klassifizierten verstanden. Davon ausgehend, dass alle Akteur*innen am Lernort potenziell durch ihr (Nicht-)Handeln an der Reproduktion sozialer Ungleichheiten beteiligt sind, liegen *offene* Angebote nahe, die niemanden ausschließen und zugleich *freiwillig* in Anspruch genommen werden können; Solidarität setzt eine selbstbestimmte Entscheidung voraus und kann per se nicht erzwungen werden (Mecheril 2014, S. 88 f.; Perko/Czollek 2014, S. 254; Scherr 2019, S. 12 f.).

Besonderer (sozial-)pädagogischer Überlegungen bedarf es mit Blick auf die *Ermöglichung* einer gleichberechtigten Teilhabe an Interaktionen. In dem Zusammenhang kann Soziale Arbeit auf ihre Erfahrungen im Bereich der Partizipation zurückgreifen (▶ Kap. 3.4). Mitzudenken sind dabei – neben den vielfältigen Differenzlinien an Schule – auch die bestehenden rollenbezogenen Hierarchien, etwa zwischen Lehrer*innen und Schüler*innen sowie Lehrer*innen und Sozialarbeiter*innen sowie ggf. weiteren vertretenen Berufsgruppen. Kritisch ist an der Stelle zu fragen, inwieweit an Schule eine partizipatorische Parität im Sinne einer wechselseitigen

---

66 Siehe zu dem Projekt »Bildung für mehr Demokratie und Solidarität an Schule (BiSoliD)« (Grendel/Schulze 2022; Grendel i. E.).

Anerkennung als Gleichrangige *möglich* ist – zu beantworten ist diese letztlich durch Aushandlungen am konkreten Lernort. Für die Umsetzung einer solidarischen und gerechtigkeitsorientierten Schulentwicklung leiten sich aus den theoretischen Überlegungen Frasers (▶ Kap. 4.3) wichtige Anhaltspunkte ab. Darunter die Fokussierung des *strukturellen* Moments von Benachteiligung und Diskriminierung und damit der Vermeidung individualisierender Schuldzuweisungen als Prämisse des Dialogs. Dies heißt konkret, unterschiedliche Denkstandorte sowie Lebenswelten in Aushandlungsprozessen sichtbar zu machen bzw. anzuerkennen und Sprech- und Reflexionsräume für die Thematisierung (eigener) Diskriminierungserfahrungen zu eröffnen. Einzubeziehen in den Dialog sind – neben Schüler*innen – auch Lehrer*innen und Sozialarbeiter*innen sowie weitere an Schule beteiligte Akteur*innen. Dabei ist zu berücksichtigen, dass die Aushandlung zwischen dem normativen Anspruch auf Gerechtigkeit bzw. Solidarität und den konkreten Interessen und Bedürfnissen der Beteiligten jeweils am und für den konkreten Lernort erfolgt und daher zu unterschiedlichen Modellen und Schwerpunktsetzungen der Umsetzung führen kann: von Überlegungen zu Unterrichtsthemen und -materialien über gemeinsame Standards einer diskriminierungskritischen Sprache bis hin zur Entwicklung von Anlaufstellen für und Verfahren im Umgang mit Benachteiligungen. Gerade in der Aushandlung eröffnet sich die Chance, etwaige Bedürfnisse dialogisch zu eruieren und diese nicht vorgreifend im Sinne der von Fraser benannten »Politik der Bedürfnisinterpretation« auf der Basis von Zuschreibungen zu definieren (▶ Kap. 4.3).[67]

Ausgehend von gerechtigkeitstheoretischen Überlegungen lassen sich Barrieren einer gleichwertigen Interaktion durch Umverteilung, Anerkennung und Repräsentation abbauen. Die bisherigen Ausführungen haben das Augenmerk auf den Aspekt der Repräsentation gelegt, also der gleichberechtigten Teilhabe an Aushandlungen über die Gestaltung des

---

67 Ohne dialogische, partizipative Prozesse der Bedürfnisinterpretation (Fraser 1994, S. 240) bleibe zudem unberücksichtigt, »ob diese Formen des öffentlichen Diskurses zum Vorteil der Selbstdeutungen und Interessen der herrschenden sozialen Gruppen verzerrt sind und sich so zum Nachteil untergeordneter oder oppositioneller Gruppen auswirken« (ebd., S. 253).

5.3 Ungleichheitskritische und gerechtigkeitsorientierte Schulentwicklung

Lernorts Schule. Wichtig für nachhaltige Veränderungen sind jedoch auch die weiteren angesprochenen Bereiche; darunter die Umverteilung von Ressourcen, um Mitgestaltung zu ermöglichen. Dies setzt hinreichende räumliche, zeitliche und personelle Ressourcen voraus. Mitzudenken sind in dem Zusammenhang ebenfalls Möglichkeiten der Realisierung von – dialogisch ausgehandelten – Maßnahmen, die von Ressourcen (z. B. einem Budget für Schulentwicklung) ebenso abhängen wie von strukturellen Gelegenheiten der Einflussnahme (z. B. den Stimmenverhältnissen in Gremien, die über deren Einsatz entscheiden). In Bezug auf Anerkennung ist sicherzustellen, dass Solidarität als universelles Prinzip verstanden und nicht auf bestimmte Gruppen – z. B. ›benachteiligte‹ Schüler*innen – begrenzt wird. Gefordert ist insbesondere auch eine Sensibilität für paternalistische Fallstricke, indem im Sich-Verbünden ›benachteiligte‹ Gruppen zu Opfern stilisiert werden (Broden/Mecheril 2014, S. 15). Mitzudenken sind in dem Zusammenhang didaktische Konzepte, die unterschiedliche Zugangsweisen und Ressourcen von Kindern und Jugendlichen nutzbar machen (▶ Kap. 4.3). Nicht zuletzt sind – ausgehend von dem Anspruch einer partizipatorischen Parität – auch Schule und Soziale Arbeit gefordert, sich als gleichwertige Interaktionspartner*innen in die Gestaltung des Lernorts einzubringen. Mit der Perspektive auf das gemeinsame Ziel einer sozial gerechteren Schule ergeben sich dabei möglicherweise neue Potenziale der Kooperation (▶ Kap. 5.3). Bislang wird der Bereich der partizipativen Schulentwicklung in der Praxis vernachlässigt, gleiches gilt für soziale Ungleichheiten und Diskriminierung als Querschnittsthema. Aus der Perspektive der Bildungsgerechtigkeit liegt es nahe, diese zukünftig stärker mitzudenken. Denkbar ist es dabei auch, externe Expertise einzubinden.

5.4 Kooperation und Vernetzung im Sozialraum

Es ist ein Wesensmerkmal des erweiterten Bildungsverständnisses im Ganztag, dass – neben Schule –weitere Bildungsorte und -modi als gleichwertig anerkannt werden (▶ Kap. 3). Die Idee, durch Kooperationen bzw. Vernetzung von Angeboten erweiterte Bildungsmöglichkeiten (insbesondere) für (bildungsbenachteiligte) Kinder und Jugendliche zu schaffen und die Verbindung unterschiedlicher Lebenswelten mitzudenken, wird konzeptionell auf unterschiedlichen Ebenen aufgegriffen. Sie spielt insbesondere auch in aktuellen Förderprogrammen auf kommunaler, teilweise auch auf Ebene der Länder und des Bundes eine zentrale Rolle.

Analytisch lassen sich Maßnahmen an bzw. in Bezug auf Schule (= Verbindungs- bzw. Brückenfunktion) und Angebote außerhalb von Schule bzw. Unterricht (= erweiterte bzw. alternative Bildungsmöglichkeiten) unterscheiden.

Angebote an Schule adressieren häufig entweder Eltern oder Kinder und Jugendliche, teilweise auch beide gemeinsam, wie mit dem Modell der Familienklassen[68], in denen Eltern und ihre Kinder vor Ort an ihrem Arbeits- und Sozialverhalten bei der Bewältigung schulischer Aufgaben arbeiten. Ziel dieses und weiterer Angebote ist es, einen stärkeren Einbezug von Eltern an Schule zu fördern. Bestandteil sind häufig ebenfalls Informations- und Beratungsangebote, etwa zu formalen Aspekten des Bildungssystems oder auch zu Bildungs- und Entwicklungsprozessen in Kindheit und Jugend; umgesetzt werden diese teilweise in unterschiedlichen Sprachen, um auch Zugewanderte erreichen zu können[69]. Exemplarisch kann an der Stelle auf das Bundesprogramm »Elternchance ist Kin-

---

68 Siehe hierzu u. a.: https://kultusministerium.hessen.de/Programme-und-Projekte/Familienklassen, Zugriff am 28.07.2022.
69 Siehe hierzu u. a.: https://www.offenbach.de/leben-in-of/familie_soziales/familie_und_kinder/elternschule/projekt-neue-formen-elternorientierter-bildungsarbeit-vhs.php, Zugriff am 28.07.2022.

5.4 Kooperation und Vernetzung im Sozialraum

derchance«[70], das Angebot der »Elternschule«[71] oder der »Elternstiftung«[72] verwiesen werden, teilweise finden sich ebenfalls Peer-to-Peer-Modelle, etwa das Programm »Schulmentoren«[73]. Diese Angebote zielen auf die Stärkung der elterlichen Erziehungskompetenz, insbesondere Familienzentren[74] berücksichtigen in dem Zusammenhang weitere Unterstützungsangebote im Sozialraum, an die im Bedarfsfall vermittelt wird. Hinter den Angeboten verbirgt sich auch die Idee, die Distanz zu Schule zu verringern und Eltern für die Begleitung ihrer Kinder im Bildungssystem zu befähigen bzw. diese zu unterstützen.

Auch Angebote, die Kinder und Jugendliche adressieren, setzen teilweise auf Mentor*innen, darunter das Programm »Balu und Du«[75], in dem Jugendliche regelmäßig Grundschüler*innen treffen, damit diese sich neue Erfahrungsfelder erschließen (können), oder »R!EACH«, bei dem Studierende Jugendliche in Bezug auf Schule, Alltag und Berufseinstieg begleiten[76]. Landesweit umgesetzt wird in Nordrhein-Westfalen das Programm »Talentscouting«, in dessen Rahmen professionelle Berater*innen junge Menschen dabei unterstützen, ihre Talente zu entdecken und insbesondere Jugendliche aus bildungsbenachteiligten Familien zu einer Studienaufnahme ermutigen[77], um somit milieuspezifischen Hemmschwellen im Kontext von Bildungsentscheidungen zu begegnen. Die Angebote orien-

---

70 Siehe: https://www.elternchance.de/; https://www.zukunftsschulen-nrw.de/praxisbeispiele/v-diagnostik-und-beratung/elterncoaching, Zugriff alle am 28.07.2022.
71 Siehe hierzu u.a.: https://www.saarland.de/mbk/DE/portale/weiterbildung/themen-und-projekte/elternschule/elternschule_node.html, Zugriff am 28.07.2022.
72 Siehe hierzu u.a.: https://elternstiftung.de/, Zugriff am 28.07.2022.
73 Siehe: https://www.schulmentoren.de/Ueber-uns/Ueber-uns-702, Zugriff am 28.07.2022.
74 Siehe hierzu u.a.: https://www.familiengrundschulzentren-nrw.de, Zugriff am 28.07.2022.
75 Siehe hierzu: https://www.balu-und-du.de/fileadmin/user_upload/Factsheets/BuD_09_Factsheet_BuD.pdf, Zugriff am 28.07.2022.
76 Siehe hierzu: https://rockyourlife.de/developing-schools/reach/, Zugriff am 28.07.2022.
77 Siehe hierzu: https://www.mkw.nrw/hochschule-und-forschung/studium-und-lehre/talentscouting, Zugriff am 28.07.2022.

tierten sich insgesamt daran, Kinder und deren Eltern zu stärken und autonome Entscheidungen (u. a. durch Informationen über Bildungsangebote oder Finanzierungsmöglichkeiten wie BAföG) zu ermöglichen. Im Hinblick auf *erweiterte* Bildungsmöglichkeiten werden potenziell alle Angebote neben Schule angesprochen, die per se neue, sowohl über die (traditionelle) Schule als auch das soziale Milieu hinausgehende Bildungsmöglichkeiten eröffnen. Interessant ist in dem Zusammenhang, dass bereits ein – bezogen auf Schule bzw. Unterricht – »anderer Ort« der Bildung Impulse geben kann. Dies zeigt sich am Beispiel von Hausaufgaben, die im Rahmen von Betreuungen oder Angeboten der Jugendarbeit bearbeitet werden, wodurch sich Potenziale einer individuelleren Gestaltung des Lernens und der Reflexion bzw. Bewältigung schulischer Anforderungen ergeben (können; ▶ Kap. 3.2). Unter den potenziell denkbaren Aktivitätsbereichen hat in den vergangenen Jahren insbesondere der Bereich der kulturellen Bildung Aufmerksamkeit erfahren, für den regelmäßig besonders große sozialstrukturelle Nutzungsunterschiede beschrieben werden (▶ Kap. 1.2.3). Mit dem Programm »Kultur macht stark. Bündnisse für Bildung« fördert das Bundesministerium für Bildung und Forschung (BMBF) außerschulische Maßnahmen der kulturellen Bildung, um benachteiligten Kindern und Jugendlichen in der freiwilligen Beschäftigung mit kulturellen Inhalten neue Zugänge zu Bildung zu eröffnen. Das Programm versteht sich als »Brücke« zu Museen, Theatern und Bibliotheken und setzt darauf, dass junge Menschen in der aktiven Auseinandersetzung mit Kultur ihre Kreativität entfalten und ihre Kompetenzen in den Bereichen Wahrnehmung, Interaktion und Teilhabe weiterentwickeln. Umgesetzt werden die Vorhaben im Rahmen von Bündnissen für Bildung, die durch zivilgesellschaftliche Akteur*innen vor Ort realisiert werden.[78] Weiterhin besteht mit Blick auf die Wechselwirkungen zwischen unterschiedlichen Bildungskontexten Forschungsbedarf (▶ Kap. 1.2.3). In diesem Bereich gilt es zukünftig, Potenziale auszuloten und entsprechende Erkenntnisse bei der Ausgestaltung des Ganztags, der kommunalen Bildungsplanung und konkreter Förder- und Unterstützungsangebote mitzudenken.

---

78 Die erste Förderlinie erstreckte sich von 2018 bis 2022, die zweite läuft von 2023 bis 2027.

5.4 Kooperation und Vernetzung im Sozialraum

Auf kommunaler Ebene wird die Idee einer vernetzten Bildung u. a. im Rahmen des Bildungsmanagements berücksichtigt, das Bildung in unterschiedlichen Lebensphasen und Kontexten – formal, non-formal und informell – in Analysen einbezieht, um Bildungsangebote vor Ort zu steuern und zu koordinieren.[79] Das auch mit dem Titel der »Bildungslandschaften« versehene bildungspolitische Konzept denkt die sozialräumliche Vernetzung von Schule und außerschulischen Bildungseinrichtungen sowie die Zielgruppe bildungsbenachteiligter Kinder und Jugendlicher explizit mit (Coelen et al. 2018, S. 483). Aus der Perspektive der Sozialen Arbeit ist in dem Zusammenhang ein dynamischer Raumbegriff zugrunde zu legen, der nicht auf sozialgeografische Orte beschränkt ist, sondern berücksichtigt, dass sich junge Menschen »eigene Räume durch Kommunikation und durch Handlung an Orten, die von anderen Gruppen und/oder zu anderen Zeiten auch anders genutzt werden, schaffen« (Deinet 2020, S. 1304). Für planerische Überlegungen leitet sich hieraus ab, Bildung nicht in erster Linie ausgehend von Institutionen und deren Bildungszielen zu denken, sondern aus der Sicht des lernenden Subjekts zu fragen, »welchen Einfluss Institutionen, Orte und Räume haben können und wie diese entwickelt werden können« (ebd., S. 1303). Ausgangspunkt der Überlegungen sind demnach die Bedarfe von Kindern und Jugendlichen und die Bildungsgelegenheiten im non-formalen und informellen Bereich, »die sich vor allen Dingen auf den Hinterbühnen der Institutionen, sonst aber auch im öffentlichen, privaten und teilöffentlichen Raum abspielen« (ebd.).[80]

Aus dieser Position heraus wird die aktuelle Umsetzung des kommunalen Bildungsmanagements bisweilen kritisch gesehen: Maykus (2021, S. 951 f.) etwa moniert, dass die Idee, Bildungsakteur*innen zu vernetzen,

---

79 Das Bundesministerium für Bildung und Forschung (BMBF) und Stiftungen haben von 2009 bis 2014 das Programm »Lernen vor Ort« gefördert. Ziel war es, in Modellkommunen regionale Bildungskonzepte zu fördern. Als Grundlage für die Planung, Steuerung und Evaluation der Angebote diente die Entwicklung eines kommunalen Bildungsmonitorings. Als Nachfolgeprogramm mit dem Ziel, die Erkenntnisse in der Fläche umzusetzen, wurde u. a. »Bildung integriert« initiiert, das seitens des Europäischen Sozialfonds geförderte Vorhaben »Bildungskommunen« (2021–2027) schließt sich aktuell an.

80 Diese Perspektive korrespondiert gleichermaßen mit den Überlegungen einer Ganztagsbildung.

eher aus politischen Zielen abgeleitet werde und fachliche Diskurse sowie die Perspektive junger Menschen vernachlässige.[81] Deinet (2017, S. 55 f.) bemängelt darüber hinaus die nach wie vor dominierende Perspektive auf den Bereich formaler Bildung und beschreibt die Vernetzung mit Angeboten bzw. Gelegenheiten non-formaler und informeller Bildung zugleich als »ausgesprochen anspruchsvoll« wie als »Chance«. Bislang wird das Potenzial der Kinder- und Jugendhilfe als Akteurin der Ganztagsbildung und mögliche Initiatorin partizipativer Entwicklungsprojekte für den Sozialraum also eher vernachlässigt. Dies zeigt sich ebenfalls mit Blick auf die Verantwortungsübernahme im Ganztag, die über alle Schulformen hinweg in etwas mehr als der Hälfte der Fälle von Schule, seltener von Schule und außerschulischen Trägern gemeinsam ausgeübt wird (Ganztagsschule 2017/2018, S. 21 ff.). Die Kultusministerkonferenz (2020, S. 3) empfiehlt perspektivisch dringend eine stärkere Koordination und Zusammenarbeit von Schule und Jugendhilfe im Ganztag und plädiert für Rahmenvereinbarungen auf Landesebene (ebd., S. 4) sowie Vereinbarungen zu Profil und Finanzierung der Angebote vor Ort (ebd.). In dem Zusammenhang offenbart sich nicht zuletzt ein professionspolitisches Anliegen Sozialer Arbeit, das nachfolgend eingeordnet und als Voraussetzung einer stärkeren Intervention verstanden wird.

5.5 (Bildungs-)Politik für Bildungsgerechtigkeit

An unterschiedlichen Stellen wurde bereits formuliert, dass Soziale Arbeit in besonderer Weise gefordert ist, Bildungsgerechtigkeit als übergreifendes und prioritär zu behandelndes Ziel politisch und konzeptionell zu stärken, indem sie sich offensiv in Konzeptionierungen des Ganztags, die partizipative Gestaltung des Lernorts Schule und die Kooperation bzw. Vernet-

---

81 Auch diese Kritik findet sich ebenso in Bezug auf die Ganztagsbildung (siehe hierzu auch Sauerwein/Graßhoff 2022, S. 213).

5.5 (Bildungs-)Politik für Bildungsgerechtigkeit

zung mit Angeboten des Sozialraums einbringt. Beschrieben wird damit das politische Mandat der Profession, das sie – orientiert an den Prinzipien sozialer Gerechtigkeit und im Sinne ihrer Adressat*innen – wahrnimmt. Das vorliegende Kapitel geht zunächst auf die Positionierung Sozialer Arbeit im bildungspolitischen Diskurs ein und zeigt dann deren spezifische Perspektive in Bezug auf aktuelle Diskussionspunkte auf.

Bislang, so lässt sich feststellen, ist die Stimme der Sozialen Arbeit im bildungspolitischen Diskurs wenig zu hören. Hierfür gibt es mehrere Gründe. Zum einen erklärt sich dies (teilweise) mit einer gewissen Zurückhaltung der Profession, die auf ihrer ganzheitlichen, Kinder und Jugendliche nicht auf ihre Rolle als Schüler*innen reduzierenden Perspektive gründet (Grendel/Witek i. E.). Sie ist gefordert, ihre

> »tiefe Skepsis gegenüber Schule in einen konstruktiven Austausch zu wenden, um [...] – in Kenntnis der eigenen Stärken und Schwächen – in geregelter und wechselseitig respektierender Form zu einer gemeinsamen Bildungsidee zu gelangen« (Rauschenbach/Otto 2008, S. 27).

Die Entwicklung zum Ganztag und die damit begründete Gleichwertigkeit formaler, non-formaler und informeller Bildung sowie ein erweitertes Bildungsverständnis laden hierzu ein (▶ Kap. 2). Dabei ist jedoch zu vermeiden, dass unter Berufung auf die »andere Seite der Bildung« (ebd.) stärker die Abgrenzung zu Schule als die eigene Expertise im Kontext des neuen und gemeinsamen Projekts Ganztag fokussiert wird (siehe hierzu Sauerwein/Graßhoff 2022, S. 215). Mitzudenken sind in dem Zusammenhang Neujustierungen professioneller Praxen an bzw. in Kooperation mit Schule, um der partiell festgestellten Überformung normativer Orientierungen und methodischer Prämissen Sozialer Arbeit durch schulische Logiken der Selektion und Allokation (▶ Kap. 2.2; ▶ Kap. 2.3) vorzubeugen. Insbesondere in Anbetracht der heterogenen Trägerlandschaft – öffentliche (z. B. Jugendämter), freigemeinnützige (z. B. Wohlfahrtsverbände) und privatgewerbliche (z. B. Elterninitiativen) – setzt dies zunächst professionsintern eine Vergewisserung über gemeinsame Prinzipien und Konzepte mit konkretem Bezug zum Phänomen der Bildungsbenachteiligung voraus (▶ Kap. 5.1).

Ein weiterer Grund für die Zurückhaltung im bildungspolitischen Diskurs ist die bereits an unterschiedlichen Stellen angesprochene marginalisierte Position der Kinder- und Jugendhilfe im Bildungssystem (▶ Kap. 2.2). Diese macht sich u. a. fest an anteilig niedrigen Gesamtausgaben für das Arbeitsfeld, der niedrigen tariflichen Eingruppierung der Fachkräfte (Schmidt 2021, S. 1120) und der vergleichsweise geringen Repräsentanz als Lehrthema an Hochschulen (Pothmann/Deinet 2021, S. 89 f.). Obgleich beispielsweise für den Ausbau der Schulsozialarbeit politisch weitgehend Konsens besteht, stellt der Kooperationsverbund Schulsozialarbeit (2019, S. 6) fest, dass dieser aktuell »nicht systematisch und bedarfsgerecht«, sondern durch befristete und teilweise sehr spezifisch ausgerichtete Projekte und Programme betrieben wird; der Verbund fordert entsprechend Regelungen einer adäquaten personalen, finanziellen und sachlichen Ausstattung. Denkt man die Idee des Ganztags konsequent zu Ende, *muss* sich die konzeptionelle Aufwertung non-formaler (und informeller) Bildung auch strukturell – d. h. in Rechten, Ressourcen und Teilhabe an Entscheidungen – niederschlagen. Hiermit wird Regelungsbedarf auf unterschiedlichen Ebenen angesprochen. Auszuloten sind – u. a. vor dem Hintergrund der Idee von Bildungslandschaften (▶ Kap. 5.4) – zum einen die Möglichkeiten der Kommunen, in ihrer Funktion als Trägerinnen der Schulen *und* der Jugendhilfe über inhaltliche Konzepte direkten Einfluss auf die Schulentwicklung zu nehmen (Spies 2018, S. 142).[82] Konkrete Vorschläge zielen etwa auf eine gemeinsame und gleichberechtigte Beteiligung an Gremien – etwa durch die Einrichtung eines Unterausschusses »Jugendhilfe und Schule« im Rahmen des kommunalen Jugendhilfeausschusses (Emanuel 2017, S. 21.).[83] Diskutiert wird darüber hinaus auf Länderebene die Festschreibung einer Verpflichtung zur partnerschaftlichen Zusammenarbeit von Schule und Kinder- und Jugendhilfe in den Schulgesetzen analog zu SGB VIII (§§ 4, 81; KMK 2020, S. 7) sowie die Einrichtung einer gemeinsamen Steuerungsgruppe oder eines Ent-

---

82 Emanuel (2017, S. 21) entwirft in dem Zusammenhang die Idee einer »emanzipatorischen Sozial- und Jugendhilfeplanung«, die die Bedürfnisartikulation von Kindern, Jugendlichen und deren Eltern unterstützt.

83 Eine weitere Option, kommunal den Stellenwert der Sozialen Arbeit an bzw. in Kooperation mit Schule zu stärken, stellen beispielsweise Regelungen dar, wonach von Schule an das Jugendamt gemeldete Fälle zunächst mit den sozialpädagogischen Fachkräften am Lernort Schule zu besprechen sind (Spies 2018, S. 142 f.), wobei damit vergleichsweise ein Spezialfall beschrieben wird.

5.5 (Bildungs-)Politik für Bildungsgerechtigkeit

wicklungsbeirats für den Ganztag »nach Möglichkeit unter Beteiligung von Kindern und Jugendlichen« (ebd., S. 7). Auch auf Bundesebene ist eine Stärkung der konzeptionellen Zusammenarbeit im Kontext des Ganztags denkbar, etwa indem die Expertise des Bildungsrats der Länder um sozialpädagogische Expertise ergänzt wird. Möglicherweise wird der jüngst eingeführte stufenweise Rechtsanspruch auf Ganztagsbetreuung für Grundschulkinder ab 2026, der über das SGB VIII geregelt wird, die Debatte neu entfachen.

Offen ist bislang im Zuge des Ganztagsausbaus u. a. die Klärung von Qualitätsmerkmalen und Zielen der Angebote (AWO et al. 2020, S. 2; Autor:innengruppe Bildungsberichterstattung 2022, S. 138). Der aktuelle Bildungsbericht moniert zudem, dass »eine gezielte Vorbereitung auf die Tätigkeit im Ganztag an der Schnittstelle zwischen Schule sowie Kinder- und Jugendhilfe im Rahmen der verschiedenen Erstausbildungen fehlt« (ebd., S. 274f.).[84]

Neben Fragen der Gewinnung von Fachkräften ist des Weiteren deren Finanzierung zu klären (siehe hierzu Guglhör-Rudan/Alt 2021; Wrase 2021, S. 31), zumal das Angebot im Ganztag nicht nur ausgeweitet, sondern – im Sinne einer individuelleren Förderung von Kindern und Jugendlichen – intensiviert werden soll. Sinnvoll erscheint vor diesem Hintergrund die vollzogene Aufweichung des Kooperationsverbots zwischen Bund und Ländern: Seit 2019 kann der Bund u. a. für »gesamtstaatlich bedeutsame Investitionen [...] zur Steigerung der Leistungsfähigkeit der kommunalen Bildungsinfrastruktur« (Art. 104c GG) Finanzhilfen gewähren (siehe das Beispiel Digitalpakt Schule oder auch die Investitionen zum Ganztagsausbau). Nichtsdestotrotz stellt der Ausbau zum Ganztag das Bildungssystem quantitativ wie qualitativ vor enorme Herausforderungen.

Nach den *Voraussetzungen* einer größeren Sichtbarkeit und Einflussnahme Sozialer Arbeit in bildungspolitischen Fragen sollen im Folgenden

---

84 Angesprochen werden damit gleichermaßen Studiengänge im Bereich Lehramt wie der Sozialen Arbeit/Sozialpädagogik und Angebote der (Weiter-)Qualifizierung.

ausgewählte inhaltliche Anknüpfungspunkte für Positionierungen und konkrete Umsetzungsvorschläge aufgezeigt werden, die sich u.a. aus aktuellen Initiativen der Bildungspolitik und Befunden der Bildungsforschung bzw. -berichterstattung (▶ Kap. 1.2) ableiten. Exemplarisch kann in dem Zusammenhang etwa auf regionale Disparitäten des Aufwachsens und der bildungsbezogenen Infrastruktur verwiesen werden. Dies betrifft zum einen »strukturschwache« ländliche Regionen, für die gegenwärtigen Möglichkeiten der Zusammenlegung von Angeboten oder auch der stärkeren Einbindung digitaler Angebote diskutiert werden (Daniel et al. 2019, S. 151). Zum anderen sind Stadtteile mit besonderem Bedarf, also die sogenannten »sozialen Brennpunkte[ ] der Ballungsräume« (BMBF 2018, S. 3) ein Thema, insbesondere im Hinblick auf die sozialstrukturelle Zusammensetzung von Schulen.[85] Diskutiert werden in dem Zusammenhang teilweise flexible Budgets, damit Schulen autonom über zusätzliches Personal oder ergänzende Angebote entscheiden und die Bedarfe ihrer Schüler*innenschaft stärker berücksichtigen können (Daniel et al. 2019, S. 150). Aufgegriffen wird diese Idee mit dem Modell sogenannter Sozialindizes, das »die soziale Zusammensetzung der Schülerinnen und Schüler in einer einzigen Maßzahl zusammenfasst« (Groos/Knüttel 2021, S. 3) und entsprechend Bedarfslagen sichtbar macht.[86] Aus Perspektive der Sozialen Arbeit und berücksichtigend, dass Schüler*innen zunehmend (auch) durch den ›Ruf‹ ihrer Schule als »Brennpunktschule« stigmatisiert werden, ist kritisch im Blick zu behalten, inwieweit durch Indizes eine Stigmatisierung von Schulen (und in der Folge ihrer Schüler*innen) er-

---

85 Auch die Bund-Länder-Initiative »Schule macht stark« adressiert Schulen in schwierigen sozialen Lagen. In deren Rahmen entwickeln Schulen und Wissenschaftler*innen gemeinsam Konzepte für Unterricht und Schulalltag, um Kinder und Jugendliche mit »herausfordernden Ausgangsbedingungen« bestmöglich zu unterstützen. Die Vernetzung mit Angeboten des Sozialraums wird in dem Zusammenhang mitgedacht. Die Initiative hat insgesamt eine Laufzeit von zehn Jahren. Von 2021 bis 2025 werden zunächst Konzepte für 200 beteiligte Schulen entwickelt, von 2026 bis 2030 sollen diese – wissenschaftlich begleitet – auf weitere Schule übertragen werden (siehe hierzu https://www.schule-macht-stark.de, Zugriff am 28.07.2022).
86 Vorgeschlagen wird dieses Modell insbesondere für das kommunale Bildungsmanagement (▶ Kap. 5.4).

5.5 (Bildungs-)Politik für Bildungsgerechtigkeit

folgt; denkbar ist in dem Zusammenhang jedoch auch eine Argumentation im Sinne der »Anerkennung durch Umverteilung« (▶ Kap. 4.3), wonach die betreffenden Schulen durch mehr Mittel (= Umverteilung) und Gestaltungspotenzial eine Aufwertung (= Anerkennung) erfahren können (siehe Groos/Knüttel 2021, S. 11).

Politisch besonders im Blick zu behalten ist der Teil junger Menschen, der nicht die Grundkompetenzen im Bereich des Lesens erreicht und/oder keinen schulischen Abschluss erwirbt (▶ Kap. 1.2.1). Insbesondere für diese – und für alle anderen Kinder und Jugendlichen – sind die Potenziale einer intensiveren sozialpädagogischen Begleitung an Schule zu eruieren und zu stärken: Eine individuellere und ganzheitliche Förderung junger Menschen, wie sie der Ganztag verspricht, setzt dabei – wie oben bereits angesprochen – hinreichende personelle und finanzielle Ressourcen voraus. Die Potenziale der Sozialen Arbeit im Kontext von Vermeidung und Abbau von Benachteiligungen arbeitet Kapitel 5.1 heraus (▶ Kap. 5.1). Darüber hinaus bedeutet die spezifische emanzipatorische Perspektive, wie sie Soziale Arbeit in Bezug auf junge Menschen einnimmt, im Kontext bildungspolitischer Debatten u. a. auch, gesellschaftliche Vorstellungen und Zwänge im Blick zu behalten. Nimmt die Profession ihren Auftrag ernst, »Freiräume zur Subjektentwicklung und zu einer kritischen, gesellschaftlich demokratischen Handlungs- und Einmischungsfähigkeit (Sturzenhecker/Deinet 2018) zu schaffen« (Zipperle 2021, S. 1039), ist ausgehend von dem aktuell dominierenden Verständnis von Jugend als »Schuljugend« (Hagedorn 2017, S. 8) zu berücksichtigen, dass junge Menschen »jenseits einer auf Zukunft zielenden Bildung […] auch einen Anspruch darauf haben, das Hier und Jetzt sinnerfüllt und selbstbestimmt erleben zu können« (Böllert 2018, S. 22).

Insbesondere im Ganztag ist eine Sensibilisierung für die »Freiraumbedarfe von jungen Menschen« (Zipperle 2021, S. 1035) mitzudenken. Auch sind gesellschaftliche »Allmachtsphantasien von Bildung offen zu legen« (Böllert 2018, S. 22), die sich darauf beziehen, »dass mit einem Mehr an Bildung alle gesellschaftlichen Probleme gelöst werden sollen, soziale Problemlagen als Ausdruck von strukturellen Ungleichheitsverhältnissen nahezu durchgängig mit einem Mangel an Bildung er-

> klärt werden« (ebd.). Es geht darum, dafür Sorge zu tragen, dass gesellschaftliche Machtverhältnisse nicht als Ursachen ungleicher Bildungschancen verschleiert und Individuen für diese verantwortlich gemacht werden. Gerade ausgehend von dem hohen individuellen und gesellschaftlichen Stellenwert formaler Bildung besteht der Auftrag der Sozialen Arbeit in einer kritischen Reflexion des Einflusses von Lebensbedingungen und -situationen auf Bildung und der Abhängigkeit individueller Gestaltungsmöglichkeiten von Bildungs-(Miss-)Erfolg (Sting 2018, S. 409). Zu analysieren ist, was Kinder und Jugendliche in ihrer (Subjekt-)Bildung behindert. Dies bedeutet auch, notwendige Änderungen schulischer Strukturen zu prüfen und zu initiieren.

Dabei zielt die Einmischung Sozialer Arbeit an Schule nicht darauf, den Unterricht und die Wissensvermittlung zu reformieren – das ist Aufgabe von Lehrer*innen. Wohl aber geht es in der interdisziplinären Zusammenarbeit darum, »im Spannungsfeld von Ausschluss und Teilhabe in das Wechselverhältnis von Individuum und sozialer Umwelt bzw. institutionellem Kontext einzugreifen und dessen Handlungsfähigkeit und -möglichkeit zu erweitern« (Grendel/Witek i. E.). Seit geraumer Zeit steht beispielsweise der Zeitpunkt des Übergangs auf die weiterführende Schule in der Diskussion. Die Überlegungen begründen sich mit den in Abhängigkeit von familialer und/oder frühpädagogischer Bildung äußerst heterogenen schulischen Vorläuferkompetenzen, die – bei einem frühen Wechsel, wie er i. d. R. bereits nach der vierten Klasse erfolgt – kaum ›aufgeholt‹ werden können. Gefordert wird vor diesem Hintergrund eine Verlängerung der Zeit gemeinsamen Lernens, um Kindern ein Eingewöhnen und Einfinden an Schule und den Umgang mit heterogenen Zugangsvoraussetzungen zu ermöglichen: Konkret wird eine auf sechs Jahre erweiterte Grundschulzeit vorgeschlagen (Martschinke 2019, S. 494). Daneben findet sich teilweise auch die Idee einer gemeinsamen Beschulung bis zu Klasse 10 mit dem Ziel des Realschulabschlusses (Solga/Dombrowski 2009, S. 44). Nicht selten sind Ideengeber auch Good Practises aus skandinavischen Ländern. Neben den konkreten Maßnahmen ist in diesem Zusammenhang insbesondere der Perspektivwechsel interessant, wie er beispielsweise in der Berücksichtigung von Leistungstests im Rahmen der Qualitätsentwicklung zum Ausdruck kommt (Oelkers 2020, S. 1666): Der Fokus liegt damit (stärker) auf den jungen Menschen und deren Entwicklung entscheidet (auch) über die Bewertung der Qualität des Systems. Diesen Wechsel mit zu vollziehen und (schulische) Strukturen aus Gerechtigkeitserwägungen in Frage zu stellen, ist Aufgabe der Sozialen Arbeit.

Neben dem *Reagieren* geht es im politischen Diskurs insbesondere auch darum, Fragen von Bildungsbenachteiligung von vornherein im Blick zu behalten und *proaktiv* in die Debatte einzubringen. Beispielhaft lässt sich an der Stelle auf die zunehmende Digitalisierung des Bildungssystems verweisen. Wenngleich sich spätestens seit der Covid-19-Pandemie eine breite Akzeptanz für die Digitalisierung im Kontext von Unterricht zeigt, bleibt die »andere Seite der Bildung« (Otto/Rauschenbach 2008) bei dieser Entwicklung weitgehend außen vor und beschränkt sich allenfalls auf die Vermittlung digitaler Kompetenzen. Die Digitalisierung der Schulsozialarbeit oder Kinder- und Jugendarbeit (im Ganztag), orientiert an den Prinzipien der Offenheit, Freiwilligkeit, Lebensweltorientierung und Partizipation, wird vernachlässigt (siehe hierzu auch EU-Kommission 2016). Unberücksichtigt bleiben somit gleichermaßen das integrative Potenzial digitaler Medien mit Blick auf die Verbindung unterschiedlicher Lebenswelten (BMBF 2018, S. 13) wie die Chance der Prävention neuer Ungleichheiten.

Deutlich wird in dem Zusammenhang auch der Bedarf an Forschung. Zum einen, um Entwicklungen und mögliche Folgen im Blick zu behalten und ggf. gerechtigkeitsorientierte Nachjustierungen vornehmen zu können, zum anderen, um das Desiderat an Wissen um non-formale Bildungsprozesse im Kontext von Bildungsgerechtigkeit abzubauen. Nach wie vor (und sicher auch in Ermangelung vorliegender Daten) beruht die aktuelle Bildungsberichterstattung auf einem verkürzten Bildungsverständnis: Die Bereiche non-formale und informelle Bildung werden deutlich vernachlässigt und selbst die Analyse sogenannter nicht-monetärer Erträge fokussiert schulische Leistungen, indem diese (ausschließlich) im Zusammenhang mit Lebenszufriedenheit betrachtet werden (siehe exemplarisch Autor:innengruppe Bildungsberichterstattung 2022, S. 351 ff.). Das Potenzial der auch im Bildungsbericht selbst geforderten »Evaluationsstudien größer angelegter Modellvorhaben« (ebd., S. 304) besteht insbesondere darin, mehr über die Bildungsmöglichkeiten von

Ganztagssettings aus der Perspektive von Kindern und Jugendlichen zu erfahren. Dabei muss eine konsequente Umsetzung des erweiterten Bildungsverständnisses im Kontext der Bildungsforschung berücksichtigen, dass sich »institutionelle Settings [...] ausschließlich daran messen lassen [müssen, TG], welche subjektiven Formen von Bildung sie ermöglichen« (Sauerwein/Graßhoff 2022, S. 213). Die Einbindung von Kindern und Jugendlichen als Mitforschende birgt das Potenzial, deren politische Partizipation und Emanzipation im Ganztag zu ermöglichen (Grendel/Schulze 2022).

Schlussbemerkung

Das abschließende Kapitel zeigt auf unterschiedlichen Ebenen Handlungsfelder und -ansätze, um den Anspruch des Ganztags als »Bildungsoffensive« einzulösen. Maßgebend ist dabei die konsequente Orientierung an Bildungsgerechtigkeit in Sinne einer Anerkennungs- und Teilhabegerechtigkeit, die die Ermöglichung von Autonomie und Selbstbestimmung fokussiert, die Strukturen des Bildungssystems daran misst und entsprechend auch notwendige Veränderungen mitdenkt.

Erinnert sei an dieser Stelle an die in der Einleitung zu diesem Buch formulierte Frage, warum uns das Thema der Bildungsgerechtigkeit als »Dauerbrenner« (Georg 2006, S. 7) beschäftigt: zum einen wegen der mangelnden Priorisierung und unzureichenden Operationalisierung des politischen Ziels in konkrete Maßnahmen sowie deren adäquate Finanzierung; zum anderen, weil Maßnahmen nicht konsequent dahingehend überprüft werden, ob diese tatsächlich *grundlegende* Veränderungen bzw. Transformationen benachteiligender Strukturen intendieren und gesellschaftliche Machtstrukturen reflexiv mitdenken, lautet eine mögliche Antwort. Das vorliegende Buch berücksichtigt insbesondere die durch Klassismus und weitere Diskriminierungsformen bedingte interaktionelle Reproduktion sozialer Ungleichheiten. Der Analysefokus weitet sich in der Folge von einer defizitorientierten Sicht auf »bildungsbenachteiligte« Kinder, Jugendliche und deren Familien auf die Frage, welchen Anteil das Bildungssystem – darunter gleichermaßen formale wie non-formale und informelle Bildung – an der Situation haben und wie (Sozial-)Pädagog*innen – im Sinne eines erweiterten Bildungsverständnisses – Aspekte der Subjektbildung und der Solidarität stärker berücksichtigen können.

Dieser Perspektivwechsel fordert uns als Gesellschaft im Sinne einer politischen bzw. solidarischen Bildung heraus, um Aushandlungsprozesse

Schlussbemerkung

über Konzepte und konkrete Maßnahmen zu ermöglichen, die systematisch aus gerechtigkeitsorientierten Überlegungen abgeleitet und konsequent umgesetzt werden. Das vorliegende Buch will unter diesen Prämissen die Debatte erneut initiieren. Dabei geht es um die Zukunft junger Menschen und – auch hierauf verweist bereits das einleitende Zitat – nicht weniger als die Frage nach der Sicherung unseres demokratischen Miteinanders.

Literatur

Alanen, L. (2005): Kindheit als generationales Konzept. In: H. Hengst & H. Zeiher (Hrsg.), Kindheit soziologisch (S. 65–82). Wiesbaden: Springer VS.
Albert, M., Quenzel, G., Hurrelmann, K. & Kantar, P. (2019): Jugend 2019. Eine Generation meldet sich zu Wort. Zusammenfassung. 18. Shell Jugendstudie. Weinheim, Basel: Beltz.
Anderson, E. (2000): Warum eigentlich Gleichheit? In: A. Krebs (Hrsg.), Gleichheit oder Gerechtigkeit (S. 117–171). Frankfurt a. M.: Suhrkamp.
Andresen, S., Otto, H.-U. & Ziegler, H. (2008): Bildung as Human Development: An Educational View on the Capabilities Approach. In: H.-U. Otto & H. Ziegler (Hrsg.), Capabilities – Handlungsbefähigung und Verwirklichungschancen in der Erziehungswissenschaft (S. 165–197). Wiesbaden: Springer VS.
Aner, K. & Hammerschmidt, P. (2018): Kinder- und Jugendhilfe. In: K. Aner & P. Hammerschmidt (Hrsg.), Arbeitsfelder und Organisationen der Sozialen Arbeit. Eine Einführung (Basiswissen Soziale Arbeit, Band 6) (S. 29–47). Wiesbaden: Springer VS.
Anhorn, R., Bettinger, F. & Stehr, J. (Hrsg.) (2007): Foucaults Machtanalytik und Soziale Arbeit. Eine kritische Bestandsaufnahme. Wiesbaden: Springer VS.
Antidiskriminierungsstelle des Bundes (2019): Diskriminierung an Schulen erkennen und vermeiden. Praxisleitfaden zum Abbau von Diskriminierung in der Schule (4. Auflage). Berlin: Antidiskriminierungsstelle des Bundes.
Autorengruppe Bildungsberichterstattung (2012): Bildung in Deutschland 2012. Ein indikatorengestützter Bericht mit einer Analyse zur kulturellen Bildung im Lebenslauf. Bielefeld: wbv.
Autorengruppe Bildungsberichterstattung (2020): Bildung in Deutschland 2020. Ein indikatorengestützter Bericht mit einer Analyse zu Bildung in einer digitalisierten Welt. Bielefeld: wbv.
Autor:innengruppe Bildungsberichterstattung (2022): Bildung in Deutschland 2022. Ein indikatorengestützter Bericht mit einer Analyse zum Bildungspersonal. Bielefeld: wbv.
AWO Bundesverband e. V., Gewerkschaft für Erziehung und Wissenschaft (GEW), Diakonie Deutschland & Deutsches Rotes Kreuz (2020): Gemeinsame Erklärung für einen guten Ganztag im Grundschulalter – Rechtsanspruch muss für Kinder,

Eltern und Beschäftigte ein Erfolg werden!. Online verfügbar unter: https://www.gew.de/fileadmin/media/sonstige_downloads/hv/Kita/20200721-Gemeinsame-Erklaerung-Ganztag-web.pdf, Zugriff am 09.03.2022.

Babic, B. & Leßmann, O. (2016): Zwischen Wunsch und Wirklichkeit? Schlaglichter zur Rezeption des Capability/-ies-Ansatzes in der deutschsprachigen Sozialen Arbeit. In: S. Borrmann, C. Spatscheck, S. Pankofer, J. Sagebiel & B. Michel-Schwartze (Hrsg.), Die Wissenschaft Soziale Arbeit im Diskurs. Auseinandersetzungen mit den theoriebildenden Grundlagen Sozialer Arbeit (Theorie, Forschung und Praxis der Sozialen Arbeit, 13) (S. 197–216). Opladen, Berlin, Toronto: Budrich.

Baier, F. (2011): Warum Schulsozialarbeit? Fachliche Begründungen der Rolle von Schulsozialarbeit im Kontext von Bildung und Gerechtigkeit. In: F. Baier & U. Deinet (Hrsg.), Praxisbuch Schulsozialarbeit: Methoden, Haltungen und Handlungsorientierungen für eine professionelle Praxis (2., erweiterte Auflage) (S. 85–96). Opladen, Berlin, Toronto: Budrich.

Baier, F. (2016): Menschenrechte – Leitlinie zur Gestaltung von Vielfalt an Schule. In: V. Fischer, M. Genenger-Stricker & A. Schmidt-Koddenberg (Hrsg.), Soziale Arbeit und Schule. Diversität und Disparität als Herausforderung (Reihe Politik und Bildung, Band 80) (S. 135–149). Schwalbach/Ts.: Wochenschau Verlag.

Baier, F. (2021): Schulsozialarbeit und Offene Kinder- und Jugendarbeit. In: U. Deinet, B. Sturzenhecker, L. v. Schwanenflügel & M. Schwerthelm (Hrsg.), Handbuch Offene Kinder- und Jugendarbeit (5., vollständig neugestaltete Auflage) (S. 1731–1738). Wiesbaden: Springer VS.

Baier, F. & Fischer, M. (2018): Fachliche Orientierungen für die Praxis: Kinderrechte und Capabilities als konzeptionelle Grundlage der Schulsozialarbeit. In: S. Ahmed, F. Baier & M. Fischer (Hrsg.), Schulsozialarbeit an Grundschulen. Konzepte und Methoden für eine kooperative Praxis mit Kindern, Eltern und Schule (S. 65–79). Opladen, Berlin, Toronto: Budrich.

Balnis, P. (2017): Sozialpädagogische Gruppenarbeit in der Schule. In: E. Hollenstein, F. Nieslony, K. Speck & T. Olk (Hrsg.), Handbuch der Schulsozialarbeit (S. 157–164). Weinheim, Basel: Beltz Juventa.

Balzer, N. (2019): Anerkennung als erziehungswissenschaftliche Kategorie. In: L. Siep, H. Ikäheimo & M. Quante (Hrsg.), Handbuch Anerkennung. Living reference work (S. 1–8). Wiesbaden: Springer VS.

Baron, C. (2014): Klasse und Klassismus. Eine kritische Bestandsaufnahme. PROKLA, Zeitschrift für kritische Sozialwissenschaft, 44 (175), 225–235.

Bauer, U. & Hurrelmann, K. (2015): Das Modell der produktiven Realitätsverarbeitung in der aktuellen Diskussion. Zeitschrift für Soziologie der Erziehung und Sozialisation, 35 (2), 155–170.

Baumbast, S., Hofmann-van de Poll, F. & Lüders, C. (2014): Non-formale und informelle Lernprozesse in der Kinder- und Jugendarbeit und ihre Nachweise (Wissenschaftliche Texte). München: Dt. Jugenddienst.

Literatur

Baumert, J., Stanat, P. & Watermann, R. (2006): Schulstruktur und die Entstehung differenzieller Lern- und Entwicklungsmilieus. In: J. Baumert (Hrsg.), Herkunftsbedingte Disparitäten im Bildungswesen: differenzielle Bildungsprozesse und Probleme der Verteilungsgerechtigkeit. Vertiefende Analysen im Rahmen von PISA 2000 (S. 95–188). Wiesbaden: Springer VS.

Baumgart, F. (Hrsg.) (2007): Erziehungs- und Bildungstheorien: Erläuterungen, Texte, Arbeitsaufgaben (3. Auflage). Bad Heilbrunn: Klinkhardt.

Baumgart, F. (Hrsg.) (2008): Theorien der Sozialisation. Erläuterungen – Texte – Arbeitsaufgaben (4., durchgesehene Auflage). Bad Heilbrunn: Klinkhardt.

Beck, I. & Plößer, M. (2021): Intersektionalität und Inklusion als Perspektiven auf die Adressat*innen der Offenen Kinder und Jugendarbeit. In: U. Deinet, B. Sturzenhecker, L. v. Schwanenflügel & M. Schwerthelm (Hrsg.), Handbuch Offene Kinder- und Jugendarbeit (5., vollständig neugestaltete Auflage) (S. 279–293). Wiesbaden: Springer VS.

Becker, R. & Hecken, A. E. (2009): Why are Working-Class Children Diverted from Universities? – An Empirical Assessment of the Diversion Thesis. European Sociological Review, 25 (2), 233–250.

Becker, R. & Lauterbach, W. (2004): Dauerhafte Bildungsungleichheiten – Ursachen, Mechanismen, Prozesse und Wirkungen. In: R. Becker & W. Lauterbach (Hrsg.), Bildung als Privileg? Erklärungen und Befunde zu den Ursachen der Bildungsungleichheit. Wiesbaden: Springer VS.

Beigang, S., Fetz, K., Kalkum, D. & Otto, M. (2017): Diskriminierungserfahrungen in Deutschland. Ergebnisse einer Repräsentativ- und einer Betroffenenbefragung. Herausgegeben v. Antidiskriminierungsstelle des Bundes. Baden-Baden: Nomos.

Bertram, H. (1981): Sozialstruktur und Sozialisation. Zur mikrosoziologischen Analyse von Chancenungleichheit. Darmstadt, Neuwied: Luchterhand.

Bock, K. (2008): Einwürfe zum Bildungsbegriff. Fragen für die Kinder- und Jugendhilfeforschung. In: H.-U. Otto & T. Rauschenbach (Hrsg.), Die andere Seite der Bildung. Zum Verhältnis von formellen und informellen Bildungsprozessen (2. Auflage) (S. 91–105). Wiesbaden: Springer VS.

Böllert, K. (2018): Einleitung: Kinder- und Jugendhilfe – Entwicklungen und Herausforderungen einer unübersichtlichen sozialen Infrastruktur. In: K. Böllert (Hrsg.), Kompendium Kinder- und Jugendhilfe (S. 3–62). Wiesbaden: Springer VS.

Böllert, K., Otto, H.-U., Schrödter, M. & Ziegler, H. (2018): Gerechtigkeit. In: H.-U. Otto, H. Thiersch, R. Treptow & H. Ziegler (Hrsg.), Handbuch Soziale Arbeit: Grundlagen der Sozialarbeit und Sozialpädagogik (6., überarbeitete Auflage) (S. 516–526). München: Reinhardt.

Bonefeld, M. & Dickhäuser, O. (2018): (Biased) Grading of Students' Performance: Students' Names, Performance Level, and Implicit Attitudes. Frontiers in Psychology, 9 (481), 1–13.

Boudon, R. (1974): Education, Opportunity, and Social Inequality: Changing Prospects in Western Society. New York: Wiley.

Bourdieu, P. (1983): Ökonomisches Kapital, kulturelles Kapital, soziales Kapital. In: R. Kreckel (Hrsg.), Soziale Ungleichheiten (Soziale Welt Sonderband 2) (S. 183–198). Göttingen: Otto Schwartz.

Bourdieu, P. (1987): Die feinen Unterschiede. Kritik der gesellschaftlichen Urteilskraft (25. Auflage 2016). Frankfurt a. M.: Suhrkamp.

Bourdieu, P. (1989): Antworten auf einige Einwände. In: K. Eder (Hrsg.), Klassenlage, Lebensstil und kulturelle Praxis. Beiträge zur Auseinandersetzung mit Pierre Bourdieus Klassentheorie (S. 395–411). Frankfurt a. M.: Suhrkamp.

Bourdieu, P. (1992a): Die feinen Unterschiede (Interview). In: P. Bourdieu (Hrsg.), Die verborgenen Mechanismen der Macht. Schriften zu Politik und Kultur. Herausgegeben v. M. Steinrücke (S. 31–47). Hamburg: VSA Verlag.

Bourdieu, P. (1992b): Die verborgenen Mechanismen der Macht. Schriften zu Politik und Kultur. Herausgegeben v. M. Steinrücke. Hamburg: VSA Verlag.

Bourdieu, P. (2001): Mediationen. Zur Kritik der scholastischen Vernunft. Frankfurt a. M.: Suhrkamp.

Bourdieu, P. (2005): Die männliche Herrschaft. Frankfurt a. M.: Suhrkamp.

Bourdieu, P. & Passeron, J.-C. (1971): Die Illusion der Chancengleichheit. Untersuchungen zur Soziologie des Bildungswesens am Beispiel Frankreichs. Stuttgart: Klett.

Bremm, N. & Racherbäumer, K. (2020): Dimensionen der (Re-)Produktion von Bildungsbenachteiligung in sozialräumlich deprivierten Schulen im Kontext der Corona-Pandemie. In: D. Fickermann & B. Edelstein (Hrsg.), »Langsam vermisse ich die Schule ...«. Schule während und nach der Corona-Pandemie (Die Deutsche Schule: Zeitschrift für Erziehungswissenschaft, Bildungspolitik und pädagogische Praxis. Beiheft 16) (S. 202–215). Münster, New York: Waxmann.

Brighouse, H. & Unterhalter, E. (2008): Primary Goods versus Capabilities: Considering the Debate in Relation to Equalities in Education. In: H.-U. Otto & H. Ziegler (Hrsg.), Capabilities – Handlungsbefähigung und Verwirklichungschancen in der Erziehungswissenschaft (S. 69–81). Wiesbaden: Springer VS.

Broden, A. & Mecheril, P. (2014): Solidarität in der Migrationsgesellschaft. Einleitende Bemerkungen. In: A. Broden & P. Mecheril (Hrsg.), Solidarität in der Migrationsgesellschaft. Befragung einer normativen Grundlage (S. 7–22). Bielefeld: Transcript.

Bronfenbrenner, U. (1990): Ökologische Sozialisationsforschung. In: L. Kruse, C.-F. Graumann & E.-D. Lantermann (Hrsg.), Ökologische Psychologie. Ein Handbuch in Schlüsselbegriffen (S. 76–79). Weinheim, Basel: Beltz.

Bronfenbrenner, U. (1981): Die Ökologie der menschlichen Entwicklung. Natürliche und geplante Experimente. Stuttgart: Klett-Cotta.

Bronfenbrenner, U. (2012 [1976]): Ökologische Sozialisationsforschung – Ein Bezugsrahmen. In: U. Bauer, U. H. Bittlingmayer & A. Scherr (Hrsg.), Handbuch Bildungs- und Erziehungssoziologie (Bildung und Gesellschaft) (S. 167–176). Wiesbaden: Springer VS.

Buchna, J., Coelen, T., Dollinger, B. & Rother, P. (2017): Abbau von Bildungsbenachteiligung als Mythos? Orientierungen pädagogischer Akteure in (Ganztags-) Grundschulen. Zeitschrift für Pädagogik, 63 (4), 416–436.
Budde, J. & Rieske, T. V. (2022): Jungen in Bildungskontexten. Männlichkeit, Geschlecht und Pädagogik in Kindheit und Jugend. Opladen, Berlin, Toronto: Budrich.
Bundesjugendkuratorium (BJK), Sachverständigenkommission für den elften Kinder und Jugendbericht & Arbeitsgemeinschaft für Jugendhilfe (AGJ) (Hrsg.) (2002): Bildung ist mehr als Schule. Leipziger Thesen zur aktuellen bildungspolitischen Debatte. Gemeinsame Erklärung des Bundesjugendkuratoriums, der Sachverständigenkommission für den Elften Kinder- und Jugendbericht und der Arbeitsgemeinschaft für Jugendhilfe. Bonn, Berlin, Leipzig: BKJ. Online verfügbar unter: http://www.miz.org/dokumente/BA_035_Leipziger_These_zur_bil dungspolitischen_%20Debatte_2002.pdf, Zugriff am 09.03.2022.
Bundesministerium für Bildung und Forschung (BMBF) (Hrsg.) (2018): Rahmenprogramm empirische Bildungsforschung. Bonn: BMBF.
Bundesministerium für Familie, Senioren Frauen und Jugend (BMFSFJ) (2005): 12. Kinder- und Jugendbericht – Bericht über die Lebenssituation junger Menschen und die Leistungen der Kinder- und Jugendhilfe in Deutschland und Stellungnahme der Bundesregierung. Deutsches Jugendinstitut. Berlin: BMFSFJ.
Bundesministerium für Familie, Senioren Frauen und Jugend (BMFSFJ) (2017): 15. Kinder- und Jugendbericht – Bericht über die Lebenssituation junger Menschen und die Leistungen der Kinder- und Jugendhilfe in Deutschland und Stellungnahme der Bundesregierung. Deutsches Jugendinstitut. Berlin: BMFSFJ.
Coelen, T., Gusinde, F., Lieske, N. & Trautmann, M. (2016): Informelles Lernen in der Schule. In: M. Rohs (Hrsg.), Handbuch Informelles Lernen (S. 325–342). Wiesbaden: Springer VS.
Coelen, T., Gusinde, F. & Rother, P. (2018): Schule. In: K. Böllert (Hrsg.), Kompendium Kinder- und Jugendhilfe (S. 467–487). Wiesbaden: Springer VS.
Coelen, T. & Otto, H.-U. (Hrsg.) (2008): Grundbegriffe Ganztagsbildung. Das Handbuch. Wiesbaden: Springer VS.
Dahrendorf, R. (1965): Bildung ist Bürgerrecht. Plädoyer für eine aktive Bildungspolitik. Hamburg: Nannen.
Daniel, H.-D., Hannover, B., Köller, O., Lenzen, D. & McElvany, N. (2019): Region und Bildung. Mythos Stadt – Land. Gutachten. Unter Mitarbeit von M. Lindemann. Münster, New York: Waxmann.
Dean, I. (2020): Bildung – Heterogenität – Sprache. Rassistische Differenz- und Diskriminierungsverhältnisse in Kita und Grundschule. Wiesbaden: Springer VS.
Deinet, U. (2017): Schulsozialarbeit zwischen Schule, Sozialraum und Bildungslandschaft. In: E. Hollenstein, F. Nieslony, K. Speck & T. Olk (Hrsg.), Handbuch der Schulsozialarbeit (S. 48–56). Weinheim, Basel: Beltz Juventa.

Literatur

Deinet, U. (2020): Sozialraumorientierung. In: P. Bollweg, J. Buchna, T. Coelen & H.-U. Otto (Hrsg.), Handbuch Ganztagsbildung (2. Auflage) (S. 1299–1309). Wiesbaden: Springer VS.

Deppe, U. (2013): Familie, Peers und Bildungsungleichheit. Qualitative Befunde zur interdependenten Bildungsbedeutsamkeit außerschulischer Bildungsorte. Zeitschrift für Erziehungswissenschaft, 16 (3), 533–552.

Deutscher Berufsverband für Soziale Arbeit e. V. (DBSH) (2016): Deutschsprachige Definition Sozialer Arbeit des Fachbereichstag Soziale Arbeit und DBSH. Online verfügbar unter: https://www.dbsh.de/media/dbsh-www/redaktionell/bilder/Profession/20161114_Dt_Def_Sozialer_Arbeit_FBTS_DBSH_01.pdf, Zugriff am 09.03.2022.

Deutsches Institut für Jugendhilfe und Familienrecht e. V. (DIJuF) (2021): DIJuF-Synopse zum KJSG. Heidelberg. Online verfügbar unter: https://dijuf.de/filead min/user_upload/DIJuF-Synopse_KJSG_Stand_10.6.2021.pdf, Zugriff am 09.03.2022.

Dietrich, F., Heinrich, M. & Thieme, N. (2013): Bildungsgerechtigkeit jenseits von Chancengleichheit. Theoretische und empirische Ergänzungen und Alternativen zu ›PISA‹ – Zur Einführung in den Band. In: F. Dietrich, M. Heinrich & N. Thieme (Hrsg.), Bildungsgerechtigkeit jenseits von Chancengleichheit. Theoretische und empirische Ergänzungen und Alternativen zu »PISA« (S. 11–32). Wiesbaden: Springer VS.

Ditton, H. (2006): Der Beitrag Urie Bronfenbrenners für die Erziehungswissenschaft. Zeitschrift für Soziologie der Erziehung und Sozialisation 26 (3), 268–281.

Ditton, H. (2019): Mechanismen der Selektion und Exklusion im Schulsystem. In: G. Quenzel & K. Hurrelmann (Hrsg.), Handbuch Bildungsarmut (S. 157–182). Wiesbaden: Springer VS.

Dollinger, B. (2008): Reflexive Sozialpädagogik. Struktur und Wandel sozialpädagogischen Wissens. Wiesbaden: Springer VS.

Dörpinghaus, A., Poenitsch, A. & Wigger, L. (2006): Einführung in die Theorie der Bildung (5. Auflage). Darmstadt: wbg.

Dudziak, I., Niproschke, S., Bilz, L., Fischer, S. M., Oertel, L., Schubarth, W., Seidel, A., Ulbricht, J. & Wachs, S. (2017): Häufigkeiten, Formen und Erfolg von Lehrerinterventionen aus Lehrer- und Schülersicht. In: L. Bilz, W. Schubarth, I. Dudziak, S. Fischer, S. Niproschke & J. Ulbricht (Hrsg.), Gewalt und Mobbing an Schulen. Wie sich Gewalt und Mobbing entwickelt haben, wie Lehrer intervenieren und welche Kompetenzen sie brauchen (S. 103–128). Bad Heilbrunn: Klinkhardt.

Eilers, D. (2018): »blue scholars« – Interdependente Klassismusanalyse als kollektive Forschung. In: H. Mai, T. Merl & M. Mohseni (Hrsg.), Pädagogik in Differenz- und Ungleichheitsverhältnissen. Aktuelle erziehungswissenschaftliche Perspektiven zur pädagogischen Praxis (S. 91–104). Wiesbaden: Springer VS.

El-Mafaalani, A. (2012): BildungsaufsteigerInnen aus benachteiligten Milieus. Habitustransformation und soziale Mobilität bei Einheimischen und Türkeistämmigen. Wiesbaden: Springer VS.

El-Mafaalani, A. (2014): Vom Arbeiterkind zum Akademiker. Über die Mühen des Aufstiegs durch Bildung. Berlin: Konrad-Adenauer-Stiftung.

Emanuel, M. (2017): Jugendhilfe und Schule – Plädoyer für eine offensiv-emanzipatorische Schulsozialarbeit. In: E. Hollenstein, F. Nieslony, K. Speck & T. Olk (Hrsg.), Handbuch der Schulsozialarbeit (S. 16–24). Weinheim, Basel: Beltz Juventa.

Emanuel, M. & Weinhardt, M. (2021): Schule bewältigen: Mädchen und Jungen als Schülerinnen und Schüler Funktionslogiken und Adressierungen in den Systemen Kinder- und Jugendhilfe und Schule. In: U. Deinet, B. Sturzenhecker, L. v. Schwanenflügel & M. Schwerthelm (Hrsg.), Handbuch Offene Kinder- und Jugendarbeit (5., vollständig neugestaltete Auflage) (S. 1465–1471). Wiesbaden: Springer VS.

Eribon, D. (2017): Gesellschaft als Urteil. Klassen, Identitäten, Wege. Berlin: Suhrkamp.

Europäische Kommission (2016): Mandate of the Expert Group on Digitalisation and Youth. Online verfügbar unter: http://ec.europa.eu/assets/eac/youth/policy/documents/mandate-expert_group-digitalisation-youth_en.pdf, Zugriff am 09.03.2022.

Fend, H. (1980): Theorie der Schule (U-&-S-Pädagogik). München: Urban & Schwarzenberg.

Fend, H. (2008): Neue Theorie der Schule. Einführung in das Verstehen von Bildungssystemen (2. durchgesehene Auflage). Wiesbaden: Springer VS.

Fischer, N. (2020): Wirkungen außerunterrichtlicher Angebote an Ganztagsschulen. In: P. Bollweg, J. Buchna, T. Coelen & H.-U. Otto (Hrsg.), Handbuch Ganztagsbildung (2. Auflage) (S. 1537–1547). Wiesbaden: Springer VS.

Fischer, V. (2016): Der Diversity-Diskurs und schulisch orientierte Soziale Arbeit. In: V. Fischer, M. Genenger-Stricker & A. Schmidt-Koddenberg (Hrsg.), Soziale Arbeit und Schule. Diversität und Disparität als Herausforderung (Reihe Politik und Bildung, Band 80) (S. 65–132). Schwalbach/Ts.: Wochenschau Verlag.

Fraser, N. (1994): Widerspenstige Praktiken. Macht, Diskurs, Geschlecht. Frankfurt a.M.: Suhrkamp.

Fraser, N. (2007): Identity, Exclusion, and Critique. A Response to Four Critics. European Journal of Political Theory, 6 (3), 305–338.

Fraser, N. (2011): Reflections. Interviewed by Amrita Chhachhi. Development and Change, 42 (1), 297–314. Online verfügbar unter: https://doi.org/10.1111/j.1467-7660.2011.01691.x, Zugriff am 09.03.2022.

Fraser, N. (2002): Soziale Gerechtigkeit in der Wissensgesellschaft: Umverteilung, Anerkennung und Teilhabe. In: Heinrich-Böll-Stiftung (Hrsg.), Gut zu Wissen – Links zur Wissensgesellschaft. Münster: Westfälisches Dampfboot. Online verfügbar unter: https://www.boell.de/sites/default/files/assets/boell.de/images/

download_de/wirtschaftsoziales/wissensgesellschaft_gerechtigkeit.pdf, Zugriff am 09.03.2022.

Fraser, N. (2017): Soziale Gerechtigkeit im Zeitalter der Identitätspolitik. Umverteilung, Anerkennung und Beteiligung. In: N. Fraser & A. Honneth (Hrsg.), Umverteilung oder Anerkennung? Eine politisch-philosophische Kontroverse (5. Auflage) (S. 13–128). Frankfurt a. M.: Suhrkamp.

Fraser, N. & Honneth, A. (2017): Umverteilung oder Anerkennung? Eine politisch-philosophische Kontroverse (5. Auflage). Frankfurt a. M.: Suhrkamp.

Freire, P. (1973 [1971]): Pädagogik der Unterdrückten. Bildung als Praxis der Freiheit. Reinbek bei Hamburg: Rowohlt.

Ganztagsschule (2017/2018): Deskriptive Befunde einer bundesweiten Befragung. Studie zur Entwicklung von Ganztagsschulen, StEG. Frankfurt a. M., Dortmund, Gießen, München: DIPF, DJI, IFS, Justus-Liebig-Universität.

Geiss, M. (2016): Schulsozialarbeit und soziale Disparität: Potenziale und Implikationen aus bildungswissenschaftlicher Perspektive, diskutiert am Beispiel des saarländischen Landesprogramms »Schoolworker«. Heidelberg. Online verfügbar unter: https://www.ssoar.info/ssoar/handle/document/46969, Zugriff am 09.03.2022.

Geißler, R. (2013): Die Metamorphose der Arbeitertochter zum Migrantensohn. Zum Wandel der Chancenstruktur im Bildungssystem nach Schicht, Geschlecht, Ethnie und deren Verknüpfungen. In: P. A. Berger & H. Kahlert (Hrsg.), Institutionalisierte Ungleichheiten. Wie das Bildungswesen Chancen blockiert (3. Auflage) (S. 71–100). Weinheim, Basel: Beltz Juventa.

Georg, W. (2006): Einleitung. In: W. Georg (Hrsg.), Soziale Ungleichheit im Bildungssystem. Eine empirisch-theoretische Bestandsaufnahme (S. 7–12). Köln: Halem.

Giesinger, J. (2007): Was heißt Bildungsgerechtigkeit?. Zeitschrift für Pädagogik, 53 (3), 362–381.

Giesinger, J. (2008): Begabtenförderung und Bildungsgerechtigkeit. In: H. Ullrich & S. Strunck (Hrsg.), Begabtenförderung an Gymnasien. Entwicklungen, Befunde, Perspektiven (Schule und Gesellschaft, 41) (S. 271–291). Wiesbaden: Springer VS.

Giesinger, J. (2015): Bildungsgerechtigkeit: Begrifflichkeiten, Konzepte, Geschichte. Österreichische Forschungsgemeinschaft. Festsaal der Diplomatischen Akademie Wien, 01.06.2015. Online verfügbar unter: https://www.oefg.at/wp-content/uploads/2014/01/Johannes_Giesinger_Bildungsgerechtigkeit.pdf, Zugriff am 09.03.2022.

Goerdeler, J. & Wapler, F. (Hrsg.) (2011): SGB VIII Onlinekommentar. Köln: Wolters Kluwer.

Gomolla, M. (2010): Differenz, Anti-Diskriminierung und Gleichstellung als Aufgabenfelder von Qualitätsentwicklung im Bildungsbereich: Konzeptionelle Überlegungen in Anlehnung an die Gerechtigkeitstheorie Nancy Frasers. Journal für International und Interkulturell, 16 (2), 200–229. Online verfügbar unter:

https://www.waxmann.com/index.php?eID=download&id_artikel=ART1
00047&uid=frei, Zugriff am 09.03.2022.

Grendel, T. (2012): Bezugsgruppenwechsel und Bildungsaufstieg. Zur Veränderung herkunftsspezifischer Bildungswerte. Wiesbaden: Springer VS.

Grendel, T. (2019a): Sozialisation als Verinnerlichung sozial ungleicher Strukturen (Pierre Bourdieu). In: T. Grendel (Hrsg.), Sozialisation und Soziale Arbeit. Studienbuch zu Theorie, Empirie und Praxis (S. 51–61). Wiesbaden: Springer VS.

Grendel, T. (2019b): Sozialisation und Professionalität. In: T. Grendel (Hrsg.), Sozialisation und Soziale Arbeit. Studienbuch zu Theorie, Empirie und Praxis (S. 189–200). Wiesbaden: Springer VS.

Grendel, T. (i. E.): Solidarische Bildung an Schule – Neujustierungen Sozialer Arbeit im Kontext des gemeinsamen Integrationsauftrags mit Schule. In: Forschungsgruppe Professionalität Sozialer Arbeit (Hrsg.), Zur Neujustierung von Professionalität Sozialer Arbeit zwischen Adressat*innen, Institutionen und Gesellschaft. Wiesbaden: Springer VS.

Grendel, T. & Scherschel, K. (2019): Dilemmata des professionellen Habitus in der Sozialen Arbeit mit Geflüchteten. In: T. Sander & J. Weckwerth (Hrsg.), Das Personal der Professionen: Soziale und fachkulturelle Passungen bei Ausbildung, Berufszugang und professioneller Praxis (S. 124–144). Weinheim, Basel: Beltz Juventa.

Grendel, T. & Schulze, H. (2021): Kinderrechte als ethischer Referenzrahmen von Forschung: Anspruch und Herausforderungen einer adultismuskritischen Habitussensibilität in der Sozialen Arbeit. In: J. Franz & U. Unterkofler (Hrsg.), Forschungsethik in der Sozialen Arbeit. Prinzipien und Erfahrungen (S. 143–156). Opladen, Berlin, Toronto: Budrich.

Grendel, T. & Schulze, H. (2022): Kinderrechte als forschungsethischer Bezugsrahmen: Potential für politische Partizipation in einem Forschungsbündnis gegen Diskriminierung. Sozialmagazin, Themenheft #Kinder #Jugend #Rechte #Stärken (Hrsg. Gunther Graßhoff/Florian Hinken), Ausgabe 4, 76–82.

Grendel, T. & Witek, K. (i. E.): Soziale Arbeit und Schule: Verhältnisbestimmungen und Entwicklungspotenziale professioneller Praxen im Ganztag. In: Forschungsgruppe Professionalität Sozialer Arbeit (Hrsg.), Zur Neujustierung von Professionalität Sozialer Arbeit zwischen Adressat*innen, Institutionen und Gesellschaft. Wiesbaden: Springer VS.

Groos, T. & Knüttel, K. (2021): Sozialindizes für Schulen. Kommunale Perspektiven; Studie im Auftrag des Netzwerk Bildung der Friedrich-Ebert-Stiftung. Bonn: Friedrich-Ebert-Stiftung.

Grundmann, M., Hornei, I. & Steinhoff, A. (2013): Capabilities in sozialen Kontexten. Erfahrungsbasierte Analysen von Handlungsbefähigung und Verwirklichungschancen im menschlichen Entwicklungsprozess. In: G. Graf, E. Kapferer & C. Sedmak (Hrsg.), Der Capability Approach und seine Anwendung. Fähigkeiten von Kindern und Jugendlichen erkennen und fördern (S. 125–148). Wiesbaden: Springer VS.

Literatur

Grunwald, K. & Thiersch, H. (2018): Lebensweltorientierung. In: G. Graßhoff, A. Renker & W. Schröer (Hrsg.), Soziale Arbeit. Eine elementare Einführung (S. 303–315). Wiesbaden: Springer VS.

Guglhör-Rudan, A. & Alt, C. (2021): Ganztägige Bildung und Betreuung – auch eine Frage der Finanzen. Eine Schätzung der Gesamtkosten des bedarfsgerechten Ganztagsangebots. In: G. Graßhoff & M. Sauerwein (Hrsg.), Rechtsanspruch auf Ganztag. Zwischen Betreuungsnotwendigkeit und fachlichen Ansprüchen (S. 40–56). Weinheim, Basel: Beltz Juventa.

Hadjar, A. (2008): Meritokratie als Legitimationsmythos. Wiesbaden: Springer VS.

Hagedorn, J. (2017): Jugend und Schule – Konstruktionen und Bilder von Jugend in Schule und Schulforschung (Materialien zum 15. Kinder- und Jugendbericht). Herausgegeben v. Sachverständigenkommission 15. Kinder- und Jugendbericht. München: Deutsches Jugendinstitut.

Heite, C. (2018): Anerkennung. In: H.-U. Otto, H. Thiersch, R. Treptow & H. Ziegler (Hrsg.), Handbuch Soziale Arbeit: Grundlagen der Sozialarbeit und Sozialpädagogik (6., überarbeitete Auflage) (S. 68–77). München: Reinhardt.

Helbig, M. & Morar, T. (2017): Warum Lehrkräfte sozial ungleich bewerten. Ein Plädoyer für die Etablierung tertiärer Herkunftseffekte im werterwartungstheoretischen Standardmodell der Bildungsforschung (Discussion Paper P 2017-005). Herausgegeben v. Wissenschaftszentrum Berlin für Sozialforschung. Online verfügbar unter: https://bibliothek.wzb.eu/pdf/2017/p17-005.pdf, Zugriff am 28.07.2022.

Helsper, W., Dreier, L., Gibson, A., Kotzyba, K. & Niemann, M. (2018): Exklusive Gymnasien und ihre Schüler. Wiesbaden: Springer VS.

Hermes, H., Lergetporer, P., Peter, F. & Wiederhold, S. (2021): Behavioral Barriers and the Socioeconomic Gap in Child Care Enrollment. Discussion Paper, 1970. DIW.

Hollenstein, E. & Nieslony, F. (2017): Professionelles Handeln in der Schulsozialarbeit. In: E. Hollenstein, F. Nieslony, K. Speck & T. Olk (Hrsg.), Handbuch der Schulsozialarbeit (S. 65–74). Weinheim, Basel: Beltz Juventa.

Hopf, W. (2017): Von der Gleichheit der Bildungschancen zur Bildungsgerechtigkeit für alle – ein Abschied auf Raten vom Gleichheitsideal? In: M. S. Baader & T. Freytag (Hrsg.), Bildung und Ungleichheit in Deutschland (S. 23–37). Wiesbaden: Springer VS.

Hradil, S. (2001): Soziale Ungleichheit in Deutschland (8. Auflage). Wiesbaden: Springer VS.

Hummrich, M. & Kramer, R.-T. (2017): Schulische Sozialisation (Band 5). Wiesbaden, Heidelberg: Springer VS.

Hunold, M. (2020): Soziale Arbeit als ungleichheitsreflektiertes Bildungsangebot. Überlegungen zur Professionalisierung in der Kinder- und Jugendarbeit. In: P. Cloos, B. Lochner & H. Schoneville (Hrsg.), Soziale Arbeit als Projekt. Konturierungen von Disziplin und Profession (S. 249–259). Wiesbaden: Springer VS.

Literatur

Hurrelmann, K. (1983): Das Modell des produktiv realitätsverarbeitenden Subjekts in der Sozialisationsforschung. Zeitschrift für Sozialisationsforschung und Erziehungssoziologie, 3, 91–103.

Hurrelmann, K. & Schultz, T. (Hrsg.) (2012): Jungen als Bildungsverlierer. Brauchen wir eine Männerquote in Kitas und Schulen?. Weinheim, Basel: Beltz Juventa.

Icking, M. & Deinet, U. (2021): Empirisches Wissen zu Offener Kinder- und Jugendarbeit und Schule. In: U. Deinet, B. Sturzenhecker, L. v. Schwanenflügel & M. Schwerthelm (Hrsg.), Handbuch Offene Kinder- und Jugendarbeit (5., vollständig neugestaltete Auflage) (S. 1017–1026). Wiesbaden: Springer VS.

International Federation of Social Workers (IFSW) & International Association of Schools of Social Work (IASSW) (2005): Ethics in Social Work, Statement of Principles. Online verfügbar unter: https://www.obds.at/wp/wp-content/uploads/2018/04/ethiccodex_ifsw_2.pdf, Zugriff am 09.03.2022.

Iser, A. (2017): Beratung und Beziehungsarbeit im schulischen Kontext. In: E. Hollenstein, F. Nieslony, K. Speck & T. Olk (Hrsg.), Handbuch der Schulsozialarbeit (S. 146–156). Weinheim, Basel: Beltz Juventa.

Kemper, A. (2016): Klassismus. Eine Bestandsaufnahme. Bonn: Landesbüro Thüringen Friedrich-Ebert-Stiftung.

Kemper, A. & Weinbach, H. (2009): Klassismus. Eine Einführung. Münster: Unrast Verlag.

Kessl, F. (2005): Der Gebrauch der eigenen Kräfte. Eine Gouvernementalität Sozialer Arbeit. Weinheim, Basel: Beltz Juventa.

Kessl, F. & Plößer, M. (2010): Differenzierung, Normalisierung, Andersheit. Soziale Arbeit als Arbeit mit den Anderen – eine Einleitung. In: F. Kessl & M. Plößer (Hrsg.), Differenzierung, Normalisierung, Andersheit. Soziale Arbeit als Arbeit mit den Anderen (S. 7–16). Wiesbaden: Springer VS.

Klafki, W. (1989): Gesellschaftliche Funktion und pädagogischer Auftrag der Schule in einer demokratischen Gesellschaft. In: K.-H. Braun (Hrsg.), Subjektivität, Vernunft, Demokratie. Analysen und Alternativen zur konservativen Schulpolitik (Reihe Pädagogik) (S. 4–33). Weinheim, Basel: Beltz.

Klusemann, S., Rosenkranz, L. & Schütz, J. (2021): Professionalität und Bildungsgerechtigkeit. Oder: Ist pädagogisch professionelles Handeln bildungsgerechtes Handeln? In: B. Heidkamp-Kergel, D. Kergel & S.-N. August (Hrsg.), Handbuch Interdisziplinäre Bildungsforschung (S. 34–53). Weinheim, Basel: Beltz Juventa.

Koller, H.-C. (2012): Bildung anders denken. Einführung in die Theorie transformatorischer Bildungsprozesse. Stuttgart: Kohlhammer.

Kooperationsverbund Schulsozialarbeit (Hrsg.) (2019): Das Selbstverständnis der Schulsozialarbeit angesichts gesellschaftlicher Herausforderungen. Frankfurt a.M. Online verfügbar unter: https://www.researchgate.net/publication/336847372_Das_Selbstverstandnis_der_Schulsozialarbeit_angesichts_gesellschaftlicher_Herausforderungen_vorgelegt_vom_Kooperationsverbund_Schulsozialarbeit, Zugriff am 09.03.2022.

Krais, B. & Gebauer, G. (2002): Habitus. Bielefeld: Transcript.

Literatur

Kristen, C. (1999): Bildungsentscheidungen und Bildungsungleichheit – Ein Überblick über den Forschungsstand. Arbeitspapiere (Band 5). Mannheim: MZES.

Kultusministerkonferenz (KMK) (2006): Übergang von der Grundschule in Schulen des Sekundarbereichs I. Informationsunterlage des Sekretariats der Kultusministerkonferenz. Online verfügbar unter: https://www.kmk.org/fileadmin/Dateien/veroeffentlichungen_beschluesse/2006/2006_03_01-Uebergang-Grundschule-Sek1.pdf, Zugriff am 09.03.2022.

Kultusministerkonferenz (KMK) (2020): Entwicklung und Ausbau einer kooperativen Ganztagsbildung in der Sekundarstufe I (Beschluss der Jugend- und Familienministerkonferenz vom 27.05.2020/Beschluss der Kultusministerkonferenz vom 18.06.2020). Online verfügbar unter: https://www.kmk.org/fileadmin/Dateien/veroeffentlichungen_beschluesse/2020/2020_06_18-KMK-JFMK-Ganztag-Sek-I.pdf, Zugriff am 09.03.2022.

Kultusministerkonferenz (KMK) (2018): Demokratie als Ziel, Gegenstand und Praxis historisch-politischer Bildung und Erziehung in der Schule. Beschluss der Kulturministerkonferenz vom 06.03.2009 i.d.F. vom 11.10.2018. Online verfügbar unter: https://www.kmk.org/fileadmin/Dateien/veroeffentlichungen_beschluesse/2009/2009_03_06-Staerkung_Demokratieerziehung.pdf, Zugriff am 09.03.2022.

Laskowski, W. (2011): Kooperative Professionalität. Das Verhältnis von Schule und Sozialer Arbeit am Beispiel des Pilotprojekts »Schulsozialarbeit Steiermark«. Soziales_kapital. Wissenschaftliches Journal österreichischer Fachhochschul-Studiengänge Soziale Arbeit, 7, 1–16.

Leibniz-Institut für Bildungsverläufe (2019): Mädchen sind besser im Lesen, Jungs in Mathe – zumindest, wenn sie den traditionellen »kleinen Unterschied« im Kopf haben (NEPS Ergebnisse kompakt). Bamberg. Online verfügbar unter: www.lifbi.de/NEPS-Ergebnisse-kompakt, Zugriff am 09.03.2022.

Liebig, R. & Schröder, N. & Klapinski, A.-M. (2020): Wirkungen der Kinder- und Jugendarbeit. Sekundäranalyse zum Stand der Forschung der letzten zehn Jahre. Hochschule Düsseldorf. Online verfügbar unter: https://opus4.kobv.de/opus4-hs-duesseldorf/frontdoor/index/index/year/2020/docId/2121, Zugriff am 14.07.2022.

Linberg, A. & Maly-Motta, H. (2021): Bildungsort Familie: Bildungsförderliche Aktivitäten in der Familie. In: S. Kuger, S. Walper & T. Rauchenbach (Hrsg.), Aufwachsen in Deutschland 2019. Alltagswelten von Kindern, Jugendlichen und Familien (S. 45–51). Bielefeld: wbv.

Lindner, W. (2011): Neues Spiel, neue Chancen? Kinder- und Jugendarbeit in der (kommunalen, lokalen, regionalen) Bildungslandschaft. In: P. Bollweg & H.-U. Otto (Hrsg.), Räume flexibler Bildung. Bildungslandschaft in der Diskussion (S. 239–250). Wiesbaden: Springer VS.

Maaz, K. & Dumont, H. (2019): Bildungserwerb nach sozialer Herkunft, Migrationshintergrund und Geschlecht. In: O. Köller, M. Hasselhorn, F. W. Hesse, K.

Maaz & J. Schrader (Hrsg.), Das Bildungswesen in Deutschland. Bestand und Potenziale (S. 299–332). Bad Heilbrunn: Klinkhardt.

Maaz, K. & Nagy, G. (2009): Der Übergang von der Grundschule in die weiterführenden Schulen des Sekundarschulsystems: Definition, Spezifikation und Quantifizierung primärer und sekundärer Herkunftseffekte. In: J. Baumert, K. Maaz & U. Trautwein (Hrsg.), Bildungsentscheidungen (S. 153–182). Wiesbaden: Springer VS.

Mack, W. (2017): Non-formale und informelle Bildung in der Schulsozialarbeit. In: E. Hollenstein, F. Nieslony, K. Speck & T. Olk (Hrsg.), Handbuch der Schulsozialarbeit (S. 24–32). Weinheim, Basel: Beltz Juventa.

Mandry, C. (2006): Bildung und Gerechtigkeit (Arbeitspapiere des ICEP 1). Berlin: ICEP.

Martschinke, S. (2019): Bildungsdisparitäten und Bildungspotenziale in der Grundschule. In: O. Köller, M. Hasselhorn, F. W. Hesse, K. Maaz & J. Schrader (Hrsg.), Das Bildungswesen in Deutschland. Bestand und Potenziale (S. 471–501). Bad Heilbrunn: Klinkhardt.

Mayer, K.-U. (1975): Ungleichheit und Mobilität im sozialen Bewusstsein. Opladen: Westdeutscher Verlag.

Maykus, S. (2021a): Sozialpädagogik als Kooperation. Schule, Bildung, Netzwerke, Partizipation – Ein Weg zur pädagogischen Kommunalentwicklung. Weinheim, Basel: Beltz Juventa.

Maykus, S. (2021b): Offene Kinder- und Jugendarbeit und kommunale Bildungslandschaften. In: U. Deinet, B. Sturzenhecker, L. v. Schwanenflügel & M. Schwerthelm (Hrsg.), Handbuch Offene Kinder- und Jugendarbeit (5., vollständig neugestaltete Auflage) (S. 949–961). Wiesbaden: Springer VS.

Mecheril, P. (2014): Postkommunitäre Solidarität als Motiv kritischer (Migrations-) Forschung. In: A. Broden & P. Mecheril (Hrsg.), Solidarität in der Migrationsgesellschaft. Befragung einer normativen Grundlage (S. 73–94). Bielefeld: Transcript.

Mecheril, P. (2016): Migrationspädagogik – ein Projekt. In: P. Mecheril (Hrsg.), Handbuch Migrationspädagogik (S. 8–31). Weinheim, Basel: Beltz.

Mecheril, P., Melter, C., Messerschmidt, A. & Velho, A. (2015): Für solidarische Bildung in der globalen Migrationsgesellschaft. Ein Aufruf aus Erziehungswissenschaft, Pädagogik und Sozialer Arbeit. Online verfügbar unter: http://www.aufruf-fuer-solidarische-bildung.de, Zugriff am 09.03.2022.

Meyer, K. & Streim, B. (2013): Wer hat, dem wird gegeben? Hochbegabtenförderung und Gerechtigkeit. Zeitschrift für Pädagogik, 59 (1), 112–130. Online verfügbar unter: https://www.pedocs.de/volltexte/2016/11929/pdf/ZfPaed_2013_1_Meyer_Streim_Wer_hat_dem_wird_gegeben.pdf, Zugriff am 09.03.2022.

Miethe, I. (2011): Politik, Bildung und Biografie. Zum Zusammenhang von politischer Gelegenheitsstruktur und individuellem Bildungsaufstieg. Forum: Qualitative Sozialforschung, 12 (2), o. S. Online verfügbar unter: https://www.ssoar.info/ssoar/handle/document/26369, Zugriff am 09.03.2022.

Miethe, I. (2014): Paulo Freire: Pedagogy of the Opressed. In: S. Salzborn (Hrsg.), Klassiker der Sozialwissenschaften. 100 Schlüsselwerke im Portrait (S. 250–254). Wiesbaden: Springer VS.

Miethe, I., Soremski, R., Suderland, M., Dierckx, H. & Kleber, B. (2015): Bildungsaufstieg in drei Generationen: Zum Zusammenhang von Herkunftsmilieu und Gesellschaftssystem im Ost-West-Vergleich. Opladen, Berlin, Toronto: Budrich.

Miethe, I., Wagner-Diehl, D. & Kleber, B. (2021): Bildungsungleichheit. Von historischen Ursprüngen zu aktuellen Debatten. Opladen, Berlin, Toronto: Budrich.

Moran-Ellis, J. & Sünker, H. (2015): Kinderrechte. In: W. Melzer, D. Hermann, U. Sandfuchs, M. Schäfer, W. Schubarth & P. Daschner (Hrsg.), Handbuch Aggression, Gewalt und Kriminalität bei Kindern und Jugendlichen (S. 347–352). Bad Heilbrunn: Klinkhardt.

Müller, B. (2012): Sozialpädagogisches Können. Ein Lehrbuch zur multiperspektivischen Fallarbeit (7. Auflage). Freiburg: Lambertus.

Niederbacher, A. & Zimmermann, P. (2011): Grundwissen Sozialisation. Einführung zur Sozialisation im Kindes- und Jugendalter (4., überarbeitete und aktualisierte Auflage). Wiesbaden: Springer VS.

Nussbaum, M. C. (1999): Gerechtigkeit oder Das gute Leben. Herausgegeben v. H. Pauer-Studer. Frankfurt a. M.: Suhrkamp.

OECD (o.J.): Deutschlands PISA-Schock. Online verfügbar unter: https://www.oecd.org/ueber-uns/erfolge/deutschlands-pisa-schock.htm, Zugriff am 28.07.2022.

Oelkers, J. (2008): Bildung und Gerechtigkeit: Zur historischen Vergewisserung der aktuellen Diskussion. In: H. J. Münk (Hrsg.), Wann ist Bildung gerecht? Ethische und theologische Beiträge im interdisziplinären Kontext (Forum Bildungsethik, 4) (S. 23–48). Bielefeld: wbv. Online verfügbar unter: https://www.pedocs.de/volltexte/2010/2555/pdf/Oelkers_Bildung_und_Gerechtigkeit_2008_D_A.pdf, Zugriff am 09.03.2022.

Oelkers, J. (2020): Chancengleichheit im deutschen Bildungswesen. In: P. Bollweg, J. Buchna, T. Coelen & H.-U. Otto (Hrsg.), Handbuch Ganztagsbildung (2. Auflage) (S. 1657–1670). Wiesbaden: Springer VS.

Organisation für wirtschaftliche Zusammenarbeit und Entwicklung (OECD) (2017): PISA 2015 Results (Volume III). Students' Well-Being. Paris: OECD. Online verfügbar unter: http://dx.doi.org/10.1787/9789264273856-en, Zugriff am 09.03.2022.

Otto, H.-U. & Rauschenbach, T. (Hrsg.) (2008): Die andere Seite der Bildung. Zum Verhältnis von formellen und informellen Bildungsprozessen (2. Auflage). Wiesbaden: Springer VS.

Otto, H.-U., Scherr, A. & Ziegler, H. (2010): Wieviel und welche Normativität benötigt die Soziale Arbeit? Befähigungsgerechtigkeit als Maßstab sozialarbeiterischer Kritik. np, 2, 137–163.

Otto, H.-U. & Schrödter, M. (2011): »Kompetenzen« oder »Capabilities« als Grundbegriffe einer kritischen Bildungsforschung und Bildungspolitik?. In: H.-H. Krüger (Hrsg.), Bildungsungleichheit revisited. Bildung und soziale Ungleichheit vom Kindergarten bis zur Hochschule (2., durchgesehene Auflage) (Studien zur Schul- und Bildungsforschung, 30) (S. 163–183). Wiesbaden: Springer VS.

Papilloud, C. (2003): Bourdieu lesen. Einführung in eine Soziologie des Unterschieds, Bielefeld: Transcript.

Peisert, H. (1967): Soziale Lage und Bildungschancen in Deutschland. München: Piper.

Perko, G. (2016): Wogegen und wofür? Kritische Perspektiven auf Mündigkeit und Autonomie in der Sozialen Arbeit. In: H. Kleve, D. Fischer, B. Grill, R. Horn, E. Kesten & H. Langer (Hrsg.), Autonomie und Mündigkeit in der Sozialen Arbeit. Unter Mitarbeit v. C. Holz (S. 122–137). Weinheim, Basel: Beltz Juventa.

Perko, G. & Czollek, L. C. (2014): Das Konzept des Verbündet-Seins im Social Justice als spezifische Form der Solidarität. In: A. Broden & P. Mecheril (Hrsg.), Solidarität in der Migrationsgesellschaft. Befragung einer normativen Grundlage (S. 127–166). Bielefeld: Transcript.

Petersen, T. (2013): Die Wucht der täglichen Erfahrung. In: W. Bergsdorf, H.-G. Pöttering & B. Vogel (Hrsg.), Gymnasium. Von der Zukunft einer bürgerlichen Institution (Die Politische Meinung 522) (S. 25–32). Sankt Augustin: Konrad-Adenauer-Stiftung.

Picht, G. (1964): Die deutsche Bildungskatastrophe. Analyse und Dokumentation. Olten, Freiburg: Walter-Verlag.

Pothmann, J. & Deinet, U. (2021): Offene Kinder- und Jugendarbeit im Wandel. In: U. Deinet, B. Sturzenhecker, L. v. Schwanenflügel & M. Schwerthelm (Hrsg.), Handbuch Offene Kinder- und Jugendarbeit (5., vollständig neugestaltete Auflage) (S. 79–93). Wiesbaden: Springer VS.

Pötter, N., Gastiger, S. & Lachat, B. (2018): Schulsozialarbeit (2., aktualisierte Auflage). Freiburg: Lambertus.

Pupeter, M. & Wolfert, S. (2018): Schule: Frühe Weichenstellungen. In: World Vision e. V. (Hrsg.), Kinder in Deutschland 2018. 4. World Vision Kinderstudie (S. 76–94). Weinheim, Basel: Beltz.

Rausch, D., Hotait, N. & Beigang, S. (2021): Reaktionsmöglichkeiten bei Rassismus. Die Bedeutung von Kontextfaktoren für Handlungsstrategien bei rassistischer Diskriminierung (DeZIM Project Report 4). Berlin: Deutsches Zentrum für Integrations- und Migrationsforschung.

Rauschenbach, T. & Otto, H.-U. (2008): Die neue Bildungsdebatte. Chance oder Risiko für die Kinder- und Jugendhilfe?. In: H.-U. Otto & T. Rauschenbach (Hrsg.), Die andere Seite der Bildung. Zum Verhältnis von formellen und informellen Bildungsprozessen (2. Auflage) (S. 9–29). Wiesbaden: Springer VS.

Rawls, J. (2006 [1975]): Eine Theorie der Gerechtigkeit. Frankfurt a. M.: Suhrkamp.

Reiss, K., Weis, M., Klieme, E. & Köller, O. (2019): PISA 2018. Grundbildung im internationalen Vergleich. Münster, New York: Waxmann.

Robeyns, I. (2003): Is Nancy Fraser's Critique of Theories of Distrbutive Justice Justified? Preprint of an Article Accepted for Publication in Constellations, 10 (4). Online verfügbar unter: https://www.academia.edu/621265/Is_Nancy_Frasers_Critique_of_Theories_of_Distributive_Justice_Justified, Zugriff am 09.03.2022.

Röh, D. (2013): Soziale Arbeit, Gerechtigkeit und das gute Leben. Eine Handlungstheorie zur daseinsmächtigen Lebensführung (Soziale Arbeit in Theorie und Wissenschaft). Wiesbaden: Springer VS.

Rother, P. (2020): Sortierte Kindheit? Orientierungen pädagogischer Akteure zu Bildungsbenachteiligung. In: N. Skorsetz, M. Bonanati & D. Kucharz (Hrsg.), Diversität und soziale Ungleichheit. Herausforderungen an die Integrationsleistung der Grundschule. Jahrbuch Grundschulforschung (S. 106–110). Wiesbaden: Springer VS.

Rother, P. (2021): Rechtsanspruch auf Ganztagsbetreuung als Hoffnungsträger? Zur Rolle der Kooperation von Kinder- und Jugendhilfe mit Schule für den Abbau von Bildungsbenachteiligung. In: G. Graßhoff & M. N. Sauerwein (Hrsg.), Rechtsanspruch auf Ganztag. Zwischen Betreuungsnotwendigkeit und fachlichen Ansprüchen (S. 96–111). Weinheim, Basel: Beltz Juventa.

Rother, P. & Buchna, J. (2020): Bildungsbenachteiligung. In: P. Bollweg, J. Buchna, T. Coelen & H.-U. Otto (Hrsg.), Handbuch Ganztagsbildung (2. Auflage) (S. 379–389). Wiesbaden: Springer VS.

Rudel, D. (2012): Gerechtigkeit – ein Vergleich zwischen Nancy Fraser, John Rawls und Amartya Sen. Soziologiemagazin: publizieren statt archivieren, Sonderheft (1), 32–45. Online verfügbar unter: https://nbn-resolving.org/urn:nbn:de:0168-ssoar-391421, Zugriff am 09.03.2022.

Sander, T. (2014): Soziale Ungleichheit und Habitus als Bezugsgrößen professionellen Handelns: Berufliches Wissen, Inszenierung und Rezeption von Professionalität. In: T. Sander (Hrsg.), Habitussensibilität. Eine neue Anforderung an professionelles Handeln (S. 9–36). Wiesbaden: Springer VS.

Sauerwein, M. N. (2019): Partizipation in der Ganztagsschule – vertiefende Analysen. Zeitschrift für Erziehungswissenschaft, 22 (2), 435–459.

Sauerwein, M. N. & Heer, J. (2020): Warum gibt es keine leistungssteigernden Effekte durch den Besuch von Ganztagsangeboten? Oder: Über die Paradoxie individueller Förderung. Zeitschrift für Pädagogik, 66 (1), 78–101.

Sauerwein, M. N. & Graßhoff, G. (2021): Veränderte Rahmen- und Strukturprinzipien der Jugendarbeit durch Ganztagsschule? In: U. Deinet, B. Sturzenhecker, L. v. Schwanenflügel & M. Schwerthelm (Hrsg.), Handbuch Offene Kinder- und Jugendarbeit (5., vollständig neugestaltete Auflage) (S. 1639–1651). Wiesbaden: Springer VS.

Sauerwein, M. N. & Vieluf, S. (2021): Der Capability Approach als theoretisch-normative Grundlage für das Monitoring von Bildungsgerechtigkeit. Die Deutsche Schule. Zeitschrift für Erziehungswissenschaft, Bildungspolitik und pädagogische Praxis, 113 (1), 101–118. Online verfügbar unter: https://www.wax mann.com/index.php?eID=download&id_artikel=ART104374&uid=frei, Zugriff am 09.03.2022.

Sauerwein, M.N. & Graßhoff, G. (2022): Subjektorientierte Ganztagsbildung – Ein kindheitsbezogener Blick auf Ganztagsschule. Diskurs Kindheits- und Jugendforschung 17 (2), 211–241.

Scherr, A. (2010): Subjektivität als Schlüsselbegriff kritischer politischer Bildung. In: B. Lösch & A. Thimmel (Hrsg.), Kritische politische Bildung. Ein Handbuch (Reihe Politik und Bildung, 54) (2. Auflage) (S. 303–314). Schwalbach/Ts.: Wochenschau Verlag.

Scherr, A. (2014): Subjektivität und Habitus. In: U. Bauer, U. H. Bittlingmayer, C. Keller & F. Schultheis (Hrsg.), Bourdieu und die Frankfurter Schule (S. 163–188). Bielefeld: Transcript.

Scherr, A. (2019): Solidarität: eine veraltete Formel oder ein immer noch aktuelles Grundprinzip emanzipatorischer Praxis?. Widersprüche, 39 (1), 9–17.

Scherr, A. (2020): Subjekt- und Identitätsbildung. In: P. Bollweg, J. Buchna, T. Coelen & H.-U. Otto (Hrsg.), Handbuch Ganztagsbildung (2. Auflage) (S. 243–255). Wiesbaden: Springer VS.

Scherr, A. (2021): Subjektorientierte Offene Kinder- und Jugendarbeit. In: U. Deinet, B. Sturzenhecker, L. v. Schwanenflügel & M. Schwerthelm (Hrsg.), Handbuch Offene Kinder- und Jugendarbeit (5., vollständig neugestaltete Auflage) (S. 639–652). Wiesbaden: Springer VS.

Schmidt, H. (2021): Kinder- und Jugendarbeit und soziale Ausschließung. Theoretische Möglichkeiten und empirische Erkenntnisse. In: R. Anhorn & J. Stehr (Hrsg.), Handbuch Soziale Ausschließung und Soziale Arbeit (Perspektiven kritischer Sozialer Arbeit) (S. 1105–1124). Wiesbaden: Springer VS.

Schneider, T. (2011): Die Bedeutung der sozialen Herkunft und des Migrationshintergrundes für Lehrerurteile am Beispiel der Grundschulempfehlung. Zeitschrift für Erziehungswissenschaft, 14 (3), 371–396.

Schönwiese, V. & Plangger, S. (2013): Bildungsgerechtigkeit zwischen Umverteilung, Anerkennung und Inklusion. In: M. Dederich, H. Burckhart, C. Mürner & P. Rödler (Hrsg.), Behinderung und Gerechtigkeit. Heilpädagogik als Kulturpolitik (Therapie & Beratung) (S. 55–76). Gießen: Psychosozial-Verlag.

Sedmak, C. (2013): Zu »Enactment« und Inkulturation des Fähigkeitenansatzes. In: G. Graf, E. Kapferer & C. Sedmak (Hrsg.), Der Capability Approach und seine Anwendung. Fähigkeiten von Kindern und Jugendlichen erkennen und fördern (S. 13–22). Wiesbaden: Springer VS.

Seeck, F. (2022): Zugang verwehrt. Eine Chance in der Klassengesellschaft: wie Klassismus soziale Ungleichheit fördert. Zürich: Atrium.

Solga, H. & Dombrowski, R. (2009): Soziale Ungleichheiten in schulischer und außerschulischer Bildung. Stand der Forschung und Forschungsbedarf (Arbeitspapier 171). Düsseldorf: Hans-Böckler-Stiftung.

Speck, K. (2006): Qualität und Evaluation in der Schulsozialarbeit. Konzepte, Rahmenbedingungen und Wirkungen. Wiesbaden: Springer VS.

Speck, K. (2009): Schulsozialarbeit. Eine Einführung (2., überarbeitete Auflage). München: Reinhardt.

Spies, A. (2018): Schule und Soziale Arbeit. In: G. Graßhoff, A. Renker & W. Schröer (Hrsg.), Soziale Arbeit. Eine elementare Einführung (S. 133–150). Wiesbaden: Springer VS.

Spies, A. & Chamakalayil, L. (2015): Kooperation zwischen Jugendhilfe und Schule – Übergänge, Förderkonzepte und Professionalisierungsbedarfe in der Migrationsgesellschaft. In: R. Leiprecht & A. Steinbach (Hrsg.), Schule in der Migrationsgesellschaft. Ein Handbuch: Sprache – Rassismus – Professionalität (S. 371–404). Schwalbach/Ts.: Debus Pädagogik Verlag.

Spies, A. & Rainer, H. (2015): Die Fortschreibung der Differenz? – Beratung aus intersektionaler Sicht. In: V. Fischer, M. Genenger-Stricker & A. Schmidt-Koddenberg (Hrsg.), Diversität und Disparität. Referenzrahmen für Soziale Arbeit in Schule (S. 243–259). Schwalbach/Ts.: Wochenschau Verlag.

Stamm, M. (2010): Wer hat, dem wird gegeben? Zur Problematik von Matthäuseffekten in Förderprogrammen. Schweizerische Zeitschrift für Bildungswissenschaften, 32 (3), 511–532.

StEG-Konsortium (2019): Individuelle Förderung: Potenziale der Ganztagsschule. Frankfurt a. M.: StEG. Online verfügbar unter: https://www.pedocs.de/volltexte/2020/19109/pdf/SteG_2019_Individuelle_Foerderung_Potenziale_der_Ganztagsschule.pdf, Zugriff am 09.03.2022.

StEG-Konsortium (2016): Ganztagsschule: Bildungsqualität und Wirkungen außerunterrichtlicher Angebote. Ergebnisse der Studie zur Entwicklung von Ganztagsschulen. Frankfurt a. M.: StEG-Konsortium. Online verfügbar unter: https://www.pedocs.de/volltexte/2020/19106/pdf/SteG_2016_Ganztagsschule_Bildungsqualitaet_und_Wirkungen.pdf, Zugriff am 09.03.2022.

Sting, S. (2018): Bildung. In: G. Graßhoff (Hrsg.), Soziale Arbeit. Eine elementare Einführung (S. 399–411). Wiesbaden: Springer VS.

Sting, S. & Sturzenhecker, B. (2021): Bildung und Offene Kinder- und Jugendarbeit. In: U. Deinet, B. Sturzenhecker, L. v. Schwanenflügel & M. Schwerthelm (Hrsg.), Handbuch Offene Kinder- und Jugendarbeit (5., vollständig neugestaltete Auflage) (S. 675–691). Wiesbaden: Springer VS.

Stojanov, K. (2011): Bildungsgerechtigkeit. Rekonstruktionen eines umkämpften Begriffs. Wiesbaden: Springer VS.

Stojanov, K. (2013): Bildungsgerechtigkeit als Anerkennungsgerechtigkeit. In: F. Dietrich, M. Heinrich & N. Thieme (Hrsg.), Bildungsgerechtigkeit jenseits von Chancengleichheit. Theoretische und empirische Ergänzungen und Alternativen zu »PISA« (S. 57–69). Wiesbaden: Springer VS.

Sturzenhecker, B. (2021): Bei Bildung assistieren in der Offenen Kinder- und Jugendarbeit. In: U. Deinet, B. Sturzenhecker, L. v. Schwanenflügel & M.

Schwerthelm (Hrsg.), Handbuch Offene Kinder- und Jugendarbeit (5., vollständig neugestaltete Auflage) (S. 1227–1244). Wiesbaden: Springer VS.

Sturzenhecker, B. & Deinet, U. (2018): Kinder- und Jugendarbeit. In: K. Böllert (Hrsg.), Kompendium Kinder- und Jugendhilfe (S. 693–712). Wiesbaden: Springer VS.

Stüwe, G., Ermel, N. & Haupt, S. (2015): Lehrbuch Schulsozialarbeit (Studienmodule Soziale Arbeit). Weinheim, Basel: Beltz Juventa.

Tenorth, H.-E. (2011): »Bildung« – ein Thema im Dissens der Disziplinen. Zeitschrift für Erziehungswissenschaft, 14 (3), 351–362.

Thiersch, H. (2008): Bildung und Soziale Arbeit. In: H.-U. Otto & T. Rauschenbach (Hrsg.), Die andere Seite der Bildung. Zum Verhältnis von formellen und informellen Bildungsprozessen (2. Auflage) (S. 237–252). Wiesbaden: Springer VS.

Tully, C. J. & Wahler, P. (2008): Ergebnislinien zum außerschulischen Lernen. In: P. Wahler, C. J. Tully & C. Preiß (Hrsg.), Jugendliche in neuen Lernwelten: selbstorganisierte Bildung jenseits institutioneller Qualifizierung (S. 201–223). Wiesbaden: Springer VS.

Vahsen, F. G. (2013): Capabilities Approach – Zentrales Paradigma oder eklektizistischer Moralkodex? In: G. Graf, E. Kapferer & C. Sedmak (Hrsg.), Der Capability Approach und seine Anwendung. Fähigkeiten von Kindern und Jugendlichen erkennen und fördern (S. 97–123). Wiesbaden: Springer VS.

Vogel, P. (2020): Bildung. In: P. Bollweg, J. Buchna, T. Coelen & H.-U. Otto (Hrsg.), Handbuch Ganztagsbildung (2. Auflage) (S. 189–202). Wiesbaden: Springer VS.

Watermann, R. & Maaz, K. (2006): Effekte der Öffnung von Wegen zur Hochschulreife. Zeitschrift für Erziehungswissenschaft, 9 (2), 219–239.

Weckwerth, J. (2014): Sozial sensibles Handeln bei Professionellen. Von der sozialen Lage zum Habitus des Gegenübers. In: T. Sander (Hrsg.), Habitussensibilität. Eine neue Anforderung an professionelles Handeln (S. 37–66). Wiesbaden: Springer VS.

Weigand, G. (2011): Geschichte und Herleitung eines pädagogischen Begabungsbegriffs. In: A. Hackl, O. Steenbuck & G. Weigand (Hrsg.), Werte schulischer Begabtenförderung. Begabungsbegriff und Werteorientierung (S. 48–54). Frankfurt a. M.: Karg-Stiftung.

Wellgraf, S. (2015): Ein Ort der Verachtung. Die Hauptschule als institutionalisierte Form von Klassismus. Kurswechsel, 4, 53–57.

Wiezorek, C., Merten, R. & Soremski, R. (2020): Soziale Ungleichheit. In: P. Bollweg, J. Buchna, T. Coelen & H.-U. Otto (Hrsg.), Handbuch Ganztagsbildung (2. Auflage) (S. 73–85). Wiesbaden: Springer VS.

Winker, G. & Degele, N. (2009): Intersektionalität. Zur Analyse sozialer Ungleichheiten. Bielefeld: Transcript.

Wößmann, L., Lergetporer, P., Grewenig, E., Kersten, S., Kugler, F. & Werner, K. (2019): Was die Deutschen über Bildungsungleichheit denken. Ergebnisse des ifo Bildungsbarometers 2019. ifo Schnelldienst, 72 (17), 3–17.

Wrase, M. (2021): Der Rechtsanspruch auf Ganztagsförderung zwischen Bildungs- und Jugendhilferecht. Verfassungs- und sozialrechtliche Vorgaben. In: G. Graßhoff & M. Sauerwein (Hrsg.), Rechtsanspruch auf Ganztag. Zwischen Betreuungsnotwendigkeit und fachlichen Ansprüchen (S. 22–39). Weinheim, Basel: Beltz Juventa.

Ziegler, H. (2011): Gerechtigkeit und Soziale Arbeit: Capabilities als Antwort auf das Maßstabsproblem in der Sozialen Arbeit. In: K. Böllert (Hrsg.), Soziale Arbeit als Wohlfahrtsproduktion (S. 153–166). Wiesbaden: Springer VS.

Ziegler, H. (2018): Der Capabilities Ansatz (und andere Elemente einer materialistisch-emanzipatorischen Theorie Sozialer Arbeit). In: M. May & A. Schäfer (Hrsg.), Theorien für die Soziale Arbeit (Studienkurs Soziale Arbeit, Band 6) (S. 127–145). Baden-Baden: Nomos.

Ziegler, H., Schrödter, M. & Oelkers, N. (2012): Capabilities und Grundgüter als Fundament einer sozialpädagogischen Gerechtigkeitsperspektive. In: W. Thole (Hrsg.), Grundriss Soziale Arbeit. Ein einführendes Handbuch (4. Auflage) (S. 297–310). Wiesbaden: Springer VS.

Zierer, K. (2021): Effects of Pandemic-Related School Closures on Pupils' Performance and Learning in Selected Countries: A Rapid Review. Educational Science, 11 (6), 252.

Zipperle, M. (2021): Offene Kinder- und Jugendarbeit und (Ganztags-)Schule. In: U. Deinet, B. Sturzenhecker, L. v. Schwanenflügel & M. Schwerthelm (Hrsg.), Handbuch Offene Kinder- und Jugendarbeit (5., vollständig neugestaltete Auflage) (S. 1029–1042). Wiesbaden: Springer VS.